i

为了人与书的相遇

郑培凯 鄢秀 主编

史景迁作品

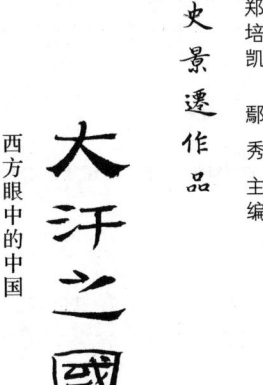

西方眼中的中国

The Chan's Great Continent: China in Western Minds

[美]史景迁 著 阮叔梅 译

Jonathan D. Spence

广西师范大学出版社
·桂林·

The Chan's Great Continent: China in Western Minds
by Jonathan D. Spence
Copyright ©1998 by Jonathan D. Spence
Simplified Chinese copyright © Guangxi Normal University Press Co., Ltd. 2013
All rights reserved.

著作权合同登记图字：20-2010-095

本书中文简体字译本由台湾商务印书馆授予广西师范大学出版社出版发行

图书在版编目(CIP)数据

大汗之国：西方眼中的中国／（美）史景迁（Spence,J.）著；阮叔梅译.
— 桂林：广西师范大学出版社，2013.7（2022.1重印）
（史景迁作品）
ISBN 978-7-5495-3348-0
Ⅰ.①大… Ⅱ.①史…②阮… Ⅲ.①文化史–中国
Ⅳ.①K203
中国版本图书馆CIP数据核字(2013)第007931号

广西师范大学出版社出版发行
　广西桂林市五里店路9号　邮政编码：541004
　　网址：www.bbtpress.com

出　版　人：黄轩庄
责任编辑：孟凡礼
校　　译：汤晓沙　鄢　秀
书名题签：黄华侨
装帧设计：陆智昌
内文制作：韩　凝
全国新华书店经销
发行热线：010-64284815
山东韵杰文化科技有限公司

开本：880mm×1230mm　1/32
印张：10　字数：223千字
2013年7月第1版　2022年1月第14次印刷
定价：68.00元

如发现印装质量问题，影响阅读，请与出版社发行部门联系调换。

总 序
妙笔生花史景迁

郑培凯　鄢秀

一

近半个世纪以来，西方列强对中国虽已停止了侵略殖民，但西方一般民众对中国的认识，仍然带有殖民心态与说不清道不明的迷思，三分猎奇、三分轻蔑、三分怜悯，还有一分"非我族类"的敌意。想到中国的山河广袤、人口众多、历史悠久，心目中浮现的图景就似真似幻，好像乘坐荒野打猎的越野吉普，手持望远镜，驰骋过山林丛莽，观看熊罴虎豹、狮子大象、猿猴猩猩、斑马羚羊，倏忽群兽遍野，狼奔豕突，倏忽蒿草无垠，万籁俱寂。中国像万花筒，什么都有，什么花样组合都变得出来；中国历史像变魔术，可以把一切想象变成真实，又可以把一切真实变成幻象；中国文化传统玄之又玄，阴阳变化，万象归一，天下万物生于有，有生于无，变是不变，不变是变。不要说听的人越听越糊涂，讲的人也是越讲越糊涂，于是，中国也就"假作真时真亦假"，神龙见首不见尾了。

其实，在欧美真想了解中国历史文化，也有不少西文学术书可供阅读，从孔子到毛泽东，都有所论述，而且大体上都提供了史实正确的知识。读者对中国近代有兴趣，也可以从各类学术专著与教材，知道些翻云覆雨的历史大人物，得知鸦片战争肇启列强对中国领土资源的觊觎与蚕食，得知中国从几千年的帝制转为民国政体，得知军阀混战与日本侵略，得知国共内战与共产党的胜利。耐下心来读点思想史与社会经济史，还能知道耶稣会传教给中国带来一些科学新知、早期中西文化接触给西方启蒙运动提供滋养、清代思想统治影响学术变化、明清以来人口流动与增长的情况、美洲白银与农作物传入改变了中国经济结构。甚至会发现，原来有这么许多学术专著讨论中国近代历史事件与特定人物，探讨传统社会生产与伦理关系的解体，研究政体改变与城乡结构的变化，以及西潮如何冲击文化传统、思维逻辑与教育制度，等等。但是，对一般读者而言，学术专著太深奥，教科书又太枯燥，陌生的人名、地名、事端、争论，令人越看越纷乱，满脑都是糨糊。实在不懂为什么中华帝国会反对通商、反对自由贸易、反对门户开放，不懂为什么一向讲究礼义和平的老百姓会突然变成革命群众，不懂中国人民到底在想什么。好像愈知道许多人物与事件，却愈加糊涂，有如雾里看花。

这几十年来欧美出了一位研究中国史的奇才史景迁（Jonathan Spence），他最大的贡献就是以优美流畅的文笔，把中国近代错综复杂的人物与史事，通过严谨的历史考证，参照专家的钻研成果，以"说故事"的传统历史方法，娓娓道来，让西方读者"拨开云雾见青天"，对中国的历史经历有了"感觉"。

二

"史景迁"这个华文名字，是他在耶鲁大学研读历史学博士学位期间，一位中国史学前辈房兆楹给他取的，寓意明显，期望也高，学历史就要景仰司马迁，以司马迁为楷模。司马迁的《史记》，材料丰富，考辨严谨，叙事清楚，条理分明，文笔生动，"究天人之际，通古今之变，成一家之言"。史景迁是现代史家，不像司马迁出身"史卜巫祝"传统，有着"究天人之际"的使命，但是，他研究晚明以迄当代的中国历史，叙事的方法与文体却循着《史记》的精神，的确当得起"通古今之变，成一家之言"的赞誉。从他第一部《曹寅与康熙》(*Ts'ao Yin and the K'ang-hsi Emperor: Bondservant and Master*) 开始，他就结合档案史料与研究曹雪芹先世的各类文史资料，写了康熙皇帝的治术，同时也勾勒了清朝天子的内心世界。这种对原始资料的扎实研究基础，让他在第三部著作《康熙》(*Emperor of China: Self-Portrait of K'ang-hsi*) 中，得以化身康熙，以第一人称的叙事方法，发挥历史想象，充分展现康熙大帝的喜怒哀乐，让西方读者看到一个有血有肉的中国皇帝。书写康熙，把一切客观历史材料转为自传文体，必须从天子的角度看天下，涉及各种各样的天下大小事，以宏观的视野，高屋建瓴，为大清帝国的长治久安着想。如此，表面是书写假托的康熙自传，实际上却必须考虑中华帝国的方方面面，从统治天下的全相角度呈现中华帝国的全貌。

史景迁第二部书《改变中国》(*To Change China: Western Advisers in China, 1620-1960*)，探讨近代西方人士如何参与及推动中

国的历史变化，从早期的传教士汤若望、南怀仁，清末的戈登、赫德、丁韪良、傅兰雅，一直写到民国时期的鲍罗廷、白求恩、陈纳德、史迪威，开启了他对中西文化接触与交流的研究兴趣，撰写了后来一系列相关著作。他的兴趣，从西方人在华活动扩展到中西文化接触所引发的思维刺激与调适，探讨不同文化碰撞时相互理解与误解的困境。具体的人物在特定的历史环境中，都有独特的引人入胜的故事发生，不但是西方人在明末的中华帝国会有各种奇特遭遇，中国人在18世纪初欧洲的异国遭遇更令人难以想象。史景迁就像福尔摩斯一样，利用他掌握多种欧洲语言的优势，进入中外历史材料的迷宫之中，追索隐藏在历史帷幕后面的蛛丝马迹，想象中外历史文化接触的夹缝中，远赴异乡的人物是如何生活的，而其遭遇又如何存留成历史的记忆。他混合运用中外史料，披沙拣金，追索明末利玛窦远渡重洋，由西徂东，来华传教的经历，也写了广东天主教徒胡若望流落法国的一桩公案，更整合了蒙古西征之后，西方对中国的想象与描绘。

《利玛窦的记忆宫殿》(*The Memory Palace of Matteo Ricci*)，上溯到明末耶稣会士来华传教，如何适应中国的文化环境，如何利用欧洲流行的记忆术作为敲门砖，打入热衷科举考试、重视背诵诗书的士大夫群体。《胡若望的疑问》(*The Question of Hu*)，写一个中国天主教徒胡若望因傅圣泽神甫（Jean-François Foucquet）的提携，远赴法国，却因举止乖张，流落异乡，甚至被关进疯人院里，三年后才得以返回广东家乡。史景迁利用了梵蒂冈的教廷档案、大英图书馆档案及巴黎的国家外事档案，拼成一幅匪夷所思的雍正初年广东华人流落法兰西的故事。《大汗之国》(*The Chan's Great Continent: China in Western Minds*)则综观西方人如何想象中国的历史历程,从蒙元时期的鲁不鲁乞修士、马可波罗,一直到当代的尼克松、基辛格,不但写来华西方人所记的中国经历,也写没来过中国的文人作家如何想象中国,影响了一般民众的中国印象。对于中国读者而言,这些仔细爬梳过欧西档案与文史群籍的历史资料,经过天孙巧手缝缀成一个个动听的故事,就像一面面精美的缂丝挂毯,不但引人入胜,也开拓了我们的眼界,了解不同文化的相遇、碰撞与互动,是多么的错综复杂,时常还惊心动魄,比小说虚构还要离奇。

《康熙》在1974年出版之后,引起出版界的轰动效应,深受读者欢迎,成为畅销书,甚至被白修德(Theodore H.White)誉为"经典之作:把学术提升到美的范畴"。西方史学界也开始注意史景迁书写历史的修辞策略,称赞他文体自成一格,剪裁史料别具慧心,从不大张旗鼓,宣扬新的理论架构,却在不经意处,以生动的故事叙述,展现了历史人物与事件所能带给我们的历史文化思考。他继之在1978年,写了第四部著作《王氏之死》(*The Death of Woman Wang*),以山东郯城的地方志、黄六鸿的《福惠全书》、蒲松龄的《聊斋志异》为史料基础,探讨清初小老百姓的生活环境与想象空间,从宏观的天下全相与中西文化观照,推移镜头至偏僻乡间农民与农妇的生活,把蒲松龄的文学想象穿插到梦境之中,以不同角度的现实与虚构特写,重组了17世纪山东农村的生存处境。这部书最引起史学界议论的,就是剪裁蒲松龄如梦如幻的优美文字,用以虚构妇人王氏临死之前的梦境。史景迁运用文学材料书写历史,当然不是要呈现实际发生的史实，不是妇人王氏的"信史"，却可以引发读者想象清朝初年的山东，在历史意识上触及当时历史环境的"可能情况"。

书写历史，最重要的是要依靠文献证据，假若文献未曾明确提供材料，可不可以运用书写想象去重新构筑历史场景？这就是现代历史书写最蹊跷暧昧的领域，也是后现代史学不断质疑与解构的关键。他们不但质疑史料经常不足，或是一批"断烂朝报"，缺失的比留存的材料可能要多，不足以反映历史实况，令人更加质疑所有历史材料的可靠性。像 Hayden White 这样的历史哲学论者，就在他的《元史学》（Metahistory）中提出，所有的史料，包括第一手材料与档案，都是具体的个人记录下来的，一牵涉到具体的人，就有主观的思想感情倾向，就不可避免有"人"的历史局限，就不可能完全科学客观，做到巨细靡遗地记录牵扯到人与事的复杂情况，而不掺入运用修辞逻辑的历史想象。他甚至进而指出，历史写作与文学写作无大差别，都是运用文字，通过想象修辞的手段，与不同倾向的书写策略，虚构出一个文本。这种推衍到极端的主观书写论，有其立论的根据与辩难的目标，很难斥为无稽，但却故意扭曲了文学创作与历史求真求实的基本意图有所不同。值得在此提出的是，史景迁的著作不能归入"后现代"的主观虚构历史书写之中，因为他写每一本书，都恪遵传统史学的规律，尽量使用存世的史料，上穷碧落下黄泉，从中国史书方志档案到西方史志档案，几乎做到"无字无来历"。他在连接史料罅隙，推理可能历史情况时，也明白告诉读者，文献材料是什么，作者解读的历史"可能"是什么，从不混淆视听。

三

史景迁的史学著作，经常是雅俗共赏，兼顾学术研究与通俗阅读，一方面让专家学者思考史学探索的意义与方向，另一方面又让一般读者深入理解中国近代的历史，特别是中国人生存的时代环境与生命意义的追寻。他写的《天安门：中国人及其革命，1895—1980》(*The Gate of Heavenly Peace: The Chinese and Their Revolution, 1895-1980*)与《追寻现代中国》(*The Search for Modern China*)，最能显示他史识的通达与文笔之流畅，能够不偏不倚，就事论事，却又充满了历史的同情与了解，让西方读者理解，中国是一个实实在在的地方，即使难以认同中国历史的发展，却也看到生活与奋斗其中的历史人物，都是有血有肉有感情的人，在特定的黯淡历史环境中，奋勇追寻茫茫前途的一丝光明。《天安门：中国人及其革命，1895—1980》着眼中国近百年文化人与文学家的处境，环绕着康有为、鲁迅、丁玲、他们的师生亲友，以及所处的历史环境与文化空间，写他们的追求、挫折、困境与期盼；《追寻现代中国》则以教科书撰述通史的形式，历述明末以迄当代的政治经济变化，从晚明的繁华到清兵入关，从康乾盛世到晚清颓败，从鸦片战争到康梁变法，从五四运动到共产党执政，从"大跃进"一直述说到改革开放，同时没忘了论及曹雪芹与《红楼梦》、"五四"时期的蔡元培、陈独秀、胡适、鲁迅等，指出文化变迁的长远影响。这两本历史著作的书写方式，都是传统史学呈现历史全相的主流写法，出版后，都在欧美图书市场成了历史畅销书，并且自1990年以来，成为西方大学中国史课程的通用教科书，影响了好几代大学生与文化人。他接着出版的《太平天国》(*God's Chinese Son: The Taiping Heavenly Kingdom of Hong Xiuquan*)、《雍正王朝之大义觉迷》(*Treason by the Book*) 等等，一直到近年的《前朝梦忆》(*Return to Dragon Mountain: Memories of a Late Ming Man*)，每一本书问世，都能生动活泼地呈现中国的历史经验，掀起畅销热潮，使西方读者对中国近代历史变化的认识更加深入，加深对于中国历史文化的同情。

史景迁的历史著作如此畅销，受到广大读者的喜爱，也就遭到一些传统学究型历史学家的讽刺，说他是"说故事的"史学家，不曾皓首穷经、在故纸堆中考据出前人未见的史实，而且视野过度宽广，未曾穷毕生之力，专注某一桩历史事件，成为特定历史题材的"权威专家"。也有些以社会科学方法自诩的社会经济史学者，认为史景迁著述虽多，但提不出一套理论架构，对历史研究的科学性毫无贡献，又不以社会科学"放之四海而皆准"的普世性为依归，不曾努力把中国历史文化研究纳入普世性社会科学，充其量只是引起西方对中国历史文化的兴趣。这些批评其实都是皮相之论，以狭隘的学术观点、本位主义的专业立场，排斥历史学的基本人文精神与开发多元的普世关怀。

从政治大事的角度书写历史全相，是中国传统史学的主流写法，《春秋》纪事罗列重要事迹，《史记》叙事以"本纪"为经，"列传"为纬，辅以表记志书，成为中国正史的写作通例。司马光的《资治通鉴》与后来的各种"纪事本末"，虽在传统史学体例之中另列一格，其实还是全相式的政治事件书写。不仅中国史学传统如此，西方史学从古希腊开始，也是以叙述"故事"为主。希罗多德（Herodotus）的《历史》，糅合各种资料与传闻，删汰芜杂，以"说书"的叙述方式呈现。古希腊文 historein，本义是"问询"，意即司马迁在《史记·太史公自序》所说的，"罔（网）罗天下放失旧闻，王迹所兴，原始察终，见盛观衰"。太史公作《五帝本纪》，记述上古传闻资料，也面临类似的问题，自己还作了检讨："百家言黄帝，其文不雅驯，荐绅先生难言之。……余尝西至空桐，北过涿鹿，东渐于海，南浮江淮矣，至长老皆各往往称黄帝、尧、舜之处，风教固殊焉，总之不离古文者近是。"希罗多德之后的修昔底德（Thucydides），对记述往古的传闻颇不以为然，认为可靠的历史只有当代的记录，因此撰写当代的战争大事为《伯罗奔尼撒战争史》，在资料的"问询"上有亲身的经历，还可以采访许多身历其境的当事人，得以对勘论辩。虽说著史风格有所不同，更加强调资料源的可靠性，但其呈现战事发生的前因后果，仍是政治事件的全相叙述。不论是司马迁、希罗多德，还是修昔底德，叙述历史的修辞手法，都是去芜存菁，运用明畅的文字，讲一个动听的故事。到了欧洲启蒙时代，吉本（Edward Gibbon）写《罗马帝国衰亡史》，还是遵守这个与历史"说故事"的基本原则。

倒是近代的历史学家，先受到19世纪兰克学派的影响，在历史研究领域强调科学实证，以考辨史实为历史研究主要任务，长篇累牍进行钉饺考证，以显示历史研究的专业化。学术机构的建立、文史哲的专业分科、学术专业职场化、学术职业升迁的专业评核，把文化学术的理想转为薪酬饭碗的优渥，加剧了历史研究钻牛角尖的倾向，迫使严肃而有才华的历史学家随波逐流，把全副精神放在历史学科制度的规范要求上面，使得全相性叙事的历史著作遭到学院的排斥，沦为毫无史观与史识的历史教科书与通俗历史演义的领域。到了20世纪后半叶，历史研究的科学客观性遭到挑战，许多史学家又从一个极端摆荡到另一个极端，转向"观点"与"问题意识"为主导的探讨，充满了政治正确与社会意识的信念，强调阶级、种族、性别、弱势群体，从各种文化批判角度，进行"把历史颠倒的重新颠倒过来"的工作，化历史研究为意识形态斗争的场域。

总而言之，以新角度新观点来书写历史，拓展我们对历史的认识，或者指出传统历史书写的局限与歧视，固然有其价值，但全相叙述的历史书写传统，还是不该断绝的。不仅如此，历史研究虽然已经成为学术专业领域，却也不能放弃学术研究的基本人文关怀，不能排斥学术通俗化的努力，不能把一般人有兴趣的历史题材当作没有价值的老生常谈，更不能把自己文字能力的艰涩鲁钝作为学殖深厚的借口。由此看来，史景迁既能著述宏观全相的中国历史，又能在历史叙述的实践上探索新的历史研究领域，以生动的笔触揭示新的观点与问题意识，难怪可以雅俗共赏，也为中国历史研究提供了值得深思的启示。

中国史学传统要求史家具备"才、学、识"（刘知几），章学诚又加了"德"。在《文史通义》中，章学诚是这么解释的："义理存乎识，辞章存乎才，征实存乎学"，强调的是，要有文化传统的认识与关怀，要有书写叙述的文采，要有辨伪存真的学殖。对于他自己提出的"史德"，章学诚在《文史通义》立有专章，作了详细的疏解，关键在于：

"能具史识者，必知史德。德者何？谓著书者之心术也。"余英时在《论戴震与章学诚》一书中指出，章学诚的史学思想承袭了中国儒家传统，太注重政治伦理，所强调的"史德"偏于传统道德的臧否，而不同于现代史学强调的客观性："其主旨虽在说明历史学家于善恶是非之际必须力求公正，毋使一己偏私之见（人）损害历史的'大道之公'（天）！但是这种天人之辨仍与西方近代史学界所常讨论的历史的客观性和主观性有不同处。"我们若把章学诚对"史德"的要求与余英时的评论放在一起，借来观测史景迁的历史著作，就会发现，史景迁的现代西方史学训练，使他不可能陷入儒家道德臧否性的中国传统"史德"误区。反倒是因为他身为西方学者，远离中国政治，与中国近代的政治伦理没有切身的关联，没有族群兴衰的认同，没有利益的瓜葛，不会以一己偏私之见损害历史之大公。从这一点来说，史景迁书写中国历史的实践，配合了余英时的现代史学反思，为中国史学传统的"才、学、识、德"，提供了颇饶兴味的现代诠释。

四

这套丛书两位主编之一的郑培凯，与史景迁先生有师生之谊，是史先生在耶鲁大学历史系任教时正式招收的第一个博士研究生。自1972年开始，他就在史先生指导之下，浸润历史学的研读与思考，并且从一个学生的角度，反复阅读老师的历史著作，以期学习历史研究与书写的诀窍。从《康熙》的写作时期开始，郑培凯就不时与老师切磋问学，还会唐突地询问老师写作进度与历史书写的策略。史先生写《王氏之死》、写《天安门：中国人及其革命，1895—1980》、写《利玛窦的记忆宫殿》、写《追寻现代中国》，从开题到完书出版，郑培凯都有幸过从，亲聆教诲，还时而效法"有事弟子服其劳"的古训，提供一些不轻易经眼的文献资料。老师对这个学生倒也施以青眼，采取自由放任态度，提供了最优渥的奖学金，有酒食则师生同馔，老师埋单付账。在耶鲁大学学习期间，郑培凯自己说，从老师习得的最大收获，就是如何平衡历史书写的客观材料与剪辑材料的主观想象，运用之妙，存乎一心。而那个"一心"，则类乎章学诚说的"著书者之心术"。

《天安门：中国人及其革命，1895—1980》一书在1981年出版之后，郑培凯立即以之作为讲授中国近代史的辅助教材，并深深佩服史景迁驾驭纷繁史料的本领。此书不但资料剪裁得当，文笔也在流畅之中流露深厚的历史同情，使得历史人物跃跃欲出。郑培凯曾自动请缨，向史景迁建议申请一笔译书经费，翻译成中文出版。他当时也大感兴趣，认为由这个亲自指导的学生迻译成中文，应当可以掌握他的文气与风格，忠实呈现他的史笔。然而，后来因为经费没有着落，郑培凯又教研两忙，杂事纷沓，抽不出时间进行这项工作，只好放弃了一件学术功德，让它变成"姑妄言之，姑妄听之"的逸事，回想起来，不禁感到有愧师门。这本书翻译未成，倒是触动了史景迁编写一部中国近代史教科书，同时辅以一本中国近代社会文化史料选译集的想法，商之于郑培凯与李文玺（Michael Lestz）。这两位学生遵从师教，花费了五六年的时间，终于完成了这项史料翻译选辑工作，出版了《寻找近代中国之史料选辑》(*The Search for Modern China: A Documentary Collection*, New York, Norton, 1999)。

近年来，出现了不少史景迁著作的中文译本，几乎包括了他所有的专书，质量则良莠不齐，有好有坏。有鉴于此，广西师范大学出版社的总编辑刘瑞琳女士想出一个方案，策划集中所有中文译本，邀请郑培凯做主编，选择优秀可靠的译本为底本，重新校订出版。郑培凯与史景迁商议此事，立即获得他的首肯。广西师大出版社经过一番努力，终于取得史景迁全部著作的中文翻译版权，也让郑培凯感到可以借此得赎前愆，完成二十年前未遂的心愿，可以亲自监督校订工作，参与翻译大计。然而兹事体大，怕自己精力有限，不能逐字逐句校读所有的篇章，无法照顾得面面俱到，便特别延请了研究翻译学的鄢秀，共同担任主编，同心协力，校阅选出的译本。

在校阅的过程中，我们发现，即使是优秀的译本，也难免鲁鱼亥豕之误。若是笔误或排印的问题，便直接在校阅之中一一更正。还有一些个别的小错，是译者误读了原文，我们便效法古人校雠之意，经过彼此核对原文之后，尽量保持译文语句，稍作改译，以符合原文之意。

我们在校读的过程中，发现最难处理的，是译文如何忠实表现史景迁原书的风貌。史景迁文笔流畅，如行云流水，优美秀丽，时有隽永笔触，如画龙点睛，衬托出历史人物的特质或历史事件的关键，使读者会心，印象深刻，感到有余不尽。我们看到的各种译本，虽然有的难以摆脱欧化语法，大体上都还能忠实原作，在"信"与"达"方面，差强人意。但若说到文辞的"雅"，即使是最优秀的译本，也因为过于堆砌辞藻，而显得文句华丽繁复，叠床架屋，是与原著风格有一定差距的。由于译本出于众手，每位译者都有自己的文字表达风格，因此，我们校读不同的译本，只能改正一些排版的错误与翻译的误读，无法另起炉灶，进行全面的文体风格校订。

翻译实在是难事，连严复都说，"一名之立，旬月踟蹰"，真要挑剔起来也是没有止境的。我们作为史景迁系列作品的主编，当然要向原作者、译者及读者负责，尽心尽力，精益求精，作为学术功德，完成这项计划，为中国读者提供一套最为精审的译本。我们也希望，读这套译本的中国读者，要体谅翻译的限制，能够从字里行间，感到原作的神韵，体会原作的惨淡经营，又能出以行云流水的笔调，向我们诉说中国近代历史与人物。故事原来都是我们的，听史景迁说起来，却是如此动听，如此精彩，如此引人入胜。

目 录

i　　　总　序／郑培凯　鄢　秀

005　　序　言
007　　导　论
017　　第一章　　马可波罗的世界
037　　第二章　　天主教时期
061　　第三章　　写实之旅
085　　第四章　　曲折离奇的小说
109　　第五章　　启蒙时代
131　　第六章　　女性观点
155　　第七章　　中国人在美国
183　　第八章　　中国风情在法国
209　　第九章　　中国风情在美国
237　　第十章　　激进形象
261　　第十一章　神秘权力
285　　第十二章　大师戏笔

献给哈罗德·布鲁姆

——守住月亮

直到黎明驱散黑暗的边缘,第一次看到

——大汗的伟大国度……

——哈特·克莱恩《桥》

序　言
Preface

本书源于 1996 年春天我在耶鲁大学为威廉·克莱德·德瓦纳（William Clyde DeVane）讲座所做的一系列演讲，这也决定了本书的形式与内容。该讲座以一位杰出的耶鲁教授命名以资纪念，他也是本学院 1939 至 1963 年的院长。演讲的对象，通常是面向耶鲁的学生及一般大众。因此，演讲内容除了要有相当学术性以符合学院的基本要求外，更须让任何有兴趣来听的人都能接受。

自演讲发表后，内容已经做过许多修正。一来，将根据笔记整理的非正式口头报告转换成书本，不可避免要做一些修改。二来，本书包含大量自原始材料节录的引文（有时甚至相当长），因为每次口头演讲都需以指定的相关读物作为补充。有时为了使文字更加精简，我删除了部分内容，有时为了内容更清晰，我则会增添一些文字。为了保留当初的演讲体例，我尽量减少注解。注解的主要目的，在于说明引用文字的出处，偶尔则是为了强调重要的补充资料。对于本书所讨论到的人，我无意列出他们及与他们相关的全部著作目录。事实上，就书中提到的近五十个人而言，关于中国的讨论大都只是他们著述的一小部分而已——我自然是个例外。

在我受邀开始德瓦纳系列演讲前，我就在耶鲁主持过一个小型的研讨班。在这个持续了数年的研讨班中，我和学生阅读并讨论了无数例子，尝试了解长期以来西方人眼中的中国。我要谢谢这些学生，他们提到大量人物，并以大胆突破的方式讨论他们。演讲中好几个资料都来自他们的建议，其中包括了三个原本不太可能列入的人——玛丽·弗雷泽、斯坦贝克的"约翰尼大熊"和理查德·尼克松。书中最后选定的四十八个人，是从我们读过或讨论过的大约三倍多的人物中筛选出来的。许多被删除的人，对于中国都有着极佳或极微妙的见解，若能将他们的看法收入随后的演讲及本书中，必可大幅扩大讨论的格局。不过，这么一来，却可能将一个复杂的故事压缩成图书目录，而这一点则是我绝对想避免的。

德瓦纳演讲共进行了十二次，每次演讲结束后，紧接着都有一小时相当生动甚至令人兴奋的发问及讨论。这些讨论所激发的想法，有些被收进了本书。我在普林斯顿大学、北京大学、香港中文大学时，也曾就这些题目中的若干项予以探讨；听众的反应，有些也被收进了本书。我要谢谢诺顿出版社的编辑斯蒂芬·福曼，虽然他不断地问一些单纯到几乎无法回答的问题，但我相信这些问题却使书中许多地方更流畅，语意也更清晰。美琴，这位孜孜不倦的研究者，以其一贯的想象力和沉毅，探讨十八世纪英国人的品位以及十九世纪末法国人的异国风味，在此，我要诚挚地献上感谢。她和安平、亚尔及马达克斯一道，都为本书在欢乐而非煎熬中完成作出了贡献。

1997 年 8 月 22 日于西黑文

导　论
Introduction

　　一个国家之所以伟大，条件之一就是既能够吸引别人的注意力，又能够持续保有这种吸引力。当西方刚刚接触中国时，中国就明显表现出这种能力；几世纪来，流行风潮的无常，政治情势的改变，也许曾使中国的光彩暂且蒙尘，但是中国的吸引力却从未完全消失过。无论是中国在西方引起的强烈情感，一波又一波尝试描述并分析这个国家及其人民的企图，还是西方人对有关中国消息的强烈兴趣，都明确道出了这个国家所散发的魅力。[1]

　　西方人在处理中国现象时，无论知识上或情感上，都有着非常多样的态度。而本书，正想为此多样性寻求一个解释。为了不让此寻求过程显得过分正式、过分慎重，我从哈特·克莱恩（Hart Crane）处借用本书之标题；哈特认为，按照哥伦布的想象，在曙光初露的迷蒙中，应以感觉而非视觉去体会中国。在十三世纪的马可波罗笔下，当时是可汗统治着这个传说中的国度。而在哥伦布的心中，可汗一直是中国的统治者。若从航海与探险史上借用名词，我们可称此契机为"观测"(sighting)。在那种环境下的观测,是短暂而断断续续的:只要逮着机会,就要确定自己的位置;观察者借观看预期的目的地而发现自己。如果将此想法加以扩大,在射击上,所谓的观测就是要决定射程,寻得平衡点或支架效应,以便射击能够正中目标。在1750年代,当戈德史密斯(Oliver Goldsmith)、安生海军少将(Commodore Anson)及孟德斯鸠各以极端不同的方式书写中国时,"观测"也是赌博时用的词汇,特别意指掷骰子时的作弊行为。在十三世纪,当威廉·鲁不鲁乞(William of Rubruck,又译鲁布鲁克)与马可波罗刚开始将他们对中国的看法与少数拣选的西方人分享时,"观测"就是"叹气"的代名词,"边流泪边观测"这种句子常被当做连接词。

接下来我要讨论的关于中国的观测,表达形式五花八门,包括外交官报告、诗作、舞台剧、家书、哲学论文,甚至小说。在这本书里,我们比较详细地谈到了四十八个这种观测,涵盖从1253到1985年超过七百年的时间。最早的一个,是传教士威廉·鲁不鲁乞,肩负着宗教和外交任务,前往大汗的哈拉和林城。他的经历无可避免地影响了马可波罗,他是在我们即将讨论的所有观测中,最著名也问题最多的一个。

马可波罗留给后世的,除了他所提供的资料外,最主要的还是他所激发的好奇心。十五世纪时,西方印刷术逐渐发达,到了1480年代,马可波罗早期的手稿开始印刷成册,传入读者手中。在这些早期版本的读者中,就包括克里斯托弗·哥伦布,他还在书中作了注解。到了1540年代,受哥伦布地理发现影响,葡萄牙人将触角伸到澳门，西班牙人则到了菲律宾，为堪称观测中国的"天主教时期"揭开了序幕。这段时期写成的报告、辩论文章，以及小说——我们共讨论了五个例子——使西方人更精确地认识了中国，并使西方人针对中国及中国人的本质以及如何运用这些新资料展开热烈辩论。

十七世纪接近尾声时，天主教国家的海外征服及拓展达到了最高峰，新兴的新教海上势力于是蓄势待发，准备掌握此一大好时机。来自荷兰及英国的外交官及军人，成了探索中国的下一批人。这些人视自己为现实主义者，肩负着重要任务，对于中国要求他们遵循的传统觐见礼仪，特别是磕头——在皇帝面前九次匍匐在地，当皇帝不在时，则向着皇权的象征——他们均满怀敌意。对此觐见仪式，英国人从未以国际礼仪视之，只当其为有损国家尊严的行为，于是，不可避免的冲突便爆发了：这段历史可由该世纪的三位目击者贝尔、安生及马戛尔尼勋爵（Lord Macartney）加以见证。

我一向认为，并不一定要借由实际的经历，才能感受到中国的冲击力。因此，紧接着这些外交官——他们一向自诩为现实主义者——之后，我谈到了一些与他们同时代但是从未去过中国的人，这些人以小说形式表现他们心中的中国。此时，他们四周，皆是唾手可得的写作素材，因此，无论是笛福还是戈德史密斯的创造力及强而有力的文章体裁，或是沃波尔（Walpole）的讽刺文，他们对中国的看法，都吸引了前所未有的广大读者。基于中国的普受欢迎，加上当时喜好模仿中国文化的风气，受影响最深的法国人，就为此现象取了"中国风"（Chinoiserie）这个名词。在十八世纪时，还有一些大思想家，也被从未涉足的中国深深吸引。戈德史密斯曾让他虚构的中国叙述者惊诧地发现，英国人居然自以为比他还懂他的国家。无论是莱布尼茨、孟德斯鸠、伏尔泰，还是赫尔德，似乎都受到类似的指责，因为他们每个人都是从可得的历史资料中找到自己的观点，尝试创造一个体系，并将他们理解的中国置于其中——不过至少前三位作家曾和熟知中国的人，或是通信，或是见面会谈过。

当启蒙运动发展到最高潮的革命时期，并转进一个全新纪元的十九世纪时，浪漫主义时期的诗人显然在过程中扮演着桥梁的角色。至于简·奥斯汀扮演的桥梁角色，则是全然不同的，她说明了女性也开始成为中国的观测者了。她在小说《曼斯菲尔德庄园》里引用马戛尔尼勋爵日记，虽然仅仅一闪而过，然而再加上她弟弟法兰克在广东的亲身经历，却也让我们了解到，十九世纪新一代的西方女性，即将亲身并且长时间地成为中国的观测者了。这些女性多数为美国人，她们笔下的中国，也因为她们的性别与国籍而出现了新风貌：当我们依序读过该世纪初期的埃尔萨·布里奇曼（Elza Bridgman）、中期的简·埃德金斯（Jane Edkins）以及晚期的莎拉·康格（Sarah Canger）和伊娃·普莱思（Eva Price）后，透过她们的双眼，我们见到了充满魅力却又危险重重的中国，其中 1900 年的义和团之乱，更为她们的经验写下了完结篇。

十九世纪中期，为了生计，中国劳工首度开始远渡重洋到美国，他们将聚居地建造得类似自己的家乡，于是就出现了美国的中国城。对于那时的美国人来说，中国已经来到家门里了，这让他们极为不安。马克·吐温与布莱特·哈特（Bret Harte）所观测的中国，混合了茫然、哀伤与恼怒；他们难以在当时的中国文化脉络下了解这些新移民，因此，他们都尝试让个人的误解人性化，亦即将个人的经验以小说的形式表达。然而当他们一面抗议似乎含有种族歧视意味的社会风气时，一面却又不自觉地表现出了歧视的态度。接下来的作家则更进一步，创造了一系列崭新的、充满仇恨意识的中国人形象：将十九世纪末期的中国城小说，不知不觉地融入了傅满洲（Fu-Manchu）的世界里。

与此同时，法国人也将两个世纪以来对中国的集体观测与经验加以过滤，形成了一种相当有条理的看法，也就是我所谓的"新异国风味"，其中混杂了暴力、魅惑和怀旧情绪。绿蒂、克洛岱尔、谢阁兰这三位作家，在1895至1915年之间，分别于不同时段居留中国，而且都自信，自己已充分掌握了这个国家的神髓。虽然他们下笔时，均不脱想象的成分，使得他们无法充分表现出中国人的性格，然而由于三个人都是深具影响力的作家，他们倒也大幅拓宽了西方读者的文学视野。

在确认了——也许有点过分自信——所谓的法国异国风味后，我开始思考，美国社会里是否也有某种中国风味正逐渐成形，正取代中国城粗俗的形象。像格里非思（D.W.Griffith）《凋谢的花朵》这种电影，虽然再度强调传统主题，认为中国是胁迫和脆弱的化身，但同时也探索了中国文化核心里的一些长远价值。此外，无论是庞德对中国诗作及历史的长篇探讨，或是赛珍珠重建中国乡村生活价值的细腻尝试，都以几乎全然不同的方法追寻相同的主题。比较严苛的观点，则有像尤金·奥尼尔（Eugene O'Neill）复述波罗与忽必烈汗的关系时，带有反资本主义意味的寓言，或是约翰·斯坦贝克

(John Steinbeck)所述,美国西部小镇毁于中国人激情的故事。虽然谈的都是地方性的中国事物,但无论如何,我们还是可以认为,这些故事都触到了一些永恒的价值观。

谈到政治,不可避免地就要谈到争论,在1917年布尔什维克革命之后,中国开始出现新的政治风潮,此时西方的修辞学必然多少可以派上用场。1921年,中国共产党成立。1927年,国民党首次大规模肃清共产党,共产党于是转往乡间,开始游击式社会主义阶段,接着便是对日抗战。对于中国激进因子具有感知的人,有许多不同的国籍背景,看法更是不尽相同。安德烈·马尔罗从法国作家的中国风写作风格,转而在小说中激情介入象征"人间命运"(同名小说)的中国革命。贝托尔特·布莱希特认为,从中国经验中,可掌握革命残忍的程度,以及在革命大背景下似是而非的同情。至于像美国人埃德加·斯诺这种反威权主义者,则从中国游击式社会主义以及毛泽东质朴的行止中,见到了中国人民获得救赎的希望。格雷厄姆·派克则认为,中国人的神秘微笑,在他所有的经验里是他个人最感兴趣的部分。

自波罗于1270年代描述全能的忽必烈汗开始,中国统治者的神秘权力就一直是许多西方人观测的对象。在十九世纪末中国特别衰弱的时期,以及从中国最后一个王朝1911年灭亡之后的四十年间,这种对中国中央集权的看法,已经被对地方性暴乱及潜伏威胁的观照所取代。等到中国由共产党重建了中央集权制度,特别是此政权之本质及随后残酷的朝鲜战争,又将一些观察家的兴趣带回到早期的神秘权力。然而此时,这些观点又与其他的恶劣经验——亦即斯大林主义及纳粹主义，在这两种主义之间似乎孕育出了新的极权组织，而且此组织还能融入绝对专制与绝对统治中——交相混融。在魏复古（Karl Wittfogel）针对过去两世纪意欲建立体系的尝试所作的分析中，以及根据历史记载针对中国皇帝滥权的讨论中，他就表达了这种阴郁的观点。当尼克松和基辛格1972年展开著名的中国之旅，以期重开中美双方关系时，他们对毛泽东的看法虽然较为温和，在某些方面却也类似于这种对古代君王的看法。在法国作家让·列维（Jean Lévi）的小说里，这种神秘权力的滥用以及所谓绝对权力的空洞化，又再次获得强调，而在他对帝权特质的描述里，则又回到了一世纪以前异国风味在法国流行的时代。

本书以三位二十世纪公认的天才作家对中国的观测作为完结篇——虽然这三人从未踏上中国的土地。以他们作总结，等于重新强调贯穿本书的一个主题，亦即中国优点的明证之一，就是它有能力在特定时刻激发并且集中创造力。从这三个例子里，我们看到，借由中国，弗兰茨·卡夫卡表达出他对威权与个人努力的看法，博尔赫斯将流动的时间聚在一起，并呈现了人类意识无限多组合的可能，卡尔维诺则借着多重记忆与经验，使得跨文化的接触与交叉成为可能。

读者们可以看出，这不只是一本关于中国的书，更是一本关于文化刺激与回应的书。基于此，我们委实没有必要责怪或赞美那些制造了这些观测的人。这些刺激经常是被看作负面的，回应因此也相当严峻。但是有些时候，这些刺激却非常甜美，于是进行观测的人，也会无视围绕在他们周围的其他现实层面，沉浸在喜悦的忘我状态里。更多时候，读者们也想象得到，这些回应是浑杂一团的，而且时间、空间相互重叠，因此想要区分彼此根本是不可能的。[2]

有人认为，这些观测有许多将抽象的中国具体化，甚至加以污蔑，这个看法无疑是对的。对于中国和中国人的评估，经常都既草率又不正确，这些评估也许出于想象，也许根据成见。当我在使用"西方"这个名词时，同样，我也将孕育我的文化具体化了，也许有人会说——确实很多人这么说——根本就没有西方这种东西。也许吧。然而我们在本书中检视的那些进行观测的人却觉得他们分享了一些共同传统。

在这本书里，我们讨论了许多人，每个人都以不同的方式向另一个世界伸出触角，每个人对那个世界都有不同看法，但是他们都一致称此世界为中国。他们不见得了解这个国家，也不见得尝试了解。他们大多数人知道，就像我们大多数人知道一样，偏执、轻易受骗上当、无知，是紧密关联的。他们大多数人也知道，文字可以变得非常暴力，并具有强烈的杀伤力。我们在他们之中看到了许多带着优越感或是轻慢意味的文字；同时，我们也看到了许多充满尊敬、热情、敬畏的文字。从两组文字中，读者均可追溯出文化与历史的根源。

身为历史学家，我对现实世界中不同层面互相交叉、重叠的现象深感兴趣。窃以为，我私下是这么相信，过于概括性的言论通常都是偏离事实的，个人经验也很难反映出所谓世界潮流。正是在此信念之下，我汇集了这些有关一个伟大但遥远的文化的观测。我们必须想象着我们的领航员和海上探险家——或许还有我们的骗徒，以及那些伤心人——手上拿着相当简陋的仪器，便成就了自己的观测。而且，握着这些仪器的手，还经常因为酷寒而龟裂，或是因热汗而显得油腻。我们的向导正立在不停摇晃的倾斜甲板上，经常因飞沫而视线不明，或者被突然穿透云层的阳光迷惑了双眼。至于他们所向往的地点，则依然又遥远又隐讳不明——"带着哭丧的色彩"——正如绿蒂说的。更何况，他们甚至不能确定自己是不是来对了地方。不过，这个风险，却是我们所有人都必须尝试的。

注释

1. 我要特别感谢约翰·霍兰德（John Hollander）对此资料及其他资料的讨论。
2. 据我所知，有关此一题目的最佳短篇分析是 T. H. Barrett 所著的 *Singular Listlessness: A Short History of Chinese Books and British Scholars* (London, 1989)。另外还有一些不同目的与观点的评论，可参阅 Harold Isaacs, *Scratches on Our Minds: Images of China and India, 1600-1950* (New York, 1962); Raymond Dawson, *The Chinese Chameleon* (Oxford, 1967); Donald Lach, *Asia of Europe*, multiple volumes, ongoing (Chicago University Press); Colin Mackerras, *Western Images of China* (Hong Kong, 1989); Edward Said, *Orientalism* (New York, 1987); René Etiemble, *L'Europe Chinoise*, Vol.1 (Paris, 1988), *De L'empire romain à Leibniz*, vol.2 (Paris, 1989), *De la sinophilie à la sinophobie*; Robin Winks and James Rush 编, *Asia in Western Fiction* (Manchester U.K., 1900); Lewis Maverick, *China, A Model for Europe* (San Antonio, Texas, 1946); Federico Masini 编, *Western Humanistic Culture Presented to China by Jesuit Missionaries* (Rome, 1996); 以及 Thomas H.C.Lee 编, *China and Europe, Images and Influences in Sixteenth to Eighteenth Centuries* (Hong Kong, 1991)。

第一章
马可波罗的世界
The Worlds of Marco Polo

在探索过无数文献之后,不出意料,我们发现,西方世界第一本主要讨论中国的书,不仅模糊,而且问题百出。据我们所知,马可波罗的《寰宇记》(*The Description of the World*,或称作《马可波罗游记》,简称《游记》),是1298年他在狱中或遭软禁时,向一位名叫鲁思梯谦(Rusticello)的人口述而成的。此书主要描述马可波罗1271至1295年间周游亚洲的过程。书中特别着墨1275至1292年间,波罗住在中国并为蒙古皇帝忽必烈汗工作的经历。书中掺杂了待证实的事实、信手得来的资料、夸大的说法、虚伪的言词、口耳相传的故事以及不少全然的虚构。同样情形其实发生在本书之前与之后许多作品里,但是波罗的书却与众不同,因为他是第一个宣称深入中国的西方人,而他生动的描述也使西方读者印象深刻,至今无法磨灭。

波罗的游记并不是第一部具体讨论中国人的欧洲文献,第一位以欧洲语言写下讨论中国人专著的是圣方济修会的修士威廉·鲁不鲁乞（William of Rubruck）。他1253年受法王路易九世派遣，前往位于中国西北边界的蒙古都城哈拉和林，企图说服蒙哥汗参与基督教反伊斯兰教的大业。虽然鲁不鲁乞并未亲临中土，他却利用在哈拉和林的机会，将当地中国人的生活一点一滴地记载下来。鲁不鲁乞了解，他在蒙古见到的"契丹人"（Cataians），就是罗马人所称的赛里斯人（Seres）或"丝人"（Silk People），因为最好的丝都是从他们那儿来的。他在书中声明，他有"可靠消息"指出，在契丹可能有一座城，以"银子做城墙，金子做城垛"。于是他对中国的简短描述就出来了：

> 契丹人口不多，他们讲话时鼻子重重地呼吸；众所周知，所有东方人眼睛都很小。无论做什么，他们的手都极巧，他们的医师善用草药，并能根据脉搏精密诊断。但是他们不采尿样，对于尿液一无所知：这是我亲眼所见，因为在哈拉和林就有这种人。他们还有惯例，父亲从事什么行业，儿子也必须继承衣钵。[1]

鲁不鲁乞以几句精确的话，描述他对中国书法和纸钱的观察："契丹人的货币是纸钱，长宽有如手掌，上面以印子打了线条。他们以类似于画笔的刷子写字，把几个字母写成一个字形，构成一个完整的词。"[2]

在书中其他部分，鲁不鲁乞对某些资料明显存疑。他提到一个故事，说在契丹东部，有一种矮小的长毛怪物，住在"高耸的山岩"间，它们的腿不能弯曲，在遭到浸过酒的诱饵猎捕并刺穿表皮后，滴出的血会形成一种稀有的紫色染料。鲁不鲁乞两次声明，这个故事是一位契丹的僧侣"告诉他的"，他并没有亲眼目睹。此外，契丹旁边有个国家，任何人只要进去了，就会长生不老。鲁不鲁乞表示，虽然对方强调这个故事"是事实"，他个人却"不相信"。[3]鲁不鲁乞关于亚洲的这些报道虽然颇具价值，结果却只成了路易王的私人读物。现在只能找到十三或十四世纪时的三份手稿，而且全部都在英国，这很可能与鲁不鲁乞同时代的英国人罗杰尔·培根有关；培根为学者兼哲学家，极重视此手稿。不过即使培根留存一份手稿供自己研究，波罗也绝不可能有机会拜读。[4]

在波罗公之于世的长篇故事中，中国有着仁厚的独裁统治，幅员广大，礼仪繁冗，贸易繁荣，高度都市化，商业往来独出心裁，作战方式落后。这些记载是真是假，至今仍是个谜。另外两个问题同样启人疑窦：波罗究竟去过中国没有？他到底是在写中国还是另外一个地方？还有两个情况，更增加了这些问题的复杂性。第一，我们对马可波罗的生活及成长过程所知有限，远少于历史上其他有名的作家。第二，尽管他的游记有不同手稿——自中世纪以来，超过八十种散见于图书馆及私人藏书中，新的手稿还可能陆续出现——我们却没有原始手稿，我们只有散佚的原稿的抄本，这些抄本修改后的抄本，以及翻译和浓缩的版本。我们也不清楚"原稿"的文字。很可能，原稿的文字是威尼斯文或"伦巴底"（Lombard）方言，日后翻译成意大利式法文，再由此译成拉丁文。

马可波罗的身份难以确定,这增加了游记本身的神秘性。唯一斩钉截铁足以证明马可波罗此人存在的资料,是他的遗嘱,那是他在 1323 年 1 月 9 日病重时,躺在威尼斯家中,向一个教士及一个公证人口述完成的。这份文件并显示,马可的妻子朵娜塔当时仍健在,他的女儿中有三位也在左右,分别是凡蒂娜、贝蕾拉及莫蕾塔,而且第三位当时仍未婚。遗嘱显示,马可虽未极富,却也小康,这点可从他留给家人及威尼斯宗教团体的遗产中得知。他的社会地位,也在遗嘱中的一段话里露出端倪:"同时我解除我的仆人鞑靼彼得所有的束缚,犹如我祈求上帝将我从所有的罪行中释放。我并允许他保有他家中所有劳役所得的财物,此外,我还要赠予他一百威尼斯里拉。"[5] 五年后,基于居住时间长久,而且德行良好,威尼斯城决定赋予这位彼得以威尼斯公民所能享有的所有权利。

文件中虽指称彼得为"鞑靼",并不表示马可波罗自远东得到彼得,也不表示彼得有中国人血统。事实上,威尼斯所有奴隶,无论来自黑海或其他地方,都通称为鞑靼。另外两份法律文件,也略微提到马可波罗,一份是他弟弟马费奥的遗嘱(他较马可富裕得多,并任命马可为财产管理人),另一份是针对一位商人的投诉,因为此人欺骗他,使他失去从半磅麝香中获利的机会;马可随后花钱赢了这场官司。根据这些及其他几个法律文件,显示马可是尼科洛·波罗(卒于 1300 年左右)之子,并为另一位马费奥(卒于 1318 年左右[6])之侄。尽管有许多学者全力钻研,这些文件中没有一份与中国有任何关联。

因此想要对马可波罗的生活有所了解,还是必须回到他的书里面。由于对原稿一无所知，我们只能接受现存最早的版本里序言所说，我们现有的稿子，是1298年马可波罗在热那亚狱中向来自比萨的同监鲁思梯谦口述完成的。这点相当可信，因为在十三世纪末期，比萨和马可波罗的故乡威尼斯都曾和热那亚交战，热那亚人通常将战俘扣留在热那亚一段时间，或是等待赎金，或是经由外交管道，以交换战俘。大约在此之前二十年，一位来自比萨的鲁思梯谦，正是以讲述亚瑟王的传奇闻名，而马可波罗的书，在形式和内容上和这类传奇正多所雷同。一般的论断是，亚瑟王传奇和马可波罗游记的作者，就是同一个人。

马可波罗本人很可能文笔流畅，并在经商途中亲自进行书信联络，但却从来没有写过叙事体文章或旅游记事，而且在十三世纪末，即使贵族阶级，也不普遍识字。马可波罗的《游记》有好几个版本，是以下文作为序言开场的："尊贵的君主、皇帝、国王、公爵、侯爵、伯爵、武士及市民！还有各行各业的人们，如果希望了解各类不同人种、世界不同地区，就拿起这本书，让人念给你听吧。"这种开场白根本就是许多浪漫传奇小说的直接翻版，也正对读者及听众的胃口。[7]鲁思梯谦在记叙时，经常恪守宫廷传奇应有的格式，而不是我们认为像马可这种老练的旅行家所惯用的语汇。比如说，马可波罗在书中，详细记载了在他的时代远东发生的战争中七场最激烈的战役，但是对于雄壮军容及满坑满谷的残肢断臂，却草草带过，流于浮夸、形式化且千篇一律。正如一位十九世纪以研究马可波罗闻名的学者指出："很难想象会是由冷静而内敛的马可先生，在热那亚的牢房中踱步，前后七次倾吐出这么悲壮的战事，巨细靡遗，并由忠实的代笔人详细记录。"[8]

书中曾举一个例子,讲述马可波罗某次在战场上的获胜经验。较之其他七次战争,这次经验乍看之下明显较具说服力,因为每处细节都很合理。当时蒙古可汗正在咨询军师团,怎样才能让屡攻不破的中国城市"襄阳府"投降。可汗的将军们自认无能,因为襄阳府的城墙厚实,他们无法直接进攻,而城内又可以经由河流继续运送物资,获得救援。当时在场的还有马可波罗、他父亲及叔叔。波罗的叙述如下:

> 接着两兄弟和马可先生这儿子发言了,他们说:"全能的君王,我们的随从中有人能够制作投石机,投掷出的大石绝对不是守城卫戍所能抵抗,只要投石机开始投射,他们立刻就会投降。"
>
> 可汗强烈敦促他们,全速尽力制作投石机。于是尼可和他的弟弟及儿子立刻要求足够数量并须吻合制作投石机所需的木材。他们的随从中,有一个德国人和一个聂斯脱利派基督徒,正好擅长此道,他们于是指挥制造了两三个足以投射三百磅重石头的投石机……
>
> 当这些机关运至军营时,立刻就在鞑靼的欢羡中组装了起来。容我告诉你吧,机关一旦组装好,并且上了齿轮,各自就发射了一枚巨石进城。这些石头冲上建筑物,呼啸着轰隆隆地撞开并且粉碎了一切接触到的东西。城里人目睹了这怪异景象,吓得胆战心寒,不知道该如何应对……

城里的人于是投降，并接受了降款：这些全得归功于尼可先生、马费奥先生及马可先生。这真是大功一件，因为全能的可汗又得到了一个最好的城及最好的省，每年的岁贡更因此增加了不少。[9]

史书上对这次事件有着详细记载。襄阳府——亦即今日位于汉江南岸湖北省的襄阳——根据十四世纪的中国史料，曾遭蒙古皇帝忽必烈汗大军长期围困，该城自1268年固守至1273年，它的陷落标示了南宋败亡的开端。根据中国史料，该城被迫投降，因为忽必烈"自西方请来工程专家，建造出足以投掷一百五十磅重石头的机器"。[10]

波罗的故事颇有可疑之处。围城在1273年前就结束了，然而所有证据均显示，马可波罗不可能在1274年之前到达中国。另外根据波罗此书的序言，他父亲及叔叔在第一次亚洲之旅后，已经自忽必烈的首都哈拉和林折返威尼斯，而他们的这趟东方之旅，至迟应在1266年，亦即远在围城开始之前。像是为了解答这个谜题似的，一份早期的手稿，只提到了二兄弟尼科洛和马费奥，并说他们在可汗围城三年后提出建议，并监督制造及安置了投石机，终至攻破了城池。[11]这份文稿并没有提到有两名西方技师协助投石机的制造与设计。但是我们不能确定，这份手稿遗漏马可，是因为编写人知道马可当时不可能在当地，还是因为这份版本非常接近原稿，而虽然马可从未说过他曾参与此事，后世编辑却蓄意将他写进书中，以使故事更为生动。

这些技师却不能像马可波罗一样随意被删除，因为亚洲史料中明确记载他们与围城的关系。不过史料中尽管认同这些技师来自中国西部，他们的出生地却被认为是伊斯兰教中东地区；中国史料中甚至有二人的名字：阿老瓦丁（Ala'uddin of Miafarakain）及亦思马因（Ismael of Herat）。波斯史料则指出，这些专家来自大马士革（或巴勒贝克），共有三人。[12] 更复杂的是，中国和波斯史料均显示，蒙古军队远在1230年成吉思汗时代，就能很熟练地使用这种投石机了。不过，即使波罗不可能出现在当地，甚至很可能夸张了他自己及家人，他对围城一役的记载却非常精确；是否他曾经由某些文件或个人途径得到"外来消息"，我们都是一无所知。

波罗在中国的事业也备受争议，在这段始于1274年终于1291年的十七年里，波罗一直在忽必烈汗的跟前当差。鲁思梯谦的序言说，波罗在这段时间里，学会了蒙古文（包括口说及手写）以及另外四种语言的"书写体"。随着经验与知识的累积，波罗受可汗委任的公务行程一次比一次长。鲁思梯谦说，波罗还一度掌握事业突破的契机：

> 波罗几次注意到，特使从不同地方回国后，唯一能向皇上报告的，只有公事。皇上听过之后，根本不当一回事，他会说："我宁可你们多谈谈不同国家的风俗民情，不要老是讨论公事。"显然他对外国的新奇事物更有兴趣。因此马可出国的时候，便花了很多时间了解当地文化，以便回国时取悦可汗……
>
> 马可回国的时候，先向皇帝报告肩负的任务他怎样处理得井井有条等，接着便诙谐机智地谈论他见到并且听到的新奇事

物；皇帝听完后，大表讶异，并说："这个年轻人将来必成大器。"从那以后，他的头衔就成了马可波罗先生，因此本书也从此处开始，恰如其分地这么尊称他。[13]

但是这些表面看来精确的资料，却从来没有在书中冗长的内文里得到证实，而马可波罗本人，既没有告诉读者他受委任的是什么公务，也没有说明那些"新奇事物"是什么，更遑论提到如何让这些事情深深打动人生经验丰富又骁勇善战的忽必烈汗了。

《游记》中只有一章，详细描述了马可波罗的公务。学者都同意，文中提到的杨州（Yanju）即是今日之扬州，是个位于长江北边、大运河西岸的商埠。这段文字说："这本书的主人公，也就是马可波罗先生，受可汗委派，在城内统治了整整三年。当地人以贸易与制造业为生，制作了许多武士及士兵的铠甲，城内和城郊均有大批可汗的军队驻守。大致就是这样了。"[14]文中提到的"武士"及"铠甲"，像在指称欧洲中古世纪骑士间的决斗，而非我们所知中国的战役及社会。此外，经过数十年来，无数学者全力钻研中国及蒙古的资料后显示，在曾经任职该城的众多官员中，从未出现过包括波罗家族在内的西方人。

但是我们如果就此推论，认为十三世纪晚期的扬州不可能有欧洲人存在，那也言之过早。1951年，中国军方在拆除扬州城墙的时候，发现墙内嵌了一块大理石板，板上镌刻着圣凯瑟琳（St. Catherine）的生活景象，并有如下的文字："奉天父之名，阿门。凯特琳娜长眠于此，她是高贵的多米尼克·攸里欧尼之女，殁于主后1342年7

月。"早期誊本将此女名字记为维里尼斯（Vilionis），但是著名中世纪学家罗伯特·洛佩兹（Robert Lopez）修正了这个错误，并追溯出这个家族中一个名叫多米尼克·攸里欧尼的人。一份1346年热那亚的法律文件指出，在商人雅各布·奥利韦里奥之前某段时间，此人曾经担任遗嘱执行人。文件中说，这位雅各布在中国住过，期间并且让自己的财富扩增了五倍之多。[15]

若干年后，又一块较小的石板在扬州出土，而且基督教图形雕刻下方的拉丁文镌刻，也说明那是同一个多米尼克的儿子，名叫安东尼奥，卒于1344年。[16]我们不得不承认，在马可波罗传说中的扬州之行三四十年后，扬州城内似乎出现了一个蓬勃的意大利人小族群，他们以经商为生，获利颇丰。这个族群可不可能要求当时统治中国的可汗派个行政官照看他们呢？中世纪时，只要有机会，这种团体都会要求某种宗教支援，明显的例子就是圣方济会修士鄂多立克（Odoric of Pordenone）了。鄂多立克的报告指出，1320年代他受教廷指派，前往中国，1322年抵达扬州，住在一个圣方济会的修院里；当时城里还有三个景教教堂。[17]因此，波罗曾在扬州任职的说法是有几分可信的。

波罗书中类似这种无解之处，多得不计其数。这并不意外，因为波罗写的是他那时代的事，必定存在着因距离太近而产生的观察不清的地方，而且无论我们讨论的是哪份手稿，也无论鲁思梯谦是作者还是代笔人，此模糊性都存在。我的意思是，无论是中世纪的著作还是威尼斯国外特使的报告，所有的文字都会遵循一种特定的格式，前后叙述一定依序为：统治者、被统治者、社会阶级、省份、家族、风俗及产品。[18]对我们来说，波罗的书也许像古怪的商人手记，但是有些人却喜欢经由其中领略这个大千世界。无论是四处开疆拓土的商人还是踽踽独行、负有外交任务的传教士，都能将书中我们如今所谓的"传奇内容"和自己的平淡经历混杂起来。而他们的读者期望的，也就是这些稀奇古怪的事情。要是读者以前对内容就略有所闻，那就更好了，因为更可以证实资料的可信度。"任何中世纪旅行家都是消息传递者"，约翰·克里奇利（John Critchley）观察后表示。最理想的情况就是，这个旅行家受过良好教养，而群山峻岭间又满是古怪且危险的事情。[19]

波罗似乎不认识任何中国人，他书里的中国名字，很像阿拉伯旅行家游记中所用的名字。不过即使是居住在伦敦的意大利商人，也经常将英文名字歪曲到几乎无法辨认的地步。波罗从未提到茶叶或书法，以他居住中国十七年之久而言，这倒是匪夷所思。他也没有提到鸬鹚捕鱼法，或评论中国妇女的缠足，或谈到对长城的印象。不过他倒是记录了以煤炭做燃料这件事，还说了北京青楼区的规模及其坐落于城墙外的位置。他也见到了纸钱，并尝试描述制造过程和功能。他并提到江南河流上拥挤的航运、食盐的重要性以及大宗运送的情形。他更谈到稳定货物价格的方式、政府仓库里成堆的谷物以及公共浴池。

波罗书中的内容既荒谬又翔实，数百年来，读者不断质疑其资料来源。波罗手稿的较晚版本（如1340年以后的版本），尤其可从许多地方攫取资料，当时的编辑很可能因此自行加入新材料，而不从原稿（现已遗失）中追溯根源。鄂多立克在1320年间遍游中国，他回国后向教廷呈交的报告,至少出现七十三种版本。波斯学者拉施特·阿丁(Rashid ad-Din)完成于1310年左右的《史集》,虽极具前瞻性,也有许多描述中国的细节,但内文皆为他浏览中国书籍或自蒙古人处听来撰成的。此外,约翰·曼德维尔爵士(Sir John Mandeville)内容翔实、大受欢迎的小说,也在1350年间广为流传,读者们更普遍视其为史料。[20] 当时好几个中国城市都有圣方济修士的修院,大量意大利商人更不停地进出中国,以致巴尔杜奇·佩戈洛迪(Balducci Pegolotti)在他1340年著名的手记中,特别以两章篇幅详述这些通商路线。[21]

最离奇的是,一位来自中国北方的突厥蒙古人后裔,名为拉班·扫马(Rabban Sauma)的景教徒,在1276年,一般咸信为波罗初抵中国的时候,受忽必烈汗派任,前往西方。屡经冒险,拉班·扫马终于在1287年到达那不勒斯,同年稍后并抵达法国。但是却没有证据显示,他以波斯文写成的原稿当时曾在欧洲出现;事实上,没有人见过任何波斯文版本,直到十九世纪,此叙述才以叙利亚译文面世。[22] 因此,所有波罗1330年以前流传的版本,都没有机会借鉴足以与之匹敌的作品。

但波罗却可能有一处得力的资料来源,那就是传说中一路伴随他的父亲尼科洛和叔叔马费奥。他们在1260年代,侦察出通往哈拉和林的通商路线,并于1273至1275年间,携十七岁的马可折返。作为旅行家,他们饶富经验,勇气十足;作为商人,他们技巧过人。但是在1275至1291年这么长的一段时间里,他们究竟在做什么呢?西方文献及蒙古史料均指出,他们此时已经开始了经由海路折返欧洲的危险行程,以护送一位蒙古公主至波斯,和蒙古可汗成亲。马可波罗《寰宇记》序言中,对他们第一趟行程着墨极多,对第二趟却缄默不语——除了围城一役及制作投石机等事外。很可能,他们在1270至1280年间,在蒙古和中亚一带经商兼旅游。这期间,马可即使曾和他们在一起,也极为短暂。各方资料显示,马费奥·波罗是个有钱商人,在黑海北岸苏达克城(Sudak)还有一栋房子。有没有可能马可以此为基地,从往来的欧洲及阿拉伯商人处收集贸易及旅游资料,并将这些资料和父亲及叔叔倦游归来后提供的消息融合一处?[23]

这些臆测是否正确,不得而知,重要的是,它们与波罗的事迹没有什么关联。如同英国中古世纪学家约翰·克里奇利所说,波罗的不凡之处,不在于他的周游路线,不在于他的独特经历,不在于他的个性和人格,很简单的,而是在于他的书以及他会完成这本书的这个事实。[24]因此最重要的议题,不是他如何写出这本书,而是他为什么写出这本书。

就波罗写《游记》的原因而言,我们没有任何证据。但我们能相当确定他的目的绝不是为了赚钱——一份由他人千辛万苦代为手写、誊缮,然后藏于修道院或王公贵族图书馆的手稿,是赚不了钱的。会不会是为了打发狱中无聊时间呢?正如我在前文引用玉尔所说,马可波罗在热那亚"狱中踱步"。如果威尼斯战犯波罗有办法买通热内亚当局,那么在等待赎金的日子里,他可能处在舒适的禁足状态,只要保证不离开热那亚,就可以自在地活动。他的书可能是聊天聊出来的,主要根据现有序言中几条重要大纲,一问一答而成。

一份早期写成名为"Z"本的手稿，于1930年在托莱多（Toledo）出现，似乎印证了这个论点。手稿中，有些评论只在极少的版本中出现过，似乎是在回答一位不具名的提问人，而问题则是对波罗旅游中的一些细节表达了怀疑与好奇。也许值得一提的是，这份手稿并未提到波罗在扬州的三年任期，以及他与家人在襄阳一役中使用投石机的情形。[25] 会不会在持续质问下，波罗决定撤销这些言论？或者晚期的抄写人在读过其他有助于波罗游记的资料后，决定在他们的版本中，增添一些枝叶？波罗会不会在不同时间向不同抄写人讲述不同故事？除了由遗嘱中了解到他娶朵娜塔为妻外，我们对他1298年或1299年出狱后在威尼斯的生活一无所知。威尼斯文件中，没有赎金记录，没有公职记载，没有房地产交易或商业投资记载。没有威尼斯文人提到看过他的游记，早期重要图书馆里没有入藏他手稿的记录。但是1310年左右，他在一些圈子里，得到一个"百万富翁"的外号，原因可能是他所讲述过上百万的故事，而不是他累积的百万金币。

另一个有趣的解释是，波罗写的书目的是为了讨好往来威尼斯的使节。因此长篇大论的文字中，无论是蒙古宫廷政治还是波罗的行政和旅游经验，都是为了展现他是个能干又有经验的人，足以担负任何需要技巧、冷静及勇气的任务。由此观之，我们或可视此书为履历——以现代标准来说也许太过松散，但在当时却堪称生动有效。如同许多其他臆测，这个猜想也有证据支持。波罗手稿中最早的两个版本现存于法国，书中开头一段文字指出，它们是1307年由波罗亲自呈递给法国大使蒂博·席波（Thibaut of Cepoy）的。

1290年代的威尼斯，社会阶层严明，精英阶级皆极力巩固自己的利益，身为平民的波罗极难有出头机会。法国在当时却可能比较开放，而《游记》书中也大幅描述蒙古人、汉人的灵活变通，不仅愿意雇用出身低微的人，对于忠心耿耿的下属也不吝慷慨赏赐。[26]

如果波罗的论述意欲自我推销，兼及婉转批评西方社会的严苛，以对比东方的富饶与开放，那么他论述的其他层面也应含有相似的辩证及道德意图。他的书既可视为对中国生活的细微描述，也可当作对自己城市的批判。犹如遗嘱所载，波罗为三女之父，我们因此可以假设，他极欲尽一己之力，提供她们最好的生活。这会不会是一种动机，促成他将中国描绘为道德典范，以对比许多威尼斯人浪荡无羁的性生活？一份1315年左右的手稿显示，波罗不仅从未提过中国妇女的裹脚陋习，反倒长篇形容了中国女性的性格、举止：

> 你也得知道，契丹妇女极为纯洁，极为谦虚。她们不会蹦跳奔跑，不会胡闹嬉戏，不会热情外露，不会贴着窗户盯着过路行人，更不会抛头露面。她们非礼勿听，不会动辄大吃大喝，也不会游戏取乐。如果她们必须前往一些正当场所，诸如寺庙或亲友家里，她们必有母亲陪同。她们会目不斜视，并在头上盖着漂亮的巾布，避免眼睛朝上看，更得以促使目光投注在脚尖前的地面。在长者面前，她们很谦卑；她们绝不口出诳言，事实上，除非回答询问，她们极少在长者面前开口。她们待在自己的房间里忙活计，极少在父亲、兄弟及家中长者面前露脸。她们不理会任何追求者。[27]

这真是中国吗？或者如克里奇利所说，这只是针对威尼斯的反讽，主要目的不在表现波罗这个旅行家，而是波罗这个"豆蔻年华少女的老父亲"。[28]

无论如何，纵使贞洁和端庄是马可波罗想要传递给女儿和读者的两个中国层面，吸引中世纪和文艺复兴时期读者注意的也不是这两个层面。从一开始，读者就想从书中满足自己的幻想，而不是获得道德上的劝服；波罗并没有让他们失望。在乔叟和但丁均被钻研波罗的学者剔名后，十四世纪受波罗影响最深的作品，首推《耶路撒冷的第三王》（Romance of Bauduin de Sebourc, Third King of Jerusalem）。这本浪漫传奇小说，许多场景均取材于波罗这本书，而其中，受未来君王彼得温追求并掳获的女主人翁艾薇琳，更完全出自波罗书中一章。该章描述，邪恶国王在精心建构的天堂里，培养暗杀队伍。天堂中不只有"美酒、牛乳、蜂蜜"，还有"贵妇与少女陪他们嬉戏，满足他们心灵的需求，以具备年轻男子应有的条件"。[29] 即使对艾薇琳双眼的描述——黑而有神——也借用自波罗对主人忽必烈黑而有神双眼的阐释。波罗对可汗众多嫔妃的描写，更让读者产生无限遐想。这些嫔妃六人一组，一次三夜，轮流侍奉她们的君王。"无论在房间里，床上或其他地方，可汗均随心所欲，悠游自在。"[30]

马可波罗早期的读者中，最著名的要属哥伦布了，他深受波罗书中感官描写的震撼，也强烈感受到了其中隐藏的商机。现存波罗第一批印刷成书的作品，采用的是1300年代的拉丁文手稿，于1485年出版。哥伦布展开1492年的探险前，想必已熟知该书内容。他

1496年返乡后,订购了该书,并且或在当时或日后,于书页空白处下了近百个眉批。[31] 这些眉批主要以拉丁文写成,间杂以西班牙文,显示了最吸引哥伦布注意的段落。他对波罗有一次提到,主人死后火焚家仆及女眷做陪葬的习俗深感震惊;在一段描述藏人婚俗的段落旁,哥伦布记道:"他们只要已有性经验的妻子。"对于波罗讨论"江都"(Cayndu)人的部分,哥伦布也对其习俗感受深刻,他记道:"男人将妻女奉献给过路旅行家。"[32] 他还特别注意到了暗杀队伍的感官乐园,关于奇迹及独角兽的讨论,以及长老约翰(译按:Prester John,传说中世纪在东方建立基督国家的国王)家宅的坐落处。[33]

虽然哥伦布对这些感官描述、奇闻搜秘深表兴趣,我们却不难发现,他真正的意图还是在贸易经商,以及其中隐藏的危险和机会。因此只要波罗提到黄金、白银、纯丝买卖、香料、瓷器、红蓝黄宝石、琉璃、醇酒、采珠人等事,哥伦布就会做记号。[34] 同样深受哥伦布注目的内容,包括季风期来临时船队航行的方向及时间、海盗或食人部落猖獗的情形以及类似食物及其他物资可能的位置。[35] 哥伦布特别对几个看来颇有潜力的中国城市做了记号,其中包括扬州和杭州[36],并对它们的通商机会做了些评论,不过他只对一个城市写下"商机无限"这几个字,这个城市正是"汗八里"(Cambalu),也就是忽必烈汗在中国的新都,波罗对北京的称呼。为了强调他的兴奋,哥伦布在眉批旁加了一个图案,那是歇息在云端或浪涛上的一只手,所有手指紧握,只有顶端的食指直伸,指向撩动它的那段文字。[37]

注释

1. Peter Jackson 及 David Morgan, *The Mission of Friar William of Rubruck: His Journey to the Great Khan Mongke, 1253-1255*, Hakluyt Society, 第二辑, No.173（London, 1990），161—162 页。
2. 同上, 203 页。
3. 同上, 202、52 页。
4. 在 Frances Wood 的著作 *Did Marco Polo Go to China?*（London, 1955）一书中，曾就波罗是否在中国居留过有精简而机敏的讨论。相似的论点，也在 Herbert Franke "Sino-Western Contacts Under the Mongol Empire" 一文中强有力地出现，此文载于 *Journal of the Hong Kong Branch of the Royal Asiatic Society*, 6（1966），49—72 页，文中 53—56 页处，尤值注意。波罗《游记》的大要，可见 Ronald Latham 的 *The Travels of Marco Polo*（Harmondsworth, UK, 1988），取材自所有不同手稿。
5. Henry Yule 及 Henri Cordier, *The Book of Ser Marco Polo The Venetian Concerning the Kingdoms and Marvels of the East*, 修正版, 共三卷（London, 1920 及 1926），卷一, 72 页。
6. 同上, 卷一：64—65、70 页；卷二：505—520 页。
7. 同上, 卷一：第一章, John Critchley, *Marco Polo's Book*（Aldershot, UK, 1992），3—8、27—28 页。
8. 引用自 Yule 及 Cordier, 卷一：113 页。
9. 同上, 卷二：158—160 页。
10. 同上, 卷二：167 页, 注 5；也见 A. C. Moule 及 Pelliot 编辑、翻译, *Marco Polo, the Description of the World*, 共二卷（London, 1938），卷一：146 章, 318—319 页。
11. Moule 及 Pelliot, 卷二：22 页；M. G. Pauthier, *Le livre de Marco Polo, citoyen de Venise*（Paris, 1865），145 章, 472—476 页。
12. Yule 及 Cordier, 卷二：168 页, 注 5。
13. 同上, 卷一：27—30 页, 将马克（Mark）转为马可（Marco）。Moule 及 Pelliot 书中, 卷一：85—87 页；Pauthier 书中 23—24 页, 均追索不同手稿。
14. Yule 及 Cordier, 卷二：154 页；Pauthier, 468 页；Moule 及 Pelliot, 卷一：316 页。
15. Yule A. Rouleau, SJ, "The Yangchow Latin Tombstone as a Landmark of Medieval Christianity in China", 刊于 *Harvard Journal of Asiatic Studies*, 17：3 与 17：4（1954 年 12 月），346—365、349、353 页。Robert Lopez, "Nouveaux documents sur les marchands italiens en Chine à l'époque mongole", 刊于 *Académie des inscriptions et belles letters*（comptes rendus, 1977），445—458、456 页。
16. Lopez, "Marchands", 457 页（其中 1344 页误印为 1324 页）。不巧的是，据编辑指出, Lopez 的参考书目未赶上本书付印前的截稿时间。

17　Manuel Komroff 编, *Contemproaries of Marco Polo* (New York, 1928), 235 页。
18　Critchley, 78 页。
19　同上, 80、85、111 页。
20　Yule 及 Cordier, 卷一：简介, 117 页；Herbert Franke, "Some Sinlolgical Remarks on Rasid ad-Din's Historyof China", 刊于 *Oriens*, 第 4 期 (1951), 21—26 页；C. W. R. D. Mosley 编, *The Travels of Sir John Mandeville* (Chicago, 1991), 9—10 页。Stephen Greenblatt, *Marvelous Posscessions, The Wonder of the New World* (Chicago, 1991), 第 2 章, 文中在西方扩张主义的背景下, 对于 Mandeville 有极巧妙的解读。
21　Yule 及 Cordier, 卷一：导论, 140 页。
22　Morris Rossabi, *Voyager from Xanadu: Rabban Sauma and the First Journey from China to the West* (Tokyo and New York, 1992), 1—2、41、46、147 页。
23　Critchley, 52 页, 文中指出他的伯父马可正是这么做的。
24　同上, 130 页。
25　同上, 173—175 页。参阅 Moule 及 Pelliot 的拉丁抄本 "Z", 卷二：xlii—iii。
26　Critchldy, 38—39、40—41 页。
27　Moule 及 Pelliot, 卷一：304 页。在 Critchldy 文中 176 页, 及 Latham 文中 196 页, 也引用了这段话, 只是略有不同。
28　Critchley, 177 页。
29　Yule 及 Cordier, 卷一：导论, 121—127 页, 以及内文, 140、142 页。
30　同上, 卷一：导论, 124 页, 内文 356—358 页；还有 Moule 及 Pelliot, 卷一：206 页。
31　Felipe Fernandez-Armesto, *Columbus* (Oxford, 1991), 23、36—37 页；Yule 及 Cordier, 卷二：553、558 页；Juan Gil 编, *El Libro de Marco Polo anotado por Cristobal Colon* (Madrid, 1987), ix 及 lxviii, 讨论不同版本上出现的不同笔迹, 并认为其中除了哥伦布及其子的笔迹外, 还有个身份不明的第三者。
32　Luigi Giovannini, *Il Milione, con le postille di Cristoforo Colombo* (Rome, 1989), 256、183、186 页。
33　同上, 84、72、246、110 页。
34　同上, 189、178、78、227、252、78、96、254 页。
35　同上, 242、268、224 页。
36　同上, 217 页。
37　同上, 154 页及注 1；137 页之图片；253 页及注 3；Gil, 77 页。

第二章

天主教时期

The Catholic Century

由于十三世纪时蒙古王朝纵横中亚与中国,加上欧洲人急于拓展贸易以及十字军的宗教狂热,使得欧洲与中国有机会开始交流。但是随着1340年代黑死病在欧洲蔓延、蒙古王朝1368年灭亡,以及奥斯曼伊斯兰教势力在近东地区兴起,欧洲与中国方才萌芽的接触又被腰斩。明朝永乐年间(1402—1424年),海上探险热潮兴起,触角远及于印度洋及东非海岸,也为重启贸易往来种下了希望。但是这条意义重大的航线,却在1440年代因为经济因素而宣告中断。因此,欧洲人在商务与基督教的版图扩张上,虽然仍以"印度群岛"(The Indies)为中心,但一度也因意外计算错地理位置而偏重美洲,与中国的不定期接触也终止了。

不过,到了十六世纪初期,麦哲伦和达伽马这两位航海家却将葡萄牙人带到了中国边界的澳门。在此同时,西班牙人也从他们新建立的美洲殖民地上长征至远东,并在菲律宾的马尼拉建立了一个基地。正当两个全力拓张版图的国家,还在辩论如何将划分大西洋中线的方法(根据 1492 年教廷制定的托尔德西里亚斯条约)应用于太平洋及东南亚的香料群岛时,传教士及商人却已开始从两国涌向中国沿海。这么一来,就发生了一个意想不到的结果:新一波关于中国社会及政府的信息开始流向欧洲,并持续了二百年之久。

然而这一波新的信息潮,并未带来有利开端。虽然葡萄牙人在十六世纪初一直和中国人和平贸易,获利也颇丰,甚至获准派遣使节团至北京,商讨进一步的经贸往来,然而他们自己的一名船长西蒙·安特拉德(Simão de Andrade)却将这一切给毁了;他在岸边辱骂并攻击中国官员。当他的言行传到中国皇帝耳中后,葡国使节团人员均被遣送至广东,遭到囚禁、刑求,并被告诫不得再从事贸易。结果就开始了一段于福建外海进行走私贸易的时期,中国政府于是在 1549 年进一步压制,扣押了两艘葡国帆船,杀了大部分船员,并将余员囚于福建首府福州。

经过冗长的司法审判并处决多名人犯后,剩下的葡萄牙人被判终身流放至南中国各地。人犯中有一人名叫加莱奥特·佩雷拉,是葡国军人兼贸易商。1553 年左右,加莱奥特·佩雷拉设法买通了中葡双方调解者,重获自由,并在接下来的几年间寻机写了份报告,记录下个人经验、中国习俗和政府概貌。这份报告 1561 年进了果阿(Goa)的耶稣会书院,并经院中学童抄录后传到欧洲,成为耶稣会印度传教团年度报告中的附录,接着即刻获译,出现意大利文和英文版本。[1]

由于遭遇悲惨,加上对中文一窍不通,佩雷拉的叙述自然支离破碎，甚至前后不连贯。但作为继马可波罗之后西方第一份由非神职人员写出的报道，此文自有其意义，也深具启发性。加莱奥特·佩雷拉经常在文中作标记，注明何处为个人经历，何处为道听途说。因此当他谈到北京及南京时，特别表明自己从未去过华北及华中，对二区的了解也完全来自书籍和前辈旅行家的故事；同样，他对中国省级官僚结构组织及职责的细部分析，也显得生硬而陌生。但是当他谈到狱中经验及狱方折磨犯人的技巧时——无论是犯人们在类似大木笼的牢房中摩肩接踵挤睡成一团而全身无法动弹，还是遭竹棍杖打而痛不欲生——他的文字都活灵活现，恐怖至极，使得日后在证明中国人的整人能耐时，他的资料就成了最基本的证据，更让西方人对中国的认知多拓展了一个层面。佩雷拉这么形容笞打：

> 打人的工具是竹条，由于中间裂开，竹子看起来平坦不尖锐。挨打的人匍匐着趴在地上，刑吏拿着竹条使劲地抽打他的大腿，即使旁观的人也会吓得浑身发抖。抽十下会造成大量出血，二十至三十下会血肉模糊，五十至六十下将需长期疗养，如果是一百下的话，那就无药可救了，而这种重罚，往往施加在那些拿不出任何贿赂以买通监督行刑官吏的人身上。[2]

不过，佩雷拉的叙述，也不只限于中国残酷的一面。事实上，他心胸开阔，接触层面广泛，至今仍让我们深刻领受许多细节。他就像身经百战的军人，注意到了城墙上没有大炮，因此训练有素的欧洲军队必可轻易征服中国。他又像个工程师，仔细丈量制造桥梁及道路的石板面积以及建构的诀窍。他也像个商人，留意到河流和养鱼场，注意到各种不同食物间的相对价格，像鹅肉、牛肉、狗肉和蛇肉等，以及驳船上的船桥、征税的方法。他还注意到，中国商人偏好住在城外郊区，以规避城内严格的宵禁；挨家叫卖的各种摊贩，和各色各样的到府服务。[3] 由于本身具有虔诚的宗教信仰，他很称许政府设立的安养所和医院，以照顾盲人、病人及跛脚的人，他也称许街上不见乞丐的情况，并留意到中国人不重视宗教信仰。他认为，基督教的传布必较伊斯兰教容易，因为西方传教士不会禁止中国信徒吃猪肉、喝酒。[4] 最让人意外的是，虽然身为中国司法制度的受害者（即使后来得到了特赦），他却大力赞扬中国的司法体系，而无视其残忍的体罚。

在比较过中国法律与罗马法以及特别是当时的欧洲法律后，他认为，中国法律有深具弹性的优势。他这种以比较性的观点看中国文化的态度，后来就成了西方世界重要的思考模式。他的说法强而有力：

> 在公开场合质询证人，除了可以让一个人的生命和荣誉无须仅仅因为另一个人的发誓保证就做了决断，还有另外一个优点。由于听证大堂里总是挤满了人，想要聆听证人的说词，因此只有实话才能过得了关。这么一来，审判过程就不像我们这里，有时候会出现造假，因为证人只需面对检察官和公证人，而金钱的影响又极大。但是在这个国家，除了公开听证的过程，他们也非常敬畏他们的皇帝，而且慑于他的威严，绝不敢有不

实之言。总之，这些人有独特的司法审判，较之罗马人或任何其他人都要杰出。[5]

佩雷拉以自己的经验重申前述观点，并质疑中国人要是到了西方社会的处境下，会有怎样的下场：

在基督教世界里，无论在哪一个角落，像我们这种无名小卒，在遭受指控之后，即使无辜，也很难全身而退。但是在这个异教徒国家，我们虽然得罪了两个城里的要员，同时语言不通，缺乏翻译，最后却见到他们因为我们而锒铛入狱，更因为不公不义的关系，官位及荣誉均不保，甚至连死刑都不能免，因为谣传他们还要上断头台：由此即可知他们司法的公正。[6]

其他让佩雷拉印象深刻的事情包括：城市里人与兽的排泄物均有人细心收集；用筷子吃东西；利用捉鱼后会向主人吐出鱼货的鸬鹚捕鱼；以及密度极高的人口。对于最后一点，他描绘了以下惊人的画面："触目所见都是人。连不期望见到人的地方，像树旁，也总是蜂拥着一大群小孩。"[7] 但如同中国社会有令人气馁的一面——因为"任何不经心的恶言，都会随即四处传布"——好奇的人群也有令人讨厌的一面，使佩雷拉和他的朋友觉得"络绎不断来看我们的人，给我们很大的压迫"。[8] 也许是基于坐监经历，也许是根据流言，佩雷拉对中国社会还有一则观感："最令人不能忍受的是鸡奸，不仅下层社会很普遍，精英阶级也不罕见。"[9]

虽然在讨论中国时佩雷拉提到了许多新鲜的话题，但是如同马可波罗，他也疏漏了许多我们期待见到的内容。比如，佩雷拉和波罗一样，只字未提茶叶，也没有提印刷术或书法，更没有提到妇女缠足。虽然他谈到，在福州拘禁期间，他和同伴"多次被拘提出狱，在华宅里，任由贵族及其妻妾观赏"，也听人谈过并亲眼见过许多中国妓女，了解她们善于弹奏琵琶。[10]

在精读过加莱奥特·佩雷拉作品的读者中，包括了多明我修会的修士克路士（Gaspar da Cruz）。克路士在柬埔寨做了一年传教士，紧接着在1556年12月于广东待了几周后，决定要以文字记下个人经验和印象。在手稿完成之前，克路士曾有机缘读到佩雷拉的作品，他毫不保留地称赞佩雷拉为"值得信赖的绅士"，是"不会说谎的人"，所以他从佩雷拉处"引用了大量资料写入文中"。[11]克路士1570年2月死于家乡里斯本，死前正为黑死病患服务，他的记事录同月出版，为身后留下了一些声名。查尔斯·博克舍（Charles Boxer）说："这位名不见经传的多明我修士有幸（也许这不是恰当的字眼），在欧洲出版了第一本有关中国的书，应当享有一定荣誉。"[12]

正如序文中所言，克路士撰写《论文》（*Treatise*）这本书的目的，是要以他个人和佩雷拉的经验，尽可能细微地描述中国，使中国能和当时许多其他国家一样，在他所属多明我修会的宣导下，再加上圣方济会及耶稣会的协助，归信天主。克路士认为，对于有意到中国传教的人而言，中国机会无穷：

> 因为在我提过的所有民族中，中国人口最多，地域最广，

政府组织最完善,财产最丰饶(非指金、银、宝石等贵重物资,而是产业、财货等日常应用的物品),中国人还有很多珍贵的收藏品。[13]

克路士觉得自己的第一手资料很有价值,因为在当时,仍有许多人不相信旅行家的故事——特别是有关中国的部分,他们总认为那都是吹嘘。

我在这里要提醒读者一件事情,以利他们自己揣度中国的伟大。那就是,一般都以为距离可以增加事物的美感,这点却完全不适用于中国,因为中国较传说中伟大很多,因此亲眼所见完全不同于传闻。这点除了我自己,其他人也可以证实。这些都必须亲自目睹,不能仅靠耳闻,因为百闻不如一见。[14]

克路士在中国停留时间虽短,观察却相当精准,因此即使是佩雷拉涵盖过的话题,他仍可为欧洲读者提供许多新信息。例如他注意到,挑粪便的人会将粪桶外表擦得一干二净以减低臭味,他们还经常以这些粪便种出来的蔬菜交换下一批肥料。此外,中国妓女通常是盲人,而且都被迫住在城墙之外(马可波罗也提到此点),她们住在指定的巷道里,由管理人负责登记。她们通常都是被自己的母亲卖给妓院的,并在那里学会弹唱。[15]克路士并且明确记载了鸬鹚捕鱼时脖子上铃响的细节,以及随后被迫吐出鱼货的情形。他还形容舞动钳子般使用筷子的方式,并将其类比到一些有钱人喜欢蓄养的长指甲——"他们都将长指甲维护得很干净"。[16]

克路士也谈到中国人的种种生活细节,其中许多是西方人原本闻所未闻的:在广东水面上,强壮而独立的摆渡妇女,她们的衣着与生活方式;人工孵蛋及当地人经营的养鸭场;玩赏笼子里黄莺的乐趣,以及如何将这些笼子凑在一起,让所有的鸟"鸣唱出一片乐音";在鸡里面灌水或沙,以增加卖出的重量;一般人打架时互扯头发的习惯;印刷术在中国已存在逾九百年的事实。[17]克路士大不同于多数西方人,他颇能欣赏中国音乐之美,他甚至觉得和尚念诵的经文"调子很好",而中国音乐通常"非常和谐",中国野台子上的戏剧"演得很好,很生活化"。[18]

波罗和佩雷拉所遗漏掉的中国人生活上的三个重要部分,克路士均以正确清晰的文字一一补上:分别是缠足、中文的特色以及饮茶。他认为,缠足具有美学上的功能:"除非生活在海边或山上,女人一般都非常白皙、温柔,双眼和鼻子比例匀称。从小她们的双足就以长布绑住,以维持其小巧,她们这么做,无非因为中国人一向视具有小巧鼻子和双足的妇女教养良好。这种习俗普遍见于上流社会,而非下层阶级。"[19]

至于文字,克路士表示,他终于了解,汉字不像西方文字,由字母组成,以横排书写,而是由上到下的直排。汉字总共有大约五千个,每个字都有特定符号,其他族也可以读出这些字。"我以前不了解的事",克路士说,"现在终于澄清",而且中国文字"一点都不古怪"。[20]

对于茶叶他则说:

不论是谁,只要进了比较有品位的人家里,定就有人以托盘奉上瓷杯(杯数视人数而定),里面装着称作"茶"的温水,颜色淡红,有一股药味。茶由一种有苦味的草药制成,他们当作饮料用:无论来人是否熟稔,他们均以此待之,以示敬意,我自己就已多次受到款待。[21]

克路士深知中国的黑暗面,也不吝批评。他叙述人犯遭到"粗如人腿"的竹棍杖打,而且竹棍还先在水里泡过,"以增加疼痛",描述之生动,不输佩雷拉。对克路士而言,杖打之后的场景一样可怖,因为执法官员宅邸院子里"血迹斑斑"。克路士说,行刑人员打人后,"把犯人像羊般拖回狱内",而四周围观的人群"毫无怜恤,互相交谈,不断吃喝并剔牙"。[22] 他和佩雷拉一样,觉得他们"普遍"具有一种"不人道的邪恶",而且"毫无内疚";不过对克路士而言,那是因为没有人告诉中国人,"那是一种罪,是龌龊的行为"。[23]

佩雷拉和克路士在他们的中国故事里加了许多新内容,然而他们与二百五十年前的马可波罗和鄂多立克修士,其实分享着许多相同的商业及宗教观点。在此同时,浪漫小说作家约翰·曼德维尔(John Mandeville)也从周围可得的故事编织出一连串中国小说。而在十六世纪中期时,葡萄牙冒险家兼小说家平托(Mendes Pinto)也从听来与看来的小说中编了许多故事。平托不同于曼德维尔的是,他曾去过远东;充分证据显示,他去过暹罗、缅甸和日本,时间大约为1537至1558年间,但是他是否去过中国,则值得怀疑。1560年代,他开始撰写工程浩大的称作《游记》(*Peregrinations*)的手稿，1578年左右完工。不过，该书却在作者过世三十年后的1614年才得以出版。[24] 平托很可能深受同为葡萄牙探险家加莱奥特·佩雷拉的影响，不仅从他的回忆录攫取资料，更以他的行事风格作为榜样。因为当时佩雷拉的书已声名大噪，而佩雷拉为了在中国沿海经商，也已经加入一些唯利是图的葡萄牙军人行列，联合暹罗阵营，在1540年代和勃固（位于缅甸境内）打了一仗。他更目睹了耶稣会传教士法兰西斯·沙勿略（Francis Xavier）遗骸出土过程及随后的宣福礼仪式。平托书中许多最具冲击性、最详细的段落，都围绕着暹罗—勃固一役以及沙勿略死前数年的生活和死去的情形转。[25]

在长达520页的手稿里，平托以大约120页的篇幅描述他的中国之行，其中细节全部取自佩雷拉及克路士之书，他再自行厚颜无耻编纂而成。对于曾经受到中国官方逮捕及入狱的遭遇，他完全采用佩雷拉书中的描述，对于许多中国人的生活方式，例如以鸭房养鸭，并利用船只将鸭群运送到饲养场，以及中国人巨细靡遗收集人体排泄物以作肥料之用的细节，则全部节录自克路士书类似的章节，但是他却丝毫未说明出处。[26] 不过，平托对中国"极度邪恶的堕落"的攻击，初读也许像是佩雷拉和克路士文章的综合体，实际上却是他个人对教会的指控，因为教会居然"公然在他们之间传教，而且根据神父的教义，这还是一大美德"。[27]

在谈到食物及奇闻异事时，平托也完全模仿佩雷拉和克路士，唯一不同的是，他通常不遵循两位作家严谨的写作风格，而自行发展出轻佻的语调。比如，当他刚开始谈食品批发场内屠夫如何切、腌、熏、烤时，还显得规规矩矩，但是随着屠夫砧板上的肉品愈来愈怪异,读者的疑心也慢慢升腾了起来。我们会看到,屠夫先准备"火腿、猪肉、熏肉、鸭子、鹅",接着就是"白鹤、鸨、鸵鸟、鹿、黄牛、水牛、貘、犛牛、马、老虎、狗、狐狸,以及世界上所有种类的动物"。[28] 这种荒诞内容,经常出现在平托书中,但是他又会不时钻回较为理性的文字里,让读者误以为,他真的亲眼目睹过书中记载的每件事情。举个例子吧,在谈到狗肉时,他说:"我们看到许多船上装着晒干的橘子皮。在廉价旅店里,他们将橘皮和狗肉一起烹调,以去其膻味,同时增加肉的质感及韧性。"[29]

雷贝卡·卡茨(Rebecca Catz)在其新近出版编辑严谨的平托《游记》中说,平托在书中,穿叉运用了四种叙事语气:第一种是谨慎、细心的旁观者;第二种是天真烂漫,坦然将自己不懂的事情摊开在读者面前;第二种是英雄、爱国者、天主教义的拥护者,俨然奉真理为圭臬;第四种是冒险家的大破大立故事。卡茨认为,整本书堪称"尖酸的讽刺文",目的在贬抑他家乡葡萄牙的风俗习惯,同时嘲笑葡萄牙仍普遍存在的扩张主义者的征伐心态。从这个角度看,卡茨认为,本书既非单纯的冒险故事,也非正经八百的教条,而是"一本具有颠覆性的书","不仅欺骗他的同胞,更威胁到了社会的根本"。在有关中国的段落里,他特意采用"乌托邦式讽刺文","借由一位周游过世界后发现较自己社会更文明社会的单纯观察者,彰显其效果"。虽然中国人是异教徒,较之同时代的西方人,他们在道德实践上却进步很多。[30]

其中,因国情、文化不同而显得最微妙最复杂的,当属中国政府提供的各种社会福利了——这个现象在大约三个世纪前被马可波罗首先注意到。在这里,平托带着读者陷入一连串的人世苦难,使人不知他何处在同情何处在嘲讽。首先谈到的是孤儿。在遭父母遗弃后,他们均由奶妈哺育,并到城里特殊学校学习读书、写字,同时学习一种"专门技术"。接着谈到盲童。他们由磨坊雇用后,要学会操作只需手、无需眼的机器。那些重度瘸腿以致不能操作磨子的人,就被雇去编绳子、篮子,或是搓绳索、编灯芯草。那些双手残疾的人,则背着货品在市场间游走叫卖。那些手脚均残疾的人,会被放在特殊地点——"比如寺庙"——为死者祈福诵经,并从僧侣那里分得一些酬庸。接着,嘲讽的笔调变得普遍。聋子和哑巴会从"长舌妇和无耻贱妇"那里搜集金钱。另一方面,年老染病的妓女,则靠年轻健康的妓女缴出的税金过活;孤女靠着淫妇付出的罚金过日子;而养活那些"游手好闲的穷人"的,则是从"审前索贿的讼师"以及"依违于权势与贿赂之间、不遵法度的官员"身上罚没的钱财。[31]

平托在文中,曾提到一个名为维斯可·卡佛(Vasco Calvo)的人在北京城外过着流亡生活,平托是旅行途中在北京城外遇到他的。自1517年汤米·佩雷拉(Tomé Pires)出使失败起,这位卡佛就到了中国,至平托遇见他时为止,已在中国待了二十七年。平托书中,笼统地借用了这位真实世界的卡佛,作为故事原形。卡佛是葡萄牙商人,在中国坐牢时,写了第一封有关中国的信件,在西方披露。但是平托赋予他书中的卡佛全新的生命,不仅让他娶了中国太太,生了四个小孩——二男二女,还让他住在他太太"显赫家族"附近的城镇里。这个中葡混合的家庭上下和谐,井井有条,信仰虔诚。每晚都在家中精心布置、门禁森严的小教堂里,向基督教上帝真诚祷告。这景象使平托和同伴"热泪盈眶",离开时"深为眼前一幕感动,特别是我们还很了解当时环境的困难"。[32]

据我们所知,这种由不同国籍组成的隐秘小基督教家庭,既不可能存在于1544年的中国,也就是平托书中所指的年代,也不可能存在于1570年代,也就是他写此书的时间。但是在平托去世的1583年,这种家庭却起码有了存在的可能。因为就在同一年,经由耶稣会修士利玛窦(Matteo Ricci)与一名同伴的努力,中国出现了继二百五十年前圣方济会之后首个天主教传教团体。渐渐地,他们带领一些中国男女,归信了基督。

利玛窦文中谈论他备极辛苦的传教过程,虽然不时夸大,并挟带幻想的情绪,欧洲读者却可经由此对中国社会现实产生新的认识。利玛窦1552年诞生于意大利的马切拉塔(Macerata),在罗马的耶稣会书院接受教育;该校的科学与数学均可能为当时欧洲之冠。他同时接受了拉丁文、神学、地理学等广泛的训练,并学习了当时相当重要的诗、词记忆法——利玛窦有位记忆学老师帕尼哥罗拉(Panigarola),宣称能利用当时堪称时髦的记忆学理论回想起十万件心中影像。正式加入耶稣会后,利玛窦被派到位于印度西岸的果阿;葡萄牙人刚在当地建立基地,因此里面有一处天主教教区。1582年左右,他被派到中国南端的澳门,在接受了密集的中文训练后,于1583年进入中国,并在广东附近觅得小屋,住了下来。[33]

此后,利玛窦余生都在中国度过。先是在南方,接着在长江畔的南京,最后在北京,并于1610年殁于当地。利玛窦在中国文化、语言、社会方面的造诣,西方人中无人能出其右。在中国定居不到一年,他就发现要让中国人归信基督,就必须向中国精英证明,西方文化的确有其优越性。为了达到目的,一旦语言能力达到一定水准,他便制作了一份带有注解的世界地图,以显示西方在地理学和天文学上的造诣;写了一本谈论友谊的书,以强调西方人对人际关系的重视;编了一本讨论记忆的手册,好让中国人知道,西方人对知识的组织能力;并在一位受过良好教育的中国通译协助下,翻译了欧几里得《几何原本》的前几章。他同时精心安排了一系列宗教讨论会,企图透过一位天主教神父和一位中国学者之间的对话,彰显西方宗教传统的优越性以及西方宗教在逻辑与信仰之间寻得平衡的本质。

利玛窦早期对中国的观点,只有透过写给家人及教会高层的信件才能窥得一二。在他死后,他的同事发现了两份长篇手稿,一份分析描述中国的文化与社会,一份综论耶稣会在中国传教的沿革及他自己在其中的角色(临死前,他毁了第三份手稿,全都是记载他关于宗教方面感想的日记)。两份文稿后来由他的耶稣会教友整理,并翻译成拉丁文,1616年在欧洲出版,出版后立刻就为欧洲对中国的叙述和研究树立了新的里程碑。

一如本书之前的文稿,利玛窦笔下的中国,也相当讨喜。相对于"宗教改革"后四分五裂的欧洲——法国和荷兰才各自因为宗教发生了惨烈的战争,腥风血雨的"三十年战争"随即便在1618年爆发——中国却在儒家思想的道统下,呈现出辽阔、统一、有次序的画面。谈到孔子时,利玛窦说:"如果仔细检验他留传下的言行,我们必须承认,他是异教徒哲学家,而且是其中的佼佼者。"[34] 利玛窦表示,虽然名义上远在天边的皇帝是国家统治者,实质事务却是由经过考试制度拔擢的文官系统掌控,日常生活则由复杂的风俗习惯所规范,如此,社会和谐才得维持。而且,劳工大众各知其位,年轻人的婚姻均由父母妥为安排,缠足习俗使妇女安分地守在家中。此外,年轻人必须花费大量时间研读艰涩的中文,自然减少了他们变得"放荡不羁"的机会。而中国对外国人的不信任,也可以轻易地解释为对国家安全的顾虑,以及新来者和商人对中国人惯习的方式造成冲击所致。即使饮酒时,中国人也相当节制,宿醉根本闻所未闻。[35]

利玛窦虽然正面肯定了中国人的道德观及日常生活,但对于中国人排斥基督教的情形却又感到心痛,他认为,这个现象主要由几个因素造成:第一就是佛教在中国扮演主导角色,而佛教(在利玛窦的描述中)仅是原始迷信,由未受教育、不道德的僧侣把持。第二就是在研究星象时,中国人不相信有科学依据的天文学,反而深信占星术,并且让占星术主导他们日常生活中大大小小的决定。另一个与前面两个因素颇为相似但又不尽相同的原因,则是祖先崇拜。利玛窦花费多年思考这些祭祖仪式,以及它们与信仰基督之间的关系。明显的事实是,大多数中国人不会为了基督教而放弃拜祖,因此,利玛窦重新定义了祖先崇拜。他认为,中国人祭祖是基于对广者的悼念,而非冀望获得好处的宗教性祈求,这点特质在祭孔仪式中也同样存在。基于此,中国人在归信基督之后,仍可以继续举行祭祖仪式(不过在归信前,必须说服他们放弃纳妾的习惯)。

为了适切翻译基督教一神概念的神(God),利玛窦采取了极富机智而又允执厥中的立场。他认为中国字的"上帝",意思接近"全能主宰"或"最高统治者",因此相当适用。这就"上帝"的用法而言,是项新的用法。利玛窦并说,其实早在远古中国,一个真神的观念就已经存在了,一直到了十二世纪,深受佛教影响的新儒家思想兴起,取代了旧文化,这种一神的观念才从中国人心中逐渐消逝。为了补充前述解释,利玛窦创造了一个新的名词"天主",以免传教士和中国教友使用上帝时造成文化上的混淆。[36]

在冗长的手稿中,利玛窦很少批评中国人。他倒是提到,中国科技会落后西方,乃是因为中国人没有将科学充分加以发展,而科学曾是中国文化中的一大优势;这个论调后来变成很重要的观点。利玛窦写道,中国人"缺乏逻辑法则的概念",因此"对他们而言,伦理学只是一串的箴言与推理"。同样,虽然"他们一度精于算术和地理,在进行研究并教授这些学科时,他们却显得茫然"。[37]言下之意明显指出,如果能有一套有效的逻辑系统,加上西方擅长的数学与科学,中国一定可以更上一层楼。利玛窦文中唯一严厉批评中国人之处,在佩雷拉和克路士的书中也曾出现,平托更是详细作了嘲弄,那就是中国男人中太多人从事鸡奸行为。利玛窦在北京街上,曾经亲眼目睹打扮得花枝招展的男妓,即为一例。利玛窦并估计,北京约有四万妓女——波罗书中猜测为二万。如同克路士,利玛窦也宽大地看待卖淫行为:"这种人应当得到同情,而非责难。他们在无知的泥淖中陷得愈深,我们就愈该为他们的救赎迫切祷告。"[38]

西方教会对中国文明的正面看法,并未因1644年明朝灭亡而终止。到了十七世纪末期的清朝,这种看法仍在继续,主要得归功于当时远赴中国并在当地定居的极优秀的几位耶稣会教士的贡献。

清廷让这些教士在钦天监身居高位，重用他们成为皇家心腹，并采用他们的新观念，其中涵盖了医药（包括奎宁）、战备（铸造大炮）、天文学（哥白尼的日心说）以及绘画（包括透视法和明暗对比法）。到了1692年，耶稣会甚至获准在中国各地传教，并得以在京城及省城建立教堂。但是，只要想到明朝竟然会亡于满洲人之手——如果明朝既强大又优秀，怎么会轻易让一支来自北方、未受教化的游牧民族征服呢？——欧洲人就不禁满腹疑云。耶稣会在中国精英间的宣教也招致欧洲人怀疑——这些教士们过着优裕的生活，勤学中文，还采用上帝这种近乎异教徒的字眼，并坚持认为拜祖和祭孔这些仪式并非宗教的行为。[39]

西班牙籍、脾气暴躁的多明我修会教士闵明我（Domingo Navarret），针对耶稣会提出的指控堪称最严重的控诉之一。闵明我生于1618年，在墨西哥和菲律宾宣教多年后，于1659年抵达中国。1659至1664年间，闵明我一直在中国，一边工作一边学习中文。直到清廷在一次搜捕外国传教士的行动中，将他与其他天主教传教士一起逮捕、侦讯，他在中国的生活才告中断。终其余生，他一直深信，这些磨难都是因耶稣会教士乱搞阴谋、干预政治而起。从1666至1669年，闵明我和其他教士一起被关在广东。之后他启程返回欧洲，在经历噩梦般的暴风雨和奇遇后，于1672年返抵家门，然而这段异国惨痛经验并未降低他对中国的热情，根据他的叙述，在里斯本上岸时他身上穿的正是中国服装。[40]

闵明我在罗马密集游说了一段时间，反对耶稣会教士在中国所进行的精英式、通融式宣教工作，随后他前往马德里，在当地居住了一段时间。在那里,于1674至1677年之间,他完成了两部巨著——《论文》(*Tratados*)以及《争议论》(*Controversias*)。两书合起来有近百万字,经由这两本书,欧洲方面才得知他对中国的看法。在耶稣会的怂恿下,宗教法庭下令严审《论文》。性格刚烈的闵明我听到这个消息后,亲自带着一本著作到宗教法庭办公室,建议他们连人带书将他在广场上焚毁。闵明我并指控耶稣会,在印刷场阻挠《争议论》的校样。在该书遭审查后,他再也没有机会取回完整的原稿。《争议论》最后付印时,书中许多慷慨陈义的段落均已遭删除。[41]

闵明我书中最严厉的批判,都指向耶稣会教士,因为在他境况最困窘的时候,他们对他完全不闻不问。相反,满洲军士——闵明我口中的鞑靼——却"非常文明",处处表现得"有礼貌、冷静、中规中矩",一如他遇到的其他中国人。他们的品德,不仅让耶稣会教士相形见绌,连闵明我的西班牙乡亲也无法与之相提并论。闵明我呼应圣奥古斯丁的话写道:"异教徒成了基督徒的导师。"[42] 闵明我了解自己所持观点的比较性意涵,因此在《论文》开场白中,开宗明义阐释了他的思想:

> 在这里,我们必须先讨论,中国人、统治他们的鞑靼、日本人及其邻近国家的人,到底算不算是野蛮人。圣托马斯(St. Thomas)说,他们是野蛮人,因为他们"不懂得沟通",而且"身强体壮,却缺乏理性,既非由理性也非由法律管辖"。这些形容字眼,也许适用于住在菲律宾岛上山区间的黑人,墨西哥的曲丘米哥人(Chichumecos),或是尼科巴群岛、马达加斯加、

普里坎达（Pulicondor）等地方以及泽恩海峡（Strait of Dryan）附近的人，严格说来，这些人都可以野蛮人视之。但是汉人、鞑靼、日本人以及其他亚洲人，却绝对不是野蛮人，因为他们既有良好的政治制度，也守秩序，完全依据理性，过着法制的生活。

闵明我写道，即使最文明的人也有怪癖：日本人以剑剖腹；中国人剃发留辫，并嘲笑不这么做的人；西班牙人则好"面对面和野蛮的公牛搏斗"。性行为也不例外："有些欧洲人认为通奸无罪，有些人视鸡奸为正常，中国人和日本人正是如此。"[43]

闵明我赞美中国，说那是"世界上最高贵的地方，宇宙的中心点，在所有阳光得以照射、万物得以存活之处，那是最荣耀的帝国"。[44]几乎任何事情，只要和中国沾上边，就可以得到闵明我教士的认同：中国艺匠双手精巧，能够"制作任何东西"；中国学童"全年无休"，只有八个"游乐日"；即使中国人的"小便"，也有妙用，可以帮助中国谷物成长，反观欧洲人的尿液，"只会烧死植物"。[45]中国男人从不在女人面前"嬉皮笑脸"，反观欧洲男人，则像秃鹰一样"喜欢嘲弄、漫骂"。还有，豆腐的滋味也很不错，特别是用麻油薄煎之后。他也喜欢"优秀的政府，安静、轻松、干净的监狱"，筷子的便利，餐桌摆设的简单，配制夏季饮料的清洁冰块，以及闵明我视为美德的裹小脚："缠足适足以将妇女留在家里。如果不仅仅在中国，世界各地都有此习俗的话，男性及女性都将受惠良多。"[46]

有时候，闵明我会变得油腔滑调，字句间俨然有平托的调调，全无佩雷拉和克路士的风格。他说他见过一位年高七十的中国官员，"就像三十岁的人一样有活力"，"每天早餐吃三十个鸡蛋，一根狗腿，二斤热酒"。[47]有时候，他经历的凄惨事件，简直让人无法卒睹，即使闵明我自己也为见到的事震惊不已。他见过一个人，因暴露在外的睾丸遭痛打而濒于死亡。也见到一个女弃婴，在亲生父母注视下，活活地因憋闷和饥饿致死。"她躺在浸泡着泥水的硬石头上，两手两脚高高举起"，虽然"她的哭声刺透我心，却不足以从那些豺狼碗里掏一口饭出来"。[48]这些零星负面的评价，并没有改变闵明我的整体看法，他认为，"中国人对基督教世界一无所知，完全是上帝的旨意，否则，他们每一个人都要往我们脸上啐口水了"。[49]

在对中国的一般性讨论里，闵明我将波罗和佩雷拉都谈过的经贸问题重新拿出来谈了一遍，但是他却添加了一个奇特且新鲜的面向。因为闵明我真正感兴趣的，乃是大宗交易的新奇玩意儿，而非一些小量买卖的高价品：

> 说到从事手工艺的人，真是一言难以道尽。在中国存在着你所能想象到的任何一种手工艺匠，人数之多，简直难以计数。他们制作好陈列在店里的东西，其精巧程度会吓坏所有欧洲人。如果将四艘大帆船送到南京、苏州、杭州之类的城市，船上必可装满上千件的奇珍雅玩，样样让人爱不释手，只要以合理价格卖出，定会大赚一笔。如果想将房子妆点华丽，所有饰品都可以在前述几个城市内购得，除去购物的繁琐外，其价格之低廉根本不是我们这儿见得到的。[50]

闵明我留意到，中国人极有复制天分，他并因此担心，中国人会运用这种能力打垮西方的出口贸易。"中国人善于模仿，"他写道，"所有欧洲货物，他们只要见过，都可以仿制得惟妙惟肖。他们在广东省复制了好几样东西，因为毫无瑕疵，就以从欧进口的名义卖到内地去了。"[51] 表面上这些字句的主题在经贸，实际上教会出身的闵明我却提出了一些省思，亦即真与假的差异以及真货与赝品的区隔，而这些正是宗教信仰的本质。以这些问题加诸中国，等于将双方原本平等的互动关系推入一个全新的状况。

注释

1. Charles Boxer 编, *South in the Sixteenth Century: Bening the Narratives of Galeote Perira, Fr. Gaspar da Cruz, O.P., Fr.Martin de Rada, O.E.S.A.*, The Hakluyt Society, 第二辑, 106 (London, 1953), 导论。
2. 同上, 18—19、22—24 页, 均谈到了狱中状况。
3. 同上, 9、28、7—8、9、32、42 页。
4. 同上, 30—31、37—38 页。
5. 同上, 20 页。
6. 同上, 20—21 页。
7. 同上, 8、14、42、7 页。
8. 同上, 33、37 页。
9. 同上, 16—17 页。
10. 同上, 25、41 页。
11. 同上, 109—110 页。
12. 同上, lxii。
13. 同上, 55 页。
14. 同上, 56—57 页。
15. 同上, 121、122、150—151 页。
16. 同上, 136、141—142 页。
17. 同上, 114、115、122、132、148 页。
18. 同上, 143、145、144 页。
19. 同上, 149 页。
20. 同上, 162 页。
21. 同上, 140 页。
22. 同上, 178—79 页。
23. 同上, 223 页。
24. Fernao Mendes Pinto 著, Rebecca D. Catz 编辑、翻译, *The Travels of Mendes Pint* (Chicago, 1989), xv 及 xxiv 页。
25. Boxer, li 及 lvii 页; Pinto, 21—32 章, 203—217 页。
26. Pinto, 163、192—194 页; Boxer, 115、121 页。
27. Pinto, 199 页; Boxer, 16—17 页。
28. Pinto, 192 页, 及 220 页上近乎重复的内容。
29. Pinto, 195 页。
30. 同上, xv, xxv, xxxix—xl, xlii 以及 Pinto 谈中国宗教的部分, 234—235 页。
31. 同上, 230—232 页。

32 同上，240—241、576 页，注 4。
33 Jonathan Spence, *The Memory Palace of Matteo Ricci* (New York, 1984)，以及 Jacquess Gernet, *China and the Christian Impact: A Conflict of Culture* (Cambridge, 1985)。
34 Matteo Ricci 著，Louis Gallagher 编辑、翻译，*China in the Sixteenth Century: The Journals of Matteo Ricci, 1583-1610* (New York, 1953)，30 页。
35 同上，77、29、58、68 页。
36 Paul Rule 著，*K'ung-tzu or Confucius? The Jesuit Interpretation of Confucianism* (Sydney, 1986)。
37 Ricci, 30 页。
38 Spence, *Memory Palace*, 219—221 页；Moule 及 Pelliot 编辑，Polo, 卷一；236 页；Lathem 编，Polo, 129 页。
39 George Dunne, *Generation of Ginants: The Story of the Jesuits in China in the Last Decade of the Ming Dynasty* (London, 1962)；Jonathan Spence, *Emperor of China, Self-Portrait of K'ang-hsi* (New York, 1974)。
40 Domingo Navarrete 著，J. S. Cummins 编辑、翻译，*The Travels and Controversies of Friar Domingo Navarrete*，2 卷，Hakluyt Society，第 二 辑，No.118 (London, 1960)，卷一：xx—xxvi 页，以及卷二：365 页，谈论登陆的情形。
41 同上，卷一：lxxxiv—cx。
42 同上，卷一：136、138、145 页。
43 同上，卷一：147—148 页。
44 同上，卷一：137 页。
45 同上，卷一：151、160 页。
46 同上，卷二：173、196、200、216、217 页，以及卷一：162 页。
47 同上，卷二：193 页。
48 同上，卷二：194、180 页。
49 同上，卷二：176 页。
50 同上，卷一：154 页。
51 同上，卷一：154 页。

第三章
写实之旅
The Realist Voyages

克路士和闵明我这两位道明修会的修士,在前后相隔一百年的时间里,分别出版了以中国为主题的记事,虽然二人观点不同,那一时期有关中国的详细认知水平却也大幅见长了。其中最重要的资料,当属利玛窦的长篇论述分析,以及耶稣会士自中国寄给其教会高层的大量信件和年度报告。这些资料迅速由教会出版发行,一方面增加教会的声望,另一方面冀望因此得到更多支持。当时还有一些在教会赞助下写成的中国史,其中胡安·门多萨(Juan Mendoza)1587 年出版的《中华大帝国史》,即为早期的例子。平托的书流传很广,虽然读者们不知其可信度为何——显然读者们是对的。马可波罗的书仍然广受欢迎,然而当时他的可信度也遭到了质疑。在《论文》一段揭露内幕的文字里,闵明我提到,1665 年他曾参加一项晚宴,当谈到中国时有人提了个问题:"在讨论到中国时,谁提供了最多的错误讯息?威尼斯人马可波罗,还是卫匡国神父(Father

Martini）？"卫匡国是当时仍住在中国的耶稣会士，他刚刚付梓的书错误百出——有趣的是，其中有些段落直接引用自马可波罗，而非卫匡国个人的经历。晚宴中众人的结论是："这两个人都是凭着想象在写作。"[1]

就在那次闲谈之后的几年内，有关中国的一个全新的信息来源开始产生。1644年明朝灭亡后，清朝政府终于允许西方使节前往北京，从此西方开始出现了有关中国的官方报告。一方面是机缘使然，另一方面诚如闵明我在《论文》中所说，如此通商契机岂容错失，不到十年工夫便出现了四个使节团：两个来自荷兰，分别于1668和1687年抵达；两个来自葡萄牙，分别于1670和1678年抵达。随后俄国也派遣了两个使节团。教廷更在十八世纪初期派了两个公使团，尝试澄清自利玛窦以来因中国人拜祖及祭孔所引起的纷扰不断的神学争辩。

这许许多多的使节团，虽然都来自西方的主权独立国家，在面对中国皇帝时，仍然必须遵守繁冗的觐见仪式——其中包括九次匍匐在地的叩头，以及许多自贬的话——对中国人而言，这是番邦进入中土必经的程序。虽然西方国家才就主权独立国之间的外交往来模式获得协定，为了尽快达到目的，不知不觉间他们竟满足了清廷自以为是的优越感。[2]

尽管有此不尽如人意的结果，整体而言，使节团还是使西方接触到大量全新有关中国的信息，而讨论的议题也因此有了重大的改变：由以宣教为重心转为务实性的报道，有些直言不讳更到了无以复加的地步。

第一份由外国使节撰述有关北京之行的完整报告,是荷兰人奥尔佛特·达帕(Olfert Dapper)于1667年觐见清廷之后提出的。报告中详述了朝觐仪式,以及观察年轻皇帝康熙之后的一些感言。[3]但是一直到了1670年,身为葡萄牙使节团成员之一的耶稣会士皮方济神父(Father Francisco Pimentel),才真正开始以写实手法处理他的报告。皮方济报告中的开场白,并不脱前辈传教士的窠臼,极力赞美中国皇帝,"拥有广大的国土,壮丽的城市,贸易兴隆,岁收无限,朝廷雄伟,宫殿华美",必使欧洲皇帝"自叹弗如"。[4]但是当他开始讨论一些琐碎事情,像是行叩头礼时小心不让帽子掉下来等,他立刻就戳破了中西双方道貌岸然的假象,兀自于文中讪笑不已。[5]而在谈到中国外交礼节上最重要的一环——国宴——时,他的文字更毫无顾忌地泼洒开来:

> 头两次晚宴,他们都在我面前摆着羊头,那两支羊角之大简直把我给吓坏了。我不知道他们怎么找到我或是由什么特征认出我的,即使坐在不同位置,他们还是可以分毫无误,连续两天将两支大角对准我。那羊头没怎么清理,覆盖的细毛很明显地说明那是一只黑羊。我希望读者不要惊讶,我居然费这么多字,谈这么基本的事情。因为我自觉有责任,打破某些人的迷思,过分膨胀了中国文明,认为中国文明优于欧洲,并应对其顶礼膜拜……我承认中国人温文有礼,中国文明富丽辉煌,但与此同时,有些现象实在令人难以忍受。[6]

皮方济也将矛头指向备受夸赞的北京城。自马可波罗时期仍名为汗八里开始,北京就不断受到赞美,说此城市规划完善,面积广大,贸易兴旺。但是,皮方济却另有高见:

夏天温度极高,更苦的是,风沙极大又极细。只要一上街,我们的头发和胡子就变得和磨坊主人一样,全盖上一层白粉。水质很差,到了晚上:衣服里会钻进一大堆虫子,我们之中很多人都被咬过。到处都是苍蝇,而且会讨厌地叮人,蚊子就更别提了。东西样样贵。街道什么都没铺,据说以前还有,后来鞑靼下令挖掉石板,以方便马匹行走:中国人原来根本不知道马蹄铁为何物。也因此到处都是风沙,一旦下雨,就变成泥泞一片。

皮方济警告读者,想到北京时千万不要囿于自己的文化而做出错误比较:

读者们听说这个城市伟大,很可能会联想到里斯本、罗马、巴黎,但是千万别被误导了。我必须警告他,一旦进入此城,他会以为进了葡萄牙的某个穷乡僻壤。由于规定高度不准超过官墙,房舍都盖得很低,品质更是差劲,墙壁几乎都由泥巴或灰泥糊上竹条盖成,很少用到砖头,窗外也没有景观。整个中国都是这样。[7]

这些文字也许说明皮方济所属的葡国使节团,正如荷兰使节团并未享有贸易保护或关税优惠，也没有获准在北京居留。然而十八世纪初期，在彼得大帝治下，一支由伊斯梅洛夫（Leon Vasilievitch Izmailov）带领的俄国使节团运气却好多了。伊斯梅洛夫在1720年向中国提出一些请求，其中两个——在北京设立俄国正教会，并让进入中国的贸易商队数量增加——得到年事已高的康熙皇帝的首肯。康熙也没有完全驳回俄国第三个要求，亦即准许俄国领事长驻北京，只不过他自己的官僚系统横加阻挠，这个提议最后也就无疾而终了。[8]

伊斯梅洛夫使节团扮演了一个角色，其实有助于扩展西方对中国的理解。这还多亏使节团成员里头出现的一位苏格兰籍年轻医师约翰·贝尔（John Bell）。贝尔兴趣广泛且活力充沛，1714年由爱丁堡大学取得医学学位后，前往俄国，希望在沙皇彼得的宫廷里试试运气。不旋踵，他受派跟随一个俄国使节团展开前往波斯的漫长旅程。回国后，他得知伊斯梅洛夫即将启程赴北京，于是再度申请担任随团医师，又一次受到录用。[9] 贝尔的文字大不同于前人，传统上，不论明示或暗喻，有关中国的描述都从天主教的观点出发。但如今，中国人的宗教信仰已不具吸引力，政府组织结构也不是重点。取而代之的是一种非正式、有探索意味、具人道精神甚至质疑的文字，完全合乎当时理性时代的潮流。

皮方济神父在谈论宫廷宴会时，虽然兼具了评论性及诙谐性，但却并未尝试对这一经验作更深一层的了解。反观约翰·贝尔，在同样场景下，他不只谈论一些令人反感的事情，更进一步加以解释。贝尔写道：

> 我不得不留意到此地人杀羊的非常手段。他们在两根肋骨之间以刀子开一个口,把手伸进其中,挤压心脏直到其死亡;这么一来,所有血液都可留在体内。等羊一死,饿得等不及的人不待清理,就将胸肉、臀肉连同羊毛一起割下,放到炭火上烧烤,接着将烧焦的羊毛刮下,大啖一番。根据我个人经验,即使不加任何调味料,也没一丝怪味。[10]

由于和俄国使节团同行,由圣彼得堡前往北京,贝尔走的是陆路;一般西方人则惯走海路,自福州或广东进入中国。因此他对目的地的第一印象是,"著名的城墙,在群山顶上绵延不绝,直向东北。团里有人大叫'陆地',好像我们一直在海上漂行般……城墙从一处高岗伸展至另一处高岗,中间穿插着方形的哨亭,即使从这个距离看来,也是慑人的宏伟"。有了亲眼目睹的经验后,他对中国的好感更加深了一层。"我们好像进了另外一个世界,"贝尔写道,

> 我们的通道紧挨一条小溪的南岸,溪中满是大石,都是雨天自岩壁上剥落下来的。山崖上点点茅屋散布,间杂着零星耕地,仿佛中国瓷器或其他艺术品上人物山水画再现。许多欧洲人也许会以为这些都是幻想,其实一切都是真的。[11]

由于当时正时兴细部观察,贝尔的注意力因此遍及每一件琐事。无论是日常生活的细节,还是贸易买卖,或是处理疑难杂症的灵思巧手,都让贝尔兴趣盎然:

在村子里，我的落脚处正是一位厨师的家，这使我有机会观察到这些人的灵巧，即使小事也不例外。我到房东店里去看他，见到六只壶子在案上一字排开，每个壶下都有个开口，以接受小树枝、干草燃烧出的火力。他只要一拉皮带，一对风箱就开始抽动，所有的壶顷刻间便沸腾了。这些壶都很薄，由铸铁造成，内外均极平滑。大城市附近燃料有限，迫使人们想出了最经济的烹调方法，还可为长达两个月的寒冬增添温暖。[12]

在细部描写上，皇帝和厨子得到等量的篇幅：

皇帝跷着二郎腿，坐在御座上。他穿着一件短短宽大的貂皮外衣，皮毛翻在外面，间杂着羊皮条纹。里面则穿着黄丝长袍，绣着五爪金龙；这身穿着除了皇室，无人可以尝试。他头上戴着瓜皮帽，以黑狐皮制成，帽顶上有一粒巨大华美的梨形珍珠，配上垂于其下的红丝流苏，就是我所见到这位君主的仅有饰品了。御椅也极简单，以木头制成，但是做工精细，距离地面浅浅的五阶，四周开阔，左右各有一巨大黑色亮漆屏风挡着。[13]

伊斯梅洛夫曾积极运作，希望自己不用向康熙叩头，但由于中国礼仪官冥顽不灵，他还是被迫作了让步。贝尔记述此事时，既无怨怼，亦无渲染：

礼仪官带着大使回来,接着命令全体下跪,向皇帝深深鞠躬九次。每鞠躬三次,就得站起来,然后再跪下。我们虽然费尽心力,希望免去这道仪式,却徒劳无功。礼仪官站在一侧,以鞑靼话发号施令,分别是磨固(morgu)和波士(boss),第一个词是鞠躬的意思,第二个词则表示起立,两个词都让我久久难以忘怀。[14]

虽然有这种不快经验,贝尔对康熙帝的崇敬并未稍减,他写道:"我发现无论在什么场合,这位上了年纪的皇帝都非常和蔼可亲。虽然他年近七十,在位也已六十年,判断力却仍健全,思虑也仍周到;在我看来,他比许多皇子都还要精力充沛。"[15]贝尔并没有因为叩头经历而羞愤难安,正因如此,他文字里才出现了一些新意境,虽然令人意外,却透露了他的自信。因为"和蔼可亲"这四个字,绝不是贝尔之前的朝觐者在正常情况下用来形容中国皇帝的字眼,但是自贝尔嘴中说来,却非常自然。

就在进宫朝觐历经叩拜仪式之后,贝尔和使节团其他成员旋即应邀赶赴第九皇子的款宴。当天除了晚宴,还有戏曲表演、特技演出以及声光效果极佳的舞台布置。贝尔再次细心观察,并首次让我们理解到,中国人也开始兴致勃勃地装扮成西方人了;原来看戏的竟成了被看的。晚宴近尾声时,皇子安排了:

几出喜闹剧,虽然有语言障碍,我还是觉得非常有趣。最后上台的,是一位欧洲绅士:衣冠楚楚,服饰缀满金银蕾丝。

他脱下帽子,向所有过往的人深深致意。我必须让读者自己去想象,中国人做出这个滑稽动作时多么可笑。[16]

显然,这位中国演员把西方人的滑稽样子表现得非常传神,为了不让客人"受到冒犯",皇子挥挥手遣下了演员。除去这个嘲弄事件,中国的小丑、特技表演、杂耍艺人都深深吸引着贝尔:"我深信,论到技巧纯熟、花样繁多,很少人能和中国人并驾齐驱,遑论超越了。"[17]

在皇子家中看表演时,贝尔曾质疑,这些迷人的演员到底是女人,还是由男童或少年改扮的;他始终不得其解。不过在大街上,首次出使地为伊斯兰教波斯的贝尔却发现,北京女人在观看使节团行进时,"不戴面纱"。[18] 等他更深入了解北京后,他写道:"在多数店里,无论男女都不戴面纱。他们非常殷勤,每个店家都会奉一盘茶给我。"[19]

有一次,类似的殷勤却变得有些尴尬。在北京,有一位热情的"中国朋友"招待他们大吃一顿,最后,贝尔说,"他握住我的手,要求我让大使先回去,我则继续留下,并说我可以从他的妻妾及女儿中挑选一位最中意的,他要馈赠予我。对于这位朋友的慷慨,我只能敬谢不敏,毕竟,这种赠与我自觉不好接受"。[20] 其实贝尔当时仍未婚(多年后,他娶一俄国女子为妻,并相偕回到祖国苏格兰)。尽管拒绝了朋友的好意,贝尔其实很喜欢中国女人。他认为她们,"除了美貌,还有许多优点。她们非常干净,服饰简朴。她们双眼漆黑,眼睛极小,一笑起来就不见了。她们的头发亮如黑玉,在头顶上整齐地盘成一个髻,饰以自制的人造花,看来真是悦目。其中较美的女子,因为较少风吹日晒,面色极佳"。[21]

犹如众多前辈,贝尔指出,"女孩子一进入这个世界,双足就须用布条紧紧缠起,布条会视情况更换,以防双足长大",不过他对缠足的看法,却让这个饱受评论的习俗再一次受到曲解:"无论什么阶层的妇女,几乎都待在家里。袖珍双足使她们无法走远路,也使她们的闺中岁月,不会太难忍受。"[22]

如果那些"较美"的女子——也许包括朋友提议做他新娘的那位——面容白皙,那么对贝尔而言,其他女子就"偏向橄榄色"。这些妇女"会为自己添加一些红、白色调,妆点恰如其分"。[23]虽然贝尔沉痛指出,他接着要谈的事完全是道听途说,很显然,他对北京的下层社会其实知之甚详:

> 不难想象,在这种人口众多的城市里,必有许多无所事事的男女;不过较之其他类似的大城市,甚至规模小得多的城市,这种人在北京已经算少了。为了尽可能避免流莺乱窜,政府在城郊规划了特定地区作为妓女接客之处。这些妓女皆由房东管辖,不得离开妓院到处乱逛。据我所知,这些妓女各有套房,在房间门外,有以工整字体书写成的个人价码、容貌、特质,而价钱则由男客亲手付清。总而言之,这些交易都在房室内安静地进行,而不会搞得四邻不宁。[24]

虽然一些十六世纪观察家,像利玛窦,曾讨论北京的男妓,贝尔却未对此加以评论。也许自 1644 年入主中原之后的清规戒律较严的满洲人,即已强力禁止这种行为,或将他们驱散了。不过西方人的心态,此时似乎也发生了微妙的转变,套句贝尔的话,他们认为中国男人"游手好闲兼娘娘腔"。[25]

贝尔对中国的评论,整体而言,相当正面,而且似乎认为,中国深具贸易及外交潜力。中国人做生意时,"很诚实,并奉荣誉和公平为圭臬"。也许"他们之中有些人性喜欺诈,善耍花招",但那也是因为他们"发现许多欧洲人多善此道"。由于中文为单音节,贝尔认为,要学会基础中文以应付日常会话"并不困难"。不过他承认,"若想达到中国知识分子的程度,就得勤下工夫,还得有相当天赋"。无论是茶叶、蚕丝、锦缎、瓷器或棉花,贸易机会均极佳,因为中国人"无论做什么,都有始有终,耐心极佳,值得赞扬"。至于军事侵略,最好免谈。"若想征服中国,我想只有一个国家可能有此能耐,"贝尔得出结论说道,"那就是俄国。"尽管中国偏居世界一隅,贝尔认为,从东南海域进攻中国也许不失为良策,但是欧洲君主实在没必要"自寻烦恼,去打搅这个既强大又好与邻为善的民族,更何况他们一向乐天知命"。[26]

由贝尔充满赞美之词的评论观之,我们实在不必太过意外,他回到祖国苏格兰多年后,邻居仍可见他穿着购自中国的袍子,在下过雨的郊外骑马奔驰。他的回忆录一直是众所期待的焦点,到了 1763 年正式发行时,由许多知名人士争相预订的情形即可知其轰动了。

乔治·安生(George Anson)准将 1743 年访问中国,他对中国政府及人民的印象，却和贝尔有着一百八十度的差距。不过安生的到访，本质上和贝尔截然不同。贝尔是平民出身，野心勃勃的苏格兰人，在中国的首都担任高级官员的随员，对于大舞台上的变动毫无个人责任。反观安生，来自有权势、有关系的家庭——他有一个叔叔是英国首席法官——须保障船队官兵安全；还要确定新近掳获的西班牙大帆船不受损伤，毕竟他还能从该船分得五十万英镑。更何况，中国并不欢迎安生这种来自海上的访客，反观贝尔的光临，则是正式被批准的。

乔治·安生正代表了急速扩张中独断独行的大英帝国，不仅自信、好战，而且欺负弱小，急于求进。当时他担任皇家军舰"百夫长号"（Centurion）指挥官，该舰有六十门大炮，但是却出师不利。在航经好望角时，船队中六艘船竟损失了三艘，而从英国出发的961名船上人员，在抵达广东寻求避风港时只剩下335人。他在1743年6月20日，截获了从阿卡普尔科出航准备回返马尼拉的大帆船，虽然打了一场漂亮的海战，"百夫长号"却身受重创，无法航行。因此，当他拖着战利品于7月14日临近广东时，他还以为麻烦已经结束了。孰料，真正的问题才刚刚开始。

安生认为，未从事贸易行为的战船，无须缴港口税，不仅如此，还应享受领港及补充物资等服务，而他个人更应由总督开个欢迎会亲自迎接。不过中国官员却告知，任何船只都须缴港口税，想要进港根本是不可能的事，而总督正好很忙（天气也太热），无法亲迎。安生却不顾一切，以吊上桁端做要挟，强迫一名中国领航员，硬是溯江而上。不出所料，中国官方当然没有提供任何援助，对于他的所有要求，更是一概回绝。到了9月底，眼见补充物资迟迟不来，始终不得见总督一面，一名军官上岸溜达时不仅被抢而且被打，舰上一根备用船桅又被偷了，这位指挥官的怒火已到了一触即发的地步。[27]

安生的报告里，还有其他一连串的不幸事件，也都是由这次僵持引起。报告指出，他深信唯有忍耐与择善固执才可能达成目标，并让船队再次出航。不过，他的报告中，真正具有影响力的不是这些细节，而是他的结论，特别是他舍弃从佩雷拉至闵明我以来一贯将欧洲文化与中国文化相提并论的比较性思考方式。虽然他表示，自己深知"不懂得中国习俗的欧洲人"，不可能分析得出中国人的动机，但是这层限制，并没有影响他得出结论：

> 可以确定的是，在欺诈、造假、揩油水上，不能将其他人拿来和中国人相提并论；他们在这些事情上的天分以及随机应变的能力，根本不是外国人所能理解的。因此可以大胆得出结论，中国人也许乐于讨好指挥官，但是我们却不容易分辨他们这么做的真正目的是什么。[28]

为了强调上述论点，安生罗列出所有他亲身经历过的中国人的不肖行为，其中包括往鸡鸭肚子里填沙子以及为猪灌水膨胀身体。他得出了如此的结论："这些例子正可说明这个优秀民族的真正面目，因为一直以来世人听到的都是正面评价。"安生进一步加强他的论调，他指出，受雇协助他谈判的译员承认，中国人对自己的好欺诈根本无能为力，因为那是天生的；这名译员也不时游走在中国人和他的临时雇主之间，讹骗双方。为了更生动地强调自己的结论，安生将译员说的英文以中文的句型结构表达出来（日后称之为洋泾浜英语）；在当时的中国，只要是有西方商人聚居的地方，就有这种英语出现。从此，西方人笔下写到中国时，都会遵循安生这个先例，将中国人说的话以流畅、口语的英文来表达，用的却是中文原本的句子结构。当安生记录他"译员"的话是"中国人很会欺骗，但很有样子，没药救"（Chinese man very great rogue truly, but have fashion, no can help），他很可能记录翔实，但是他也创造了一个叙述范例。[29]

安生对于他在广东附近观察到的中国军队装备作了简短而鄙夷的批判，并讥讽地指出，中国人自以为是，穿在身上的"盔甲"并非钢铁制成，而是一种"特殊材质的闪光纸"。由于"当地居民的怯懦，加上缺乏正规训练的军队"，中国注定"抵挡不了强国侵犯，连小规模的人犯都难以招架"。[30] 不过他更留意的却是他们产业的本质，以及缺乏基本创造力的情况：

中国人制造了大量独特的商品，许多国家也竞相争购，中国人的灵巧与勤奋自然有目共睹。手工艺成就虽然是他们最大的特长，他们这方面的天分却只堪称二流。这些商品在日本也相当普遍，日本人的成就，却让他们望尘莫及，较之欧洲人运用机器制造的精巧性，他们更是无法匹敌。他们最大的特长似乎就是模仿，而所有不入流模仿者的共同点，就是缺乏天分。[31]

谈到美术，安生发现，中国人也好不到哪里去："可以肯定地说，这种艺术上的缺陷，是由他们的个性造成，因为他们缺乏崇尚与精神层面的东西。"[32] 即使备受推崇的中国文字，也完全没有想象中的优越，充满了"执拗、荒谬"。安生表示，当整个世界都忙着学字母时，唯独中国人不理睬这种理性方式，显现了一贯的固执：

> 只有中国人，完全不知利用这近乎神圣的发明，只知固守由死板符号组成的原始而粗糙的字体。这种方法必会创造出太多生字，根本不是人脑所能记忆，因此写作成了殚思竭虑之事，没有人能充分掌握。而阅读时，更经常无法尽解其意，因为无论是符号和字体的关联，或是符号与符号之间的关联，均无法从书本中习得，须以口传面授的方式代代延续。

安生指出，他这番论调，并非研究中国文学或文化之后得来，而是利用与清朝官员往来的机会，观察居间翻译协调的人，处理争论的方式而知：

> 复杂问题根本解释不清，凡是曾参与沟通，曾经历过三层、四层意见转达的人，均深有同感。因此可以想见，由这些复杂符号记录的历史及发明必有许多可疑之处。而这个国家经常吹嘘的知识、古迹，恐怕也未必可信。[33]

安生之前，没有人发表过以下奇怪论调：中国文字本身就是个大骗局，不仅把中国人搞得团团转，就连外国人也不放过。要不是安生的旅游报道于1748年发行之后，立刻广受欢迎，在欧洲四处流传，影响了诸如孟德斯鸠及赫尔德等重要思想家，他这番论调，恐怕早被扫进历史尘埃了。

乔治·马戛尔尼勋爵（Lord George Macartney）也是安生的读者，他曾代表东印度公司及乔治三世在1793年造访中国。马戛尔尼学养极佳，如果有人得在贝尔及安生的两极论调间得一结论，他是最佳人选：他在都柏林的三一学院接受教育；与爱德蒙·伯克、伏尔泰、萨缪尔·约翰逊、约书亚·雷诺兹（Joshua Reynolds）等人为友；曾出使叶卡捷琳娜大帝的圣彼得堡，从事复杂外交任务；担任过格林纳达总督，期间并经历了1779年遭法国人俘虏的耻辱；并于1780至1786年间，担任马德拉斯总督。除了阅读安生及贝尔（他的名字未在最初的订书单上）的书，马戛尔尼还读了由法国耶稣会士杜赫德（Jean du Halde）所著并于1735年出版的总共四册的中国史，以及莱布尼茨及伏尔泰有关中国的哲学思考。在他曾出使的俄国宫廷里，由于叶卡捷琳娜大帝本人对中国文化的仰慕，她曾下令建造了一个中国小镇，而马戛尔尼也曾前去一游。[34]

在接触过这么大量正负两面交杂的资料后，马戛尔尼对中国产生了正面的印象。这点可由他1793年8月初抵达中国后不久写的日记看出。当他站在船上，观看中国人卸下他带来的礼物、行李时，他发现，"中国水手非常强壮，事情做得也很好，不停地唱歌吃喝，但是井然有序，规规矩矩，同时聪明又认真，每个人似乎都了解自己分内的工作，也都恪尽职守"。中国妇女看来也健康有活力：

她们行动敏捷，使我们误以为她们未曾缠足。据说，这种风俗在较下层社会，特别是北方地区，已经较不普遍。这些妇女都饱经风霜，但是并不难看，她们将粗黑的头发编成辫子，以簪子固定在头顶。四处可见儿童，身上几乎一丝不挂。

综归所有印象，马戛尔尼说道：

见到他们，我深受震撼，不禁脱口而出莎士比亚《暴风雨》中米兰达的句子：

神奇啊！
这里有多少好看的人！
人类是多么美丽！
啊，新奇的世界，
有这么出色的人物！[35]

马戛尔尼代表乔治三世，带了许多礼物送给乾隆，其中包括望远镜、天象仪、地球仪、一大块透镜、气压计、钟、气枪、西洋剑、德比花瓶、瓷像，以及一辆马车，他并希望从乾隆处获得下列优惠：取消对广东及当地一小群有照中国商人的贸易限制，对英国人增开新的港口，长期关税协定，在北京设立永久英国领事馆。[36] 较之七十三年前约翰·贝尔参加的伊斯梅洛夫使节团，这些要求其实大同小异。但是马戛尔尼为大英帝国代表，自视为英国尊严的拥护者，因此在某些地方，特别是他认为像叩头这种有辱国格的事情上，他的态度就比较接近安生，而非伊斯梅洛夫了。

马戛尔尼的报告，很自然反映了他个人的偏重。他花了极大篇幅，叙述他如何和汉人与满人官员就叩头问题周旋，直到获得合理的安排。马戛尔尼表示，清朝官员首次在1793年8月15日，提到这个话题，话中混合的"技巧、明言、暗语"，让人"不能不佩服"：

> 话锋一转，他们谈起不同国家所流行的不同服装，在假装检视我们的衣服后，表示还是较喜欢他们自己的服装，因为宽松不受束缚，在任何场合，当皇帝出现了，而须全体下跪俯伏时都不会受到牵绊。他们因此对我们膝扣和袜带的不便感到同情，并暗示我们，进宫之前最好将其解除。[37]

这些口舌技巧很快就让马戛尔尼及随员感到厌烦，尽管一些满人高官还"灵活示范"叩头过程。[38] 这个问题纠缠了几个星期才获得解决，马戛尔尼同意，单膝下跪并鞠个躬——清朝官员要他双膝下跪——双方并同意，亲吻皇帝的手这一环可以省略。[39]

马戛尔尼终于见到八十三岁的乾隆，呈献上礼物，正式提出改善贸易待遇的要求，但是得到的答案却不痛不痒。马戛尔尼并不灰心，他在日记中这么记述清帝："他的举止有威严，但和蔼可亲，甚至纡尊降贵，对我们的接待也非常慷慨，令人满意。他是位慈祥的年长绅士，仍然健康有活力，看起来不像是超过六十岁的人。"[40] 贝尔也曾用同样字眼"和蔼可亲"，形容乾隆的祖父康熙。马戛尔尼这么形容乾隆,可能与他随身十二岁的男仆乔治·斯当东(George Staunton)所受恩惠有关。斯当东在船上数月期间,曾随着老师学中文,因而得以在大庭广众下和清帝简短地交谈。乾隆大表赞赏,并自腰带上取下绣花荷包送给男孩。

尽管日记中充满了对中国正面的评价,在出使接近尾声时,马戛尔尼的感觉却是戒慎恐惧兼精疲力竭,甚至到了反感的地步。他发现,自己对中国生活及社会习俗的一片赤诚,一点也不受中国人欣赏,反而被怀疑为"暗中搞鬼"。[41]他知道自己一直受到"严密监视。我们的风俗、习惯、处事方式,甚至琐碎的生活细节,都受到一种好追究甚至嫉妒的方式窥视着。所有以前读过的有关中国的历史,此时已无任何意义"。[42]当马戛尔尼向一名清朝大臣表示,自己对某些中国历史颇有研究时,这位大臣"只惊异于我的好奇心,却不对我的知识有任何尊敬"。中国人并宣称,英国人所汲汲营营追求的中国知识,"跟他们无关,对我们无用"。[43]马戛尔尼以几句日后成为名言的话,形容清朝中国为"又老又疯的一流战士",一直让邻居震慑于"她的庞大及外表",却因为无能的领导者注定"要在海岸上被撕成碎片"。[44]

不过马戛尔尼仍能持平地表示,在中英双方得以接触的少数地方,例如广东,英方在减少双方摩擦上,没做对过一件事。

> 我们对他们敬而远之。我们的穿着和他们南辕北辙。我们对他们的语言一无所知(我想这种语言应该不会太难,因为小乔治·斯当东早就学会说与写了,并在许多场合发挥巨大

效果）。因此，我们几乎完全仰赖雇用的少数几个老实而又脾气好的中国人，而我们片片断断的对话恐怕也没办法让这些译员准确了解。我怀疑潘启官（Puankhequa）或穆罕默德·苏仁（Mahomet Soulem）如果到"皇家交易所"做生意，可以做得出任何名堂，特别是他们还穿着长袍，头戴小圆帽或头巾，又只能操中文或阿拉伯文。[45]

只要想到，乾隆及其大臣也见过了，冗长谈判也开过了，使节团的开销依然庞大，结果却仍一事无成，马戛尔尼就忍不住对中国长寿皇帝下了些评语："我见到了'荣耀的所罗门王'。我会这么形容他，因为见他的一幕，使我想起小时候看过的一出同名木偶剧。那出戏给了我非常强烈的印象，让我觉得那是人类成就与幸福的极致表现。"[46]

将伟大的所罗门王与渺小的木偶相提并论，马戛尔尼点出了东西方交会时的荒谬；这点正与贝尔的观察不谋而合。马戛尔尼的报告中，另有更鲜活的例子。他回忆说，当他初抵中国时，有人让他看一张在天津油印的单子，上面以中文罗列着他准备呈献给皇帝的礼物。他的船靠岸没多久，这张古怪的礼物单，就在城里四处流传了。英国礼物中据说包括：

> 好几个高不及十二寸的侏儒或矮人，身材比例及智力都不输英国兵；一只比猫还小的大象；一只老鼠大的马；一只母鸡大的云雀，以木炭为食，每天约可吞五十磅木炭；最后是一只

奇幻枕头，任何人只要将头枕上，立刻就可熟睡，任何梦中出现的遥远地方，诸如广东、台湾、欧洲，均可在弹指之间到达，毫无旅途之困顿。[47]

由这份报告不难得知，中国与其访客之间早已严重分裂，双方再想开诚布公地会谈已不可能。在此环境之下，虽然国际贸易与外交往来继续着，双方却心知肚明，深层的国际贸易与外交往来已不可能。

注释

1. Navarrete 著，Cummins 编，*The Travels and Controversies of Friar Domingo Navarrete*，卷二：218 页。
2. John E.Wills, Jr., *Embassies and Illusions: Dutch and Portuguese Envoys to K'ang-his, 1666-1687* (Cambridge, Mass.1984)，第6章。
3. 同上，78—80 页。
4. 同上，203 页。
5. 同上，203 页。
6. 同上，208—209 页。
7. 同上，221—213 页。
8. John Bell 著，J. L. Stevenson 编，*A Journey St. Petersburg to Pekin, 1719-1722* (Edinburgh, 1965)，12—20 页。
9. 同上，1—6 页。
10. 同上，115 页。
11. 同上，116—117 页。
12. 同上，125—126 页。
13. 同上，135 页。
14. 同上，134 页。
15. 同上，155 页。
16. 同上，143—144 页。
17. 同上，146 页。
18. 同上，126—127 页。
19. 同上，152 页。
20. 同上，167—168 页。
21. 同上，183 页。
22. 同上，184 页。
23. 同上，183 页。
24. 同上，183 页。
25. 同上，169 页。
26. 同上，181—186 页；东方袍子，6 页；订购者名单，225—231 页。
27. George Anson 著，Glyndwr Williams 编，*A Voyage Around the World in the Years 1740-1744* (London, 1984)，347—349、352—354 页。
28. 同上，351—352 页。
29. 同上，355—356、361 页。
30. 同上，366、369 页。

31 同上，366—367 页。
32 同上，367 页。
33 同上，367—368 页。
34 George Macartney 勋爵 著，J. L.Cranmer-Byng 编，*An Embassy to China, Being the Journal Kept by Lord Macartney During his Embassy to the Emperor Ch'ien-lung, 1793-1794* (London, 1962)，42 页；Barbara Windenor Maggs，*Russia and "le rêve Chinois": China in Eighteenth Century Russian Literature*，Voltaire Foundation (Oxford, 1984)，133 页。
35 Macartney，*Jonurnal*，2、72、74 页。
36 关于礼物部分，同上，79、96、99、123 页。
37 同上，84—85 页。
38 Macartney，*Journal*，90 页。
39 同上，119 页。有关此妥协之完整介绍及其他仪式，可参考 Joseph Esherick, "Cherishing Sources from Afar"，*Modern China* 24:2 (1998)，135—161 页。
40 Macartney，*Journal*，123 页。
41 同上，113 页。
42 同上，87—88 页。
43 同上，127 页。
44 同上，212—213 页。
45 同上，210 页。
46 同上，124 页。
47 同上，114 页。

第四章

曲折离奇的小说

Deliberate Fictions

马戛尔尼的外交任务,几乎到了脱离现实的地步,这点适足以折射出十八世纪欧洲人对中国所抱持的主流态度。当时出现的名词"中国风"(Chinoiserie),指的正是强调华美装饰的洛可可风格。这种风格,模仿中国文化、艺术中的柔美梦幻色彩,表现在许多生活层面上:壁纸、柳条盘子、壁炉台、木头檐口、格子框架、家具、亭子、宝塔,以及最重要的园艺。无论是凡尔赛宫严谨的几何图案设计,还是由克里斯托弗·雷恩(Christopher Wren)设计的位于格林尼治(Greenwich)的海军医院,均由于大量运用直角及直线,产生了一种悠闲的轻松感,也就是当时人眼中的中国风味,并由于空间隐秘,处处隐藏玄机,更带出了特别的亲密感。马戛尔尼在其谈论中国的日记末尾,以一段话总结了这种特色:

中国园艺师是大自然的画家,虽然缺乏透视训练,却能利用距离远近营造最佳视觉效果。他们或是拉远,或是压低园内景物,根据植物的形体数量将其安前或置后,以树木的明度对照树丛的暗度,并以强烈色彩的震撼感配上简单设计的柔和感,或根本不作任何装饰来凸显建筑的不同层次。[1]

马戛尔尼这段文字指出,随着习惯及品味的改变,一个时代也宣告结束了。推动法国革命及美国革命的情绪,若非复兴了传统观念,就是在哥特式的礼赞下,全然摒弃了传统及中国风格。

十七世纪早期,能够开风气之先见证中国风格的人,包括英国日记体作家约翰·艾弗林(John Evelyn)。艾弗林1684年6月22日写道,"一位名叫汤生的耶稣会士",让他看了一些"由日本及中国耶稣会士寄来的珍品",它们的目的地虽为巴黎,但是因为是由英国东印度公司负责运送,因此当时暂置伦敦。艾弗林表示,他这辈子还没见过类似的东西,他的珍品清单如下:

> 最醒目的是巨大的犀牛角以及金碧辉煌的背心。那背心以金线编织刺绣,颜色鲜活,既优雅又活泼,欧洲压根儿见不到。还有一条镶着各式珍贵宝石的腰带和锐利到不能碰的匕首,刀刃的金属光泽也不是我们常见的,偏淡偏青。至于扇子,倒像是此地女士们惯用的样式,只是大得多,有个雕琢精美的长柄,扇面上则布满了汉字。

艾弗林表示,有些物品几乎让人误以为直接来自弗兰西斯·培根（Francis Bacon）的乌托邦的小说《新亚特兰提斯》(New Atlantis)，其中又以闪亮的黄色羊皮纸为最。但是在这些珍奇而雅致的物品之外，还有另一批神秘又邪门的物品：

> 画有山水风景、神像、圣人、毒蛇的印刷品，造形恐怖邪门，都是他们膜拜的对象；还有人物和乡村，画在玻璃般透明的棉布上，相当罕见；另外就是花卉、树木、野兽、飞鸟等，精细自然地画在丝般的材质上。至于各式各样的药剂，根本不是我们的药师和医生所能调配。特别是其中一种药，耶稣会士称为"拉泰格迪"（Lac Tygridis），样子像菌菇，却有金属般的重量，看起来又像某种物质的凝结体。[2]

在艾弗林所认识曾经去过中国的西方旅行家中，至少有一个人喜欢装扮得像"东方人"以接待访客，他们之中有些人喜欢说有趣的中国故事给艾弗林听，还有人会展示刚得到的"绘有中国人生活方式及乡村风光的山水屏风"。[3]

无论是艾弗林的珍品清单、喜爱穿着东方长袍的英国人，还是登堂入室进入英国坚实乡村庄院的中国山水画，其实都是许多英国人绝对排斥的对象，特别是那些自诩为传统中产阶级美德的守护者。他们眼见斯图亚特宫廷道德低落，早已感觉简朴生活的价值观受到了严重威胁。

十七世纪时，中国正慢慢地渗入英国人的生活。莎士比亚并未顺应此趋势，他只在作品中两次简单提到"契丹人"，而且态度都很轻蔑。[4]在弗兰西斯·葛德文（Francis Godwin）1618年的社会讽刺剧《月球上的人》（*Man in the Moone*）中，勇敢的太空人回到地球时，降落地点正是中国，他并受到慷慨、好奇、聪明的中国人款待。十七世纪中期，弥尔顿（Milton）的作品显示，他对中国的准确位置及历史缺乏明确概念。以《失乐园》（*Paradise Lost*）为例，亚当从乐园中最高的山上远眺：

> 全盛的帝国，
> 始于汗八里（Cambalu）的城墙，契丹汗的治地……
> 蜿蜒至帕金（Paquin），中国王的领土。[5]

很明显的，Cambalu就是马可波罗昵称的Kambalik，而帕金亦即北京。由字面上看，亚当的目光其实一直在同一个城市里逡巡。

约翰·艾弗林的珍品清单是1664年列出的，仅仅五年之后，英籍学者约翰·韦伯（John Webb）就费尽心力，完成了他毕生最伟大的事业，证明中文是第一种基本世界语。不久后的1685年，根据历史记载，中国人沈福宗（Shen Fu-tsung），在法籍耶稣会士伴随之下前往法国途中，曾转往英王詹姆士二世的天主教宫廷拜访，使这位天主教皈依者成了第一位踏上英国土地的中国人。沈氏备受礼遇，英王命令宫廷画师戈弗雷·内勒爵士（Sir Godfrey Kneller）为他画肖像，牛津大学尊他为荣誉访客，他并在该校和英国学者托马斯·海德（Thomas Hyde）会谈、切磋，双方用的是共同语言拉丁文。[6]

到了十七世纪末期，中国风格的事物影响力之大，自一幕莎翁

《仲夏夜之梦》的舞台演出可以看出：

> 舞台上一片漆黑，有人在上面独舞。接着交响乐响起，突然间灯光大亮，舞台上清楚出现一个中国花园，有建筑、树木、植物、水果、飞鸟、走兽，与我们日常见到的花园大不相同。花园尽头是个拱门，从其中看进去，还有其他拱门、树荫、成排树木，直至尽头。在这个花园上面，是一个悬空的花园，由架子撑着连到屋子顶端，花园两边都有可爱的凉亭及各式树木。空中有珍奇的小鸟飞舞，舞台顶端是一喷泉，水流淙淙，流入大池子里。

在这如画的景色里，中国恋人唱着普赛尔（Purcell）优美的二重唱，六只猴子从树林中现身跳舞，舞台上此时进入最高潮：

> 六个中国风味的基座从舞台下升起，上面放着六个巨大的瓷盆，中间种着六棵中国橘子树……基座朝着舞台前方移动，二十四个人开始跳起优美的舞蹈来。此时海门（Hymen）现身台上，设法撮合奥布朗（Oberon）和提泰妮娅（Titania），并结合了中国恋人。众人齐歌五重唱，歌剧至此告一段落。[7]

这种华美感性的中国风味第一次碰壁，是在小说家兼政治文宣作家笛福（Daniel Defoe）笔下。笛福1660年生于伦敦屠夫家庭，在虔诚的新教环境中长大。还不到三十岁，他就将生平赚到的第一笔财富赔光了，肇因自己的草率及生意伙伴的欺诈，此后，他就凭借写作过着离经叛道的生活。他先以讽刺文《地道的英国人》(The True-Born Englishman)出名，接着又积极鼓吹英国应取代开始走下坡的西班牙帝国接管其海外势力。他刻薄的政治小册子经常为自己惹来麻烦，最后他被判邪灵附身，上了枷子，关进"新门监狱"(Newgate Prison)。

他第一次谈到中国，是在 1705 年奇幻作品《巩固者》(The Consolidator)及《月球世界》(World in the Moon)中。当时笛福似乎颇能从善如流，采用了一些有利于中国人的论点，指出他们"有历史、聪明、有礼、勤奋"，手工造诣很高，正好弥补"欧洲科学落后、无知的缺陷"。[8] 不过到了 1719 年，当他出版《鲁宾逊漂流记》(*Robinson Crusoe*)第二部时，态度却变得敌对、歧视，这可能是因为他个人思想发生了变化，也可能是为了吸引英国中产阶级读者才这么做的。

笛福 1719 年 8 月将该书仓促付印，希望借着 4 月才出版的第一部的畅销余威，乘胜追击。也许是太过仓促了，使得原本可以从容写成的书显得草率而尖锐。因此，虽然鲁宾逊抵达中国的过程，有点类似一百五十年前平托书中主人翁意外进入中国的情节，笛福却缺少平托的悠闲语气，也未尝试以比较性手法来反思。

当鲁宾逊与几名同伴意外漂流至中国南方海岸后，他们开始往内陆出发，并对中国产生了良好的第一印象：

> 首先，我们花了十天工夫抵达南京，那确是值得参观的城

市。据说城内有一百万人，我却不太相信。城内兴建得当，街道笔直，相互以直线交错，使得城市图的绘制极为容易。[9]

但是接下来的长篇谩骂立刻将此第一印象破坏无遗。所有与中国有关原本正面的事，全都成了负面，而所有负面的事则更加不堪了。笛福是这么写给英国读者的：

> 当我将这个国家里可怜的人们和我们自己相比时，我必须指出，无论是布料、生活方式、政府、宗教、财富，甚至所谓的荣誉，根本不值一提，不值一写，也不值读者们一读……
>
> ……较之欧洲的宫廷和皇室建筑，他们的房舍算什么呢？较之英国、荷兰、法国、西班牙的四海通商，他们的贸易算什么呢？较之我们城市里的财富、气势、轻便的服装、华美的家具、无穷的变化，他们的城市算什么呢？较之我们的航运、商船队、强大的海军，他们港口上寥寥可数的破铜烂铁算什么呢？

自佩雷拉以来，西方报告都会将中国羸弱的军队拿出来做文章。但是没有一个人像笛福这样彻底诋毁中国，而且还能找到大量资料佐证：

> 谈过了海军，要谈谈他们的陆军。他们整个王朝虽然可以募集出二百万战士，但是除了毁掉国家并饿坏自己外，这些军人什么事也办不成。如果他们打算围攻佛兰德斯（Flanders）

内的坚固城池,或与训练有素的军队交战,只消一纵队的德国铠甲兵或法国骑兵,就可以将他们完全歼灭;在我们一支严阵以待、守备精实的步兵面前,他们纵有一百万人,纵以二十比一的比例出现,也是枉然:不,我绝非吹嘘,我相信三万德国或英国步兵,甚至一万法国骑兵,就可轻易击败所有中国部队……不错,他们有军火,但都是一些落伍、不灵光的玩意;他们有火药,但是毫无威力;他们在战场上没有纪律,不懂运用双臂,不善攻击,也不知撤退的时机。

对笛福而言,这种结果其实是真实与想象脱节使然。诚如他借用鲁宾逊之口指出:"我必须指出,当我回家并听到大家谈论中国的种种美好时,就觉得非常奇怪,人们传述中国的伟大、富饶、光荣、宏伟、贸易,事实上,中国人不过是一堆贱骨头、一群愚民、龌龊的奴隶,臣服于一个只配管理这种民族的政府之下。"[10]

在同样简短而耸动的段落里,笛福文中的鲁宾逊将中国所谓的学者斥为"粗鄙、可笑地无知",甚至认为在与欧洲相比较后,其农民的"耕种技巧,不完美、无能"。在愤世嫉俗的情绪下,笛福不仅贬抑了中国农民的勤劳,更过度夸赞了英国农牧业的兴旺,而此一观点就要在他即将于1724年面世的新书中揭露。这本名为《大英帝国全岛游》(*Tour Thro' the Whole Island of Great Britain*)的书,距离前面一本同样哗众取宠的书《瘟疫年之志》(*Journal of the Plague Year*)才不过两年。

最让笛福不满的是中国人根深蒂固的优越感,他们完全不理解,除了军事,西方在许多其他领域也远远凌驾于中国。他认为"特别荒谬"的是"他们除了自己,谁都瞧不起"。[11]

借着鲁宾逊与一名中国统治精英的不期而遇,笛福彻底表达了他的怒气:

> 他骑马进来的样子,简直是堂吉诃德再现,浑身充满了浮华与贫窘。这位油污满身的唐是个脏胚子,身上的外套明白昭示了一个驴蛋的俗丽与暴发,比如说悬着的袖子、流苏以及到处可见的开口和衩子。他在衣服上覆着一件针织背心,脏得像屠夫的外衣,说明了他散漫的个性。他的马又瘦又可怜,更因为饿坏了而举步蹒跚,这种马在英国只值三四十先令。他还有两个奴隶步行跟着他,一边赶着那可怜的畜生。[12]

笛福认为,这个中国男人的饮食习惯和家庭生活,就和他的旅游方式一样无耻下流。为了强调这点,笛福再次夸张地描绘他的主角,指出了他和英国中产阶级完全背道而驰的价值观:

> 我们慢慢接近这位大人物的乡间居所,见他正在门前一块小地方用餐……他坐在一棵树下,那树看起来像矮棕榈,树荫遮住他整个头以及他朝南的身子;树下同时摆了一把大伞,使他身体的另一部分也不会受到曝晒。他懒洋洋坐在一张扶手大椅上,身型肥胖。两名女仆将肉送到他面前,另有两名女仆在他身旁服侍,我相信,欧洲绅士中很少有人会接受这种服侍的。

一名女仆拿着汤匙喂这位乡绅，另一名则一手端盘，一手拂去落在他胡子及衣服上的碎屑。这个大怪物根本不屑于这些举手之劳的事，这些连贵如君王都宁可自己做而不愿假手仆人笨拙双手的事。[13]

笛福得以写出这段文字，也许真有其消息渠道，也许全凭自己想象，无论如何，字句间颇有十四世纪约翰·曼德维尔文章的影子——描述可汗治下一位富人的生活：

> 这位大人生活真享受。五十位少女伺候他吃饭、睡觉，任他随心所欲差遣。他坐下用餐时，她们端上肉，一次就是五盘，一边端肉一边还唱着美妙的歌曲。她们在他面前将肉切好，送至他口中，好像他是孩子一样。他的双手不切割任何东西，不碰任何东西，只静静地摆在面前桌上……等他吃腻了头五道菜，她们再端上五道，一边仍唱着歌。整个用餐过程就这样持续着。这位大人就这么过着日子，完全照着他祖先的方式，而他的儿孙也会继续下去。他们每天除了喂饱肚皮，什么事也不做，只为了肉体享乐而活，就像猪栏里的猪一样。[14]

无论波罗、平托、利玛窦还是闵明我，每一位旅行家都会想尽办法详述旅游中国的路线，而且无论用的是哪一种方式，他们都尽可能将经过的中国城市及省份名称拼出来。笛福笔下的鲁宾逊却不这么做，他只随便编了个理由，就将读者搪塞过去了。他表示，当他自一条小河浅水处过河时，跌下了马，并浸透了全身："我之所以提这件事，是因为我的笔记本全湿了，而里面正记载了许多的人名及地名。不小心的结果是，纸页全糊了，所有的字也无法辨读。里面全都是我这次行程造访过的地方，真是损失惨重。"[15]如此信口谈论一本折损了的笔记本，对他根本毫无损失可言，因为鲁宾逊早已深感不耐，恨不得早点离开中国，一辈子再也不回来了。

就在最后几段漫骂后，这篇尖酸刻薄的文章总算结束了。他说，中国浮华的"陶瓷建筑"，除了"奇特"，根本一无可取。长城也许"工程浩大"，却"毫无意义"，因为当地"巨石嶙峋，根本无法通行，而且峭壁高耸，敌人不可能上得来。如果他们爬得上来，那么再高的墙也挡不住他们的"。鲁宾逊除了指称长城"没有意义"，还表示，只要愿意，英国工程师只需"十天，就可将其拆毁"，不在当地"留下任何痕迹"。[16]

一如二十年后的安生，笛福也是利用中国负面的例子赞美他的祖国英国。然而这种慷慨激昂的论调却与当时的社会趋势背道而驰。当时的主流是，借着亚洲的优点彰显西方社会内在的弊病。在所有主题曾涉及中国的此类小说中，约翰·曼德维尔的书为其中的第一部；他以遥远的异国社会的一些例子，批评当时十四世纪中期基督教价值观的缺点。曼德维尔设计了一个场景，让书中的叙述者和"法语流利"又友善的苏丹进行"私人对话"，借着这种对话，曼德维尔表达了他自己反传统的宗教观：

待他们全部离开了，他问我，在我们国家里基督徒如何管理自己。我回答："王啊,管理得很好——感谢主。"他则说:"不对,完全不是这么回事。因为你们的教士并没有过着他们应该过的生活,因此他们没有正确地侍奉主。他们应该树立榜样,让比他们无知的人了解适当的生活方式,他们却正好相反,立了所有最坏的榜样。"

这所谓的基督教社会之所以出现负面的例子,完全是因为这个社会里充满了好吃、好喝的好像"无理性的野兽"般好打架的人:

> 基督徒习惯于互相欺骗,并喜欢发伪誓。更糟糕的是,他们极端自负与虚荣,从来都不知道如何打扮自己。有时候他们穿着短装,有时候长装,有时候宽大,有时候合身。你应该效法你信仰的基督:单纯、温顺、真诚、乐善好施。但是事实正好相反,因为基督徒太傲慢、太善妒、太好吃、太好色,最严重的是,太贪婪,他们会为了一点银两将自己的女儿、姊妹,甚至妻子,转让给觊觎她们的男人。[17]

类似这样的虚构技巧,在十六世纪的乌托邦小说中变得屡见不鲜,其中包括托马斯·莫尔(Thomas More)的《乌托邦》(*Utopia*)(正式确立乌托邦小说的地位)、约翰·艾弗林曾提过的弗兰西斯·培根的《新亚特兰提斯》以及托马斯·康帕内拉(Thomas Campanella)的《太阳城》(*City of the Sun*)。就在笛福仓促将其有关中国的负面评论付印时,孟德斯鸠在法国也正在撰写《波斯人信札》(*The

Persian Letters），并在1721年出版后，立刻大为畅销。孟德斯鸠在书中，采用了曼德维尔模式，塑造了两名中东访客，针对法国社会的荒谬现象予以坦白批判。孟德斯鸠同时也从自己阅读过的大量读物中攫取资料，尽可能翔实地呈现中东社会。[18] 几年之间，其他法国作家开始引用中国而非中东，作为批判自我文化的借镜。而在英国，正在力争上游的自由投稿作家奥利佛·戈德史密斯（Oliver Goldsmith），也决定从同一个宝藏内挖掘素材。

只要想到奥利佛·戈德史密斯，就不像是亲中势力里新的一员。他对中国、中国人、中国事物及哲学的反感，使人较容易将他和笛福联想到一块。戈德史密斯1728年生于爱尔兰的一个小职员家庭，并设法进了都柏林的三一学院。随后，他遇上一连串的不幸事件，错过了原本要搭乘前往美洲殖民地试运气的船只，赌光了好心的亲戚们合资凑给他研读法律的金钱，他于是决定加入爱尔兰人大量外迁的移民潮。他首站到了苏格兰，在爱丁堡念医学，接着他计划前往欧洲大陆，却因为误会在纽卡斯尔（Newcastle）遭逮捕，并因此错过了前往欧陆的船只。到了1750年代末期，在医生资格考试失败后，他在伦敦定居下来，写作专栏文章与评论，勉强糊口。[19]

身为专业作家，戈德史密斯一直对文学市场保持敏锐嗅觉，到了1758年8月，根据一封他写给朋友布莱顿的信，他决定写一本有关中国哲学的书。这封信在愉悦中带着嘲讽，正是戈德史密斯此刻心情的写照。他告诉布莱顿，他被绑在命运的转轮上，就像"妓女被绑在陀螺上"，然而早晚有一天，现在嘲笑他作品的人，都会发现他的"天分"。戈德史密斯可以不费吹灰之力塑造出笔下的中国人，他曾说"看看我所用的中国名字，就知道我的博学了"，而且他还可以"让中国人像英国人一般讲话"。为了逗朋友们开心，戈德史密斯连他未来的讣文都写好了，那是由中国学者在他死后，为了称颂他的天才而写的文章：

> 奥利佛·戈德史密斯在十八世纪和十九世纪时大放异彩。他活到一百零三岁……（在原稿中，此处因毁损而空白）可以被尊称为……欧洲的孔夫子……无名，且可能由于与他人混淆，而被遗忘了。他的作品中，世人所知的第一部名为《论现阶段欧洲的文学与品味》，是一部极具价值的作品。在书中，他深入探讨学习的本意与学习的谬误。由此他证明了笨蛋不是聪明人，而聪明人事实上就是笨蛋。

在为写给布莱顿的信下结语时，戈德史密斯还原成他本人说道：

> 那么，让我停止幻想，看看我自己的未来；正如男孩们常说的，躺在马背上看自己。好了，现在我躺下了，我这个恶根在哪里呢？噢，神啊！神啊！原来是在一间阁楼上，为了面包在爬格子，还有赊欠的牛奶费等着偿还呢。[20]

不到一年时间，戈德史密斯就开始动笔，以中国为主题，写作支付他阁楼租金的文章了。1759年，戈德史密斯写了第一篇以中国人为主题的文章，是以书评方式讨论一出以中国戏剧《赵氏孤儿》

(*The Orphan of Chao*)为蓝本的新戏。《赵氏孤儿》著于元朝,正是波罗家族在中国探险的年代;不过显然戈德史密斯不知道这点。英文版由亚瑟·墨菲(Arthur Murphy)写成,并以威廉·怀特海(William Whitehead)的一首诗作序,目的在歌咏英国人的中国热;该诗似乎有点反讽意味:

> 希腊和罗马到此结束。这两国
> 油尽灯枯,早已失去昔日魅惑;
> 我们虽然尝试扭转,却徒劳白费。
> 众目睽睽下,我们的光环逐渐消退;
> 今夜的诗人乘着巨鹰的翅膀
> 为了追求新的真理,向着光源升腾而上,
> 到达中国东域;大胆求索
> 孔夫子的教诲,传回英伦人耳朵。
> 请接受这远来的真理;就像善模仿的希腊
> 从周游的酋长那里把金色的羊毛收下;
> 受惠的人不仅更加富裕,
> 还要赞美冒险犯难的年轻人,将它们携回巷间。[21]

尽管有这么高的推崇,戈德史密斯的评论还是相当谨慎;对于有些作家全力支持的古典风格,他还不能完全忘情。他认为,墨菲的作品已失去原著的"平静淡泊"——原著的翻译曾出现在法国耶稣会士杜赫德1735年所写的长达四册的中国史中——因此戈德史

密斯自认其评论还优于墨菲的剧作。[22]

戈德史密斯的作品，此时完全以中国作为导向，他还开始写作一系列"中国书信"，而其中国主人翁的名字都是他从有关中国的小说或篇章中看来的。[23] 这些信件后来集结成了书信体小说，谈论一名中国学者在伦敦的经历，学者之子的冒险经过及其在亚洲发生的真爱。1760 至 1761 年间，这些文章一周两次在《公簿报》（*The Public Ledger*）上发表，总共九十八篇，极受欢迎。除了这九十八篇文章，戈德史密斯再加上几篇主题不一的论文，于 1762 年出版了一套分为上下两册的小说。这套书比他单篇的文章更受欢迎，并真正成就了他的文名。接下来几年，他乘胜追击，发表了几本小说，终至巩固了自己大作家的地位。这些书分别为《韦克菲尔德牧师传》（*The Vicar of Wakefield*）（1766）、长篇叙述诗《荒村》（*The Deserted Village*）（1770）以及戏剧《委曲求全》（*She Stoops to Conquer*）（1771）。由于一连串的成功，1772 年他甚至受委托撰写中国历史。但是他将这份差事交给一位相识不深的朋友，此人写了一本错误百出的书，以致校样稿落入了必须全毁的命运。戈德史密斯死于 1774 年。[24]

戈德史密斯《世界公民》（*The Citizen of the World*）的序言，虽然简短，却把自己对十八世纪中期弥漫中国风的怀疑观点，给出了令人欣赏的叙述。文中，戈德史密斯以一位中国学者书信"编辑"的角色出现，他表示，若论及这位学者的学问及严谨态度，根本没有尺度得以丈量。接着他以诙谐口吻，道出了他采用的比较式议论方式：

> 事实上,中国人和我们大同小异。生活品位而非距离,才是决定人类差异的关键。生活在极端不同地带的野人,都有一种共同性格,就是缺乏远见而凶残。反观有文化的国家,无论彼此相隔多远,都采用相似的方法寻求精致的享受。
>
> 文明国家间的区隔是很有限的;本书中出现的中国人就因此显得很特别;文中所有的预言和典故都来自东方:我们的作者保存了他们的一板一眼;许多他们重视的道德规范也罗列书中。中国人一向言简意赅,他也是;中国人单纯直接,他也是;中国人严肃而好说教,他也是。但是有一点他们特别相似:中国人大都乏味,他也是。[25]

正当他对中国的道德百思不得其解时,戈德史密斯做了一个梦,他说道:

> 我想泰晤士河是结冰的,我只好站在河岸上。冰面上设了几个摊子,一名旁观者告诉我,时尚展览会要在这儿举行。他接着说,每个带着作品参展的人都会受到热诚接待。我决定从岸上安全地点远眺会场,一方面唯恐冰封不够坚固,一方面在梦中我向来胆怯。[26]

占住了安全地点,戈德史密斯看着马车一辆一辆驶过,许多车中装满了"中国式的家具、装饰品及火药",它们在冰上安全地来来回回,很快就将货品卖个精光。戈德史密斯勇气大增,决定推着一辆小型独轮车,到冰上贩卖"中国道德"。但是冰面似乎连一小车道德都承受不了,裂了开来,"独轮车和所有东西都沉到了水底",戈德史密斯同时从梦中吓醒了。

戈德史密斯书中,除了他引用的中国学者李安济(Lien Chi)的信件,还有许多篇针对英国服饰、欺诈、荒谬和政治的尖锐评论。该书大受欢迎确是其来有自。但是最足以和戈德史密斯在序言中就道德的模糊性大加议论相呼应的,应数第十一和第三十三封信了。在这本书信体小说中,第十一封信是李安济写给在北京的朋友冯宏(Fum Hoam)的,谈论奢华、美德与快乐之间的关系。笛福坚信,奢华使人堕落,而无节制的奢华正是戈德史密斯在序言中嘲笑的对象。但是李安济征询他的朋友:"较之清心寡欲的生活,难道享乐不会让我更快乐?"李安济接着说:

> 回顾历史上所有富裕而文明的国家,你会发现,如果没有先经历奢华,他们不会成就文明;你会见到,举凡诗人、哲学家,甚至爱国志士,都曾搭上奢华的列车。道理很简单,只有在发现了知识与感官享受的关联后,我们才会对知识产生兴趣。我们先依照感觉行事,接着,思想才会对新发现加以评断。如果你向戈壁沙漠上的土著传授探测月亮的方法,他一定觉得乏味,奇怪怎么有人会对这种事情发生兴趣,还把珍贵仪器用在上面。但是如果你将此事趣味化,表示不仅可以有利于航海,还可以有更暖的外套、更好的枪、更利的刀子,那么他一定立刻欣然接受。换句话说,我们只会对欲求的东西发生探索的兴趣。不

论怎么否定,奢华刺激我们的好奇心,并让我们产生欲望,希望更有智慧。[27]

当大家共享奢华时,政治结盟会更容易;当大家都有自利心时,会产生更多优秀的公民;高度消费能力,可造成完全就业。因此,李安济引用孔子的话说:"只要不伤身,我们应该尽量享受生活中的奢侈品。"[28]

不过,第三十三封信却清楚显示,李安济自以为毋庸置疑的人生观,如果期望英国人接受,就必须先吻合英国人的思考模式。在这绝妙的一章里,有着强烈的开头,"真是叫人恶心,冯宏,恶心死了,"李安济指责英国人,"自以为是地教我中国礼仪。"李安济受邀,参加一位英国"贵妇"的晚宴,但是从他进门的那一刻起,一切事情就走了样。这位夫人非常惊讶李安济竟没有随身带鸦片或烟草以自娱;虽然所有客人都就椅子坐了下来,她却在地上帮李安济摆了个垫子;她也不顾李安济对烤牛肉的兴趣,将燕窝和熊掌放在他面前;当李安济拿起刀叉而非筷子时,她更加入其他客人行列,齐声抱怨。也许有人会说,女主人和客人完全是出于礼貌,不愿将自己的习俗强加在他们贵宾身上,但是戈德史密斯笔下的李安济,却极排斥这种说法。因为这些英国人不只告诉李安济该怎么坐该吃什么,客人中一位学者甚至大放厥词,又长又臭地议论中国的城市、山峦、动物、语言、如何使用隐喻等,李安济用心听着,直到"他差点让我以为那不是我的国家"。[29]

李安济的反驳充满修辞与哲学上的力量,他指出,这位虚伪的学者根本不懂中国历史、语言、文化，同时也完全忽略了中国人对于欧洲哲学和社会生活的微妙处很可能老早就了如指掌了。李安济得出结论说：

> 每一个国家固有的事物，基本上是相似的，我们的孔夫子和你们的蒂洛森（Tillotson）有着相似的言论。零碎的热情、扭曲的典故、虚伪的华服，都是很容易上身的；无论何时表露在外，经常只昭告了当事者的愚蠢与无知。[30]

但是当李安济说到尾声时，他发现在场的人早已转移了注意：有些人在轻声交谈，有些人在研究扇子，另外有些人呵欠连连，不然就是进了梦乡。这位中国贵宾自己悄悄地找到出口离开了，没有人送他，从此他也没有再获得邀请。

在戈德史密斯长篇小说的末尾，李安济的儿子兴波（Hingpo）在游遍亚洲及中东并经历无数冒险后，抵达了伦敦，并与李安济惊喜相逢。本书也出现了十八世纪小说中常有的巧合。兴波的爱人泽理丝（Zelis），自早年遭海盗绑架至波斯后，此时也在伦敦与兴波团圆，而且，这位少女竟是李安济最要好的英国朋友之侄女。于是，在一片欢欣中，这对年轻人举行了一场中英联姻，随后并在"乡间买了一小块地"安顿下来。[31]

戈德史密斯的小说出版没多久，约翰·贝尔延宕多时的《中国出使记》也终告发行。第一批订阅的读者中，并不包括戈德史密斯，贵族审美家赫勒斯·沃波尔（Horace Walpole）倒是列名其中。1757

年时，沃波尔即以一名中国男士的信件作为题材，写了一篇政治性的讽刺文章《给他在北京的朋友李安济》(To His Friend Lien Chi in Peking)。戈德史密斯显然是由此借用了李安济的姓名。风水轮流转，这次很可能是戈德史密斯的小说和贝尔的回忆录让沃波尔产生灵感，使他在著名小说《象形文字的故事》(Hieroglyphic Tales)里创造了一位中国人物。[32]

为了取悦家族中一位女性朋友，沃波尔于1785年出版了《密立，中国神仙故事》(Mi Li, A Chinese Fairy Tale)，该书发行量不大，但是将中国风的奢华无度发挥过了头，以致显得荒谬不实。书中谈论一位中国王子密立（也许沃波尔期望读者发音为 My Lie〔我的谎言〕）周游世界寻找未来妻子的故事。他唯一的指引，来自仙界教母的神秘预言，表示他只能娶"与此女之父治地同名的公主为妾"。[33]为了寻觅这位预言中的新娘，密立历经磨难，由北京到了广东，再由广东到了爱尔兰，最后抵达英格兰。在那里，他租了一辆驿马车，准备前往牛津，以咨询博德利图书馆（Bodleian Library）的智者。但是驿马车到了亨利（Henley）却折断了，密立只好进了当地大地主的大庄院向他求救。这使沃波尔有机会将密立放进一个贵族的生活环境里，嘲笑因受中国风影响过度华丽却仍极受欢迎的花园。

在沃波尔的故事里，密立由一位殷勤的花匠陪伴，穿过了树林，见到了各种关在笼中的猛兽，穿过阴暗的灌木丛，漫步在波浪起伏的草原上，欣赏如画景色，最后进了一个人造废墟。当他们再度出现，已立足在一个山谷的斜坡上。密立远远见到正和友人在一起的一位美丽少女。他拔足狂奔，一边冲向她一边叫："她谁？她谁？"

这问题的答案很简单:"怎么了,她就是卡洛林·坎贝尔小姐,也就是威廉·坎贝尔爵士的女儿;爵士正是国王陛下属地卡洛林那的前任省长。"喜不自抑的密立知道,他的寻觅就此结束,预言已经实现了。此时,沃波尔适时做了简短结论,这位少女"成了中国王妃"。[34] 一如戈德史密斯笔下的兴波,密立也找到了幸福。于是,由于浪漫的结合,使得因不同文化所产生的差异似乎又再次暂时被遗忘了。

由于频繁的政治往来以及密集的文化交流,十八世纪的社会产生了许多重叠的社会动力,对此现象我们其实不用太过意外。因此,若论及这两位独具创意作家的共同点,其实并不只是精彩故事及相似结尾而已。笛福的英国至上思想,与安生颇为雷同。戈德史密斯的观点,也多与贝尔如出一辙,而且反之亦然。理性时代末期的两位贵族马戛尔尼和沃波尔,都能以较温和的人性角度处理自己的激烈言论。中国,再次为分歧的潮流及互相矛盾的社会动力提供了一个聚焦处。

注释

1. Macartney, *Journal*, 116—117 页。
2. John Evelyn 著，E. S. de Ber 编，*The Diary of John Evelyn* (Oxford, 1959)，460—461 页。
3. 同上，689、728 页。
4. 见 *Merry Wives of Windsor* 及 *Twelfth Night*。
5. John Milton, *Paradise Lost*, 第十一章，387—390 页。
6. 关于沈的部分，参见 Theodore Foss, "The European Sojourn of Philippe Couplet and Michael Shen Fuzong, 1683-1692"，载 Jerome Heyndrickx 编，*Phlippe Couplet, S.J. (1623-1693), the Man who Brought China to Europe* (Nettetal, Germany, 1990)。
7. 引自 Hough Honour, *Chinoiserie: The Vision of Cathay* (New York, 1961)，78 页。亦见于 B. Sprague Allen, *Tides in English Taste (1619-1800): A Background for the Study of Literature*，共二卷 (Cambridge, Mass., 1937)，卷二：20 页。
8. Allen, *Tides*, 卷二：34 页；亦见 Ch'en Shou-yi（陈受颐），"Daniel Defoe, China's Severe Critic"，载《南开社会经济月刊》，8:3（1935 年 10 月）。
9. Daniel Defoe, *Robinson Crusoe*, 第二部 (Boston, 1903)，256 页。
10. 同上，256—258 页。
11. 同上，260—261 页。
12. 同上，261 页。
13. 同上，262 页。
14. John Mandeville 著，Moseley 编，*Travels*, 187 页。
15. Defoe, *Crusoe*, 263 页。
16. 同上，271 页。
17. Mandeville, 107—108 页。
18. Montesquieu 著，J. Robert Loy 编辑、翻译，*The Persian Letters* (Cleveland, 1969)，有关他的资料，见 15—16 页。
19. John Forster, *The Life and Times of Oliver Goldsmith*, 共二卷 (London, 1877)，第 1 至 4 章。
20. 同上，卷一：139—140 页，1758 年 8 月 14 日信件。
21. 引自 Allen, *Tides*, 卷二：25 页。
22. 同上，卷二：26 页；以及 Forster, *Goldsmith*, 卷一：173 页。
23. Walpole 小册子的标题命名为 "A Letter from Xu Ho, a Chinese Philosopher at London, to His Friend Lien Chi at Peking"。法国通俗作家 Gueulette 曾在他的 *Chinese Tales* 里，使用 Fum Hoam 作为书里中国人的名字。
24. Forster, *Goldsmith*, 有提到这些作品。如欲获得更多资料，参阅 Ch'en Shou-yi, "Oliver Goldsmith and his Chinese Letters", *Tien-hsia Monthly*（《天下》月刊），8:1

(January1939)。
25 Oliver Goldsmith, *The Citizen of the World, or Letters from a Chinese Philosopher Residing in London to His Friends in the East*，共二卷（London, 1800），卷一：ii 页。
26 同上，卷一：iii 页。
27 同上，卷一：34—35 页。
28 同上，卷一：36 页。
29 同上，卷一：133 页。
30 同上，卷一：134—135 页。
31 同上，卷二：239 页。
32 John Bell, *Journey*，Walpole 亦为订购者之一，他用的头衔为欧福伯爵。
33 Horace Walpole, "Mi Lai, A Chinese Fairy Tale"，收入 *Hieroglyphic Tales* (London, 1785)，342 页。
34 同上，347 页。

第五章

启蒙时代

Matters of Enlightenment

贝尔认为，由于中文为单音节，因此中文对话应该相当容易；安生认为，中文繁琐不实际；马戛尔尼发现，西方小孩学习中文毫无困难。无论如何，在这个已经进行了数百年的辩论中，他们的观点只是其中的一部分而已。波罗曾说他懂数种语言，但是从未说明中文是否为其中之一。曼德维尔从未发表意见，只指出和他谈话的君主懂法文。平托则以一贯不经心的口吻用两页篇幅表示他懂中文，但是"不知如何与中国人沟通"。鲁宾逊明确表示，他一向仰赖一个葡萄牙人翻译，此人"了解这个国家的语言，法语流利，还会说一点英文"。[1]自十六世纪末以来，愈来愈多西方学者钻研中文文法及字体，希望能够解读其结构及原理。研究的结果，就是大量经常匪夷所思的学术报告以及一些所谓中文的"关键"，其中最夸张的就是保证数周之内让聪明好学的人学会中文，但是这位自负的发明人从未实际验证过自己的理论。[2]

学者们尝试掌握"关键",以了解中文,正反映了自笛卡尔及弗兰西斯·培根思想论述发表以来,十七世纪西方知识界的一个重要思想,即强烈相信系统存在的必要。基于此,只要找到中文中的关键,自然就可以找到整个中国社会的关键,进而了解足以说明这个国家的重要系统,就像了解构成自然宇宙的其他系统一样。因此如果想了解中国,一定得以精确词汇深入探索、分析、诠释此一系统。

这一观点的伟大催生者应该是莱布尼茨。以他在数学研究上的突出天分以及对宗教和逻辑的热诚,他会走上追索中文系统这条路并不令人意外。莱布尼茨生于1646年,正是梦魇般的三十年战争结束的前夕。1670年代,他在巴黎读了几年书,随后回到汉诺威,从事忙碌的文官工作,并进而担任法庭图书馆员。由于这份工作,他开始有时间追求自己在知识上的广泛兴趣,其中包括二进位算术和几何学。同时,莱布尼茨也翻阅了由耶稣会会士介绍的有关六爻卦本质之文章;六爻卦为《易经》(据说由孔子编纂)的主题,该书是中国人卜卦的依据,也是哲学思考的重要来源。六十四个六爻卦以数学式的精确顺序排列,每一条线上都有一长横或二短横。[3]

由于六爻卦类似二进位算术的演算原则,着迷之余,莱布尼茨开始和居住在中国或是从中国返回欧洲的耶稣会士通信,长期而深入地进行探讨。他同时开始研究一些学者探索中文关键的文章,其中包括约翰·韦伯(John Webb)的论述,他尝试证明中文也许是世界上第一种或"最原始"的语言,随后才出现了其他语言。对于利玛窦首先提出、耶稣会士继而探讨的论调,认为可从中国最早期的古典经文中追溯一神教的观念,为了验证它们,他仔细阅读这些中国典籍。[4]

莱布尼茨早已订下人生目标,要致力于治愈严重伤害当时社会的邪恶神学及政治冲突。他相信事物的多元性及和谐性,也相信唯有透过他的有系统的哲学,纯理性才有足够力量捕捉至高无上的真理。只有经由这种探索,我们才能看清所有事物事实上都朝着"先定的和谐"靠拢,而这正是上帝的旨意。[5] 莱布尼茨认为,在追求宇宙万物的知识时,中国也许该扮演主要角色,因为他自忖在协调极端事物上他的理念与中国思想不谋而合,因此,若欲寻找天主教与基督教之间兼容并蓄的中间立场,必得大力仰赖中国人的信仰。也只有这种统合,才有可能使世界臻于和平且协调的新世纪。1692年当莱布尼茨听说康熙下令放宽中国对天主教的限制时,他的中国中心论似乎得到了证实:相对于康熙,路易十四 1685 年撤销"南特敕令"(Edict of Nantes)的做法,就显出了极大的差异;该法令保护了基督徒在法国的权利,几乎有一个世纪之久。

莱布尼茨为其 1699 年编辑的《中国近情》(Latest News from China)做了一篇序,这篇文章是莱布尼茨所有关于中国的作品中内容最为包罗万象的一份。在这本书里,莱布尼茨提出应对由中国祭拜仪式所造成冲突的最理想的和平解决办法,同时提议开辟一条自俄国通往中国的路线,以及派遣新教传教士到当地和天主教徒一起工作。在稍后一封致彼得大帝的信里,莱布尼茨清楚警告这位统治者,维持与中国的往来非常重要,开放两国信息交流更不可轻忽,唯有如此,才能防止中国对欧洲略知皮毛后便掩上大门。[6]

莱布尼茨在该书序言里指称,十七世纪末"最高度教化、最有品味的人",都集中在"两个大陆上",亦即欧洲与中国。"这距离遥远而高度文明的土地上的人,只要愿意彼此伸出双手",以便"泽被中间地带的人",那么"人间天堂"就有降临的一天。目前的情势是,中国和西方"几乎旗鼓相当,一会儿我们占上风,一会儿又轮到他们"。莱布尼茨认为,双方若达到完全平衡状态,也不尽理想,因为"从实用艺术及现实经验看来,我们与他们几乎等量齐观",因此,"各民族各自拥有独到知识,才得与他民族交流获利"。[7] 接着莱布尼茨尝试谈论他先前规避的平衡状态:

> 若论及知识的深奥及理论的训练,我们显然较为优越。我们除了认为逻辑学、形而上学、对无形事物的知识为我们的专长外,我们对抽象事物的了解也高人一等,数学就是个明显例子。此外,当中国的天文学与我们互作比较后也可以立见高下。由此可知,中国人似乎对心灵探索及论证学一无所知,只要学会连我们一般工匠都懂得的实证几何学,他们就心满意足了。他们在军事上也远逊于我们,这点并非他们不能,而是不为。因为他们痛恨任何会促成人类野蛮行为的事物,而且几乎等同于耶稣的宣示(这点并非如某些人说的是出于焦虑),他们反对战争。他们若在世上独存,必可为智者,不过明摆的事实是,即使好人也必须熟悉战术,以防止恶人占尽上风。因此,在这方面,我们确实较为优越。[8]

不过,莱布尼茨相信,中国人在他所谓"文明生活的规范"上却是遥遥领先。

……在实证哲学上,他们当然超越我们(说出来似乎令人汗颜),这方面包括日常生活的道德及政治规范。相对于其他民族,中国律法促成了大众的安宁和社会的和谐,以至众人所受的干扰可以降至最低:其律法之完美,简直无法形容。[9]

中国人对宗教的宽容,从1692年以来即获得明证。而此宽容正足以说明其纪律与道德,最好的例子就是中国当时的皇帝康熙,"他的美德几乎凌驾于所有君王"。莱布尼茨也为刚从中国捎来的一封信中的消息兴奋莫名。明显将继承康熙王位的皇子,也具备了父亲的开放及灵活,"并已经学了一些欧洲语言"。由以上情况推敲,目前西方只知将传教士成群送往中国的做法应该改变。如果西方一成不变,那么,莱布尼茨担心,"我们各方面的知识,很快都要不如中国了"。[10]

西方该做的事,是向中国开放门户,以吸收足以壮大西方社会的养分。其中包括中国人日常生活的"实用哲学",这么一来,西方社会才会免于陷入莱布尼茨眼中的"腐化深渊"。另外则是中国人天生的道德感,这点在儒家思想等价值观中表露无遗,莱布尼茨认为,那已形成"天然的宗教"。基督教似乎无法促使大众过道德化的生活,莱布尼茨认为,"我们才需要中国来的传教士"。[11]

这个美梦并未成真。十七世纪末及十八世纪初,零星抵达欧洲的中国人都是天主教徒,因此他们不可能如莱布尼茨所期望将他们社会的价值观带到欧洲。[12]在晚期有关中国的作品里,莱布尼茨不再持宏观论点,不过他却更深入地探讨他所谓的"民间祭孔仪式"。他提到这点,以支持耶稣会士有关祭拜仪式的论调。耶稣会士认为,儒家是道德层面而非宗教层面的信仰,因此与教会内的基本信条不相冲突。他承认,当闵明我表示"许多中国人在祭拜时充满迷信"时,这种观点也许是对的,但是莱布尼茨认为,这些仪式本身"没有错",而迷信也不是其中最主要的部分。利玛窦的观点则非常正确,只不过诠释时犯了些错误——这点倒很像早期教会的神父,尝试由基督教的角度诠释柏拉图。"就算我们误解了儒家思想,"莱布尼茨表示,"那也是值得原谅的,因为对于受到误解的人而言,威胁并不存在,对于以教授知识为职的人而言,冒犯也不存在。"[13]莱布尼茨甚至抱持一个观点,认为像利玛窦这种人,对早期某些中国经典的了解可能还胜过中国学者。因为,"事实证明,较之本国国民,外国人对这个国家的历史和典故,经常都有较深的洞悉力!"[14]

到了1708年之后,莱布尼茨对笔下的中国又产生了不同的看法。当时他最感兴趣的是西方也许能将其哲学技巧传授给中国,特别是协助他们诠释自己的经典:"我相信,无论是历史、评论或哲学,中国人都未充分发展。中国人至今尚未写出一本文学史,也没有一个中国人能将真实的作品、意义及内涵归功于给每一位作者。我同时担心,古代经典可能都受过篡改。"[15]他不再固执成见,认为中国学者应该前往欧洲向西方人诠释西方古典著作。

莱布尼茨1716年去世,那一年他完成了生平最后一本有关中国的著作,在书中他完整地漫谈了所谓"中国人的自然神学"。在比较过欧洲文明的年少与中国的年长后,他得出结论说:"较之他们,我们才在入门阶段,甚至尚未完全脱离野蛮时期。如果只因乍看之下,他们的古老规范不合我们平庸学者的脾胃而加以谴责,那我们也未免太愚蠢,太自以为是了。"[16] 他进而对中国人的道德观,提出了一些辩解:

> 我们称作人之理性,他们称作天意。我们服从公理,不敢稍加违背,并称其为自足,中国人则视其为(我们也一样)上天赋予的良心。违反天意就是违反理性,请求上天原谅就是自我改造,在言语及行为上回归原点,向理性表示臣服。对我而言,这一切都完美无缺,并与自然神学不谋而合。这一切都清晰明白,我相信,之所以有人会妄加批评,完全是因错误诠释及篡改所致。只要能够持续更新我们心中的自然律法——这么做还能增长性灵的灵明及可爱——就是真正的基督教。[17]

在赞美中国人的道德优越性之余,莱布尼茨提到了美中不足的一点。虽然中国人的纪律、服从以及类似孝道这种价值观都得到了高度发展,有些人可能觉得中国人的行为模式"有点奴性"。[18] 莱布尼茨驳斥持此观点的西方人"尚未习惯于以理性及规范行事"。但是他确实触及到要点了;此观点日后由笛福在探讨中国人的"缺乏自主性"时作了完整的讨论。在孟德斯鸠的文章里,这个莱布尼茨未加深究的议题,更以世界体系中心点的面目出现。

如果真如莱布尼茨所建议,中国学者在十八世纪初期远赴欧洲宣扬中国文化，实在很难想象欧洲文化会受到何种冲击。不过，1722年孟德斯鸠的例子却说明，冲击也许会很暧昧，也可能会用错地方。孟德斯鸠当时是个二十四岁的年轻人，正积极拓展自己的视野，同时在巴黎从事一些法律工作。他听说巴黎有位受过教育的中国人，名为黄嘉略（Hoange），于是透过中间人安排了一次会面。黄嘉略由法国天主教教士带到法国，希望他能皈依教会，但是他决定不从事神职，另外找了份编辑中国书目录的工作，并为法院编纂中法字典。由孟德斯鸠的笔记可以得知，他与黄嘉略的多次谈话——他只道出多次，未说几次——说明了，在面对心智活跃的法国贵族及其问题时中国人是怎么应付的。[19]

孟德斯鸠提出的第一个问题是中国宗教的本质。黄嘉略回答，中国宗教共可分三派：分别为儒教、道教、佛教。孔子不主张灵魂不灭，但是他认为，人体内有精气，一旦肉体死亡，这精气就会慢慢消逝。因此，社会精英在面对死刑时，都会选择绞刑，而非上断头台，以免精气一分为二。中国学者也祭祖，他们相信，祭祖时体内精气将和前人精气合而为一。他们持无神之论，认为死亡后的灵魂就是天堂。至于社会风俗的执行，妇女完全被排除在外，即使面对婆家的人也一样。在刑罚上则非常残忍，就算针对负责在皇帝面前进谏的大臣也不例外。在日常生活方面，由于相信风水，因此经常不知事情真相，以致误会时起，甚至发生争斗。基于前述种种，孟德斯鸠怀疑道："有可能完全了解中国人吗？"穿着打扮已不再由法令规定，而依个人意愿决定，家族内则财物共享，若有人犯罪，其他家族成员也会受到牵连，结果就形成了不可忽视的家族凝聚力及家族势力。[20]

孟德斯鸠和黄嘉略花了很多时间,讨论中国语言的本质。中文的文法简单,而且除了一些特殊音听起来像法国"马夫赶马声音"的"驱(qu)",其他问题都不大。最困难的应该是数量庞大的生字,总共超过八万个,不过只要大约一万八至二万个字,就足够应付日常之需,欧洲人大约费时三年就能阅读无碍。

孟德斯鸠认为,这种文字系统可能起源于很久以前的某种类似他自己时代"秘密政治团体"的神秘宗教社会,因为排斥较简单的象形文字,才采用较抽象的形式。黄嘉略解释说,在康熙大力推广语言革新后,大部分中文字的基本结构即由二至四个部首,最多约三十三个笔画组成。他并以一位字典编纂者力求精准的职业素养,为孟德斯鸠示范了一些字体组合的方法,并背诵了"主祷文"(The Lord's Prayer),又唱了一首歌,以示范声调之不同。黄嘉略和孟德斯鸠并讨论到写作以中国人世界为主题且充满趣味的小说的困难,因为"男女授受不亲……女子必须费尽心思,才能瞥一眼心上人,接下来还得再等个四五年,才有机会互相说说话"。[21]

在议论或演说时,中国人显得轻声细语、温和有礼,但是实际上,"地位高的人能够殴打地位低的人,后者不敢反抗"。接着,孟德斯鸠和黄嘉略从社会及法律议题自然地转到了中国的文官系统、武官考试以及这两者各自的阶层体系,最后并谈到国家的本质。黄嘉略解释说,政府制度并非一向如目前的状态。很久以前,在基督教纪元开始之前,由于国家经常处于分裂状态,曾经出现三王并立的局面,甚至还出现过共和政府。如今,第二度外族统治"虽然未将中国政府制度完全废除,却也修改得面目全非","国家最神圣的律法已受破坏",而中国人民"依然在暴政下呻吟"。皇帝的权力前所未有地膨胀,由于受到长城、荒凉边疆及沙漠等屏障的保护,国家安全得以无虞。不过,很显然早在外族入侵之前中国政府就已经积弱不振,因为从来没有一个庞大国家像1644年的中国那样迅速被征服。孟德斯鸠表示,他继续与黄嘉略就中国政府的本质深入探讨后,得到结论:"统治者的权威无可限量,他集天上、人间的权力于一身,因为皇帝是知识界的主宰。因此他治下臣民的生命财产完全操在他手上,任由暴君的喜怒哀乐决定一切。"[22]

他们在结束最后对话前,还谈到许多其他话题,包括严厉的司法制度、太监的去势、纳妾的方式、满洲军队的组织、中国科学发展的窘状、祭拜时荒谬的动作、中国人说话时引经据典的习惯、中国绵长而复杂的历史记载。黄嘉略最后透露,满洲人已经放宽原本对妇女的压抑。他表示,如果满汉得以通婚,放宽的速度必可加快,只是当时禁令仍在。[23] 黄嘉略前不久才娶了法国妻子,信奉天主教的孟德斯鸠,也即将迎娶基督教妻子,相较于中国大众,他们显然有较多选择的自由。

孟德斯鸠与黄嘉略聊天时,仍只是个青年,多年后他才完全消化了当时的谈话内容,并为他的巨作《论法的精神》(*The Spirit of the Laws*)列出了大纲;该书直到1748年才完成。此外,他也完成了《波斯人信札》(1721)和历史书《罗马兴亡史》(*The Roman Greatness and Decline*)(1734),并在英国四处旅游,结了婚,处理了地产,还读了大量有关人文政治及法律历史的书籍。孟德斯鸠的目标,是以实证方法明确订定法律原则,而非仰赖自然律及宇宙定理的一般法则。显然黄嘉略的见解,在这方面对他助益颇多。

在《论法的精神》中,孟德斯鸠将政府分为三大类:分别为君主制、专制及共和制。这三种制度的治理方式分别为荣誉、恐惧以及诉诸道德的小规模政府。君主制崇尚以荣誉为导向的治理方式,造成了严明的体制阶层;专制及恐怖政治塑造了独裁者及其无休无止的狂热;至于共和政府,由于其小规模及以道德为导向,造就了公民间的公平一致。孟德斯鸠补充说,有些社会达到了权力的平衡,比如英国的君主制,因其将立法、司法、行政三权分立。他分析了诸如气候、民族气质、家庭结构、商务、宗教及历史等因素对政府类型的影响。他并讨论了经常受到混淆的三股势力间的关系:一为风俗,那是社会内部的自我规范力量,任何外力不能干涉;二为礼仪,用以规范外在的行为;三为法律,用以规范特定的个人行止。[24]

在这本冗长的精心巨著中,孟德斯鸠针对中国发表了无数评论。虽然他的看法,植基于耶稣会士友善的论点上,但是他却从此渐行渐远,终于对中国提出严厉指控,以致最后较接近笛福小说中的批判——他应该读过《鲁宾逊漂流记》——以及安生的报告,他肯定读过这本书。他这方面的观点,大都出现在第八卷的最后一章(第二十一章)中,"论三种政府原则之沦丧"(On the Corruption of Principles of the Three Governments),小标题为"论中华帝国"(On the Chinese Empire)。孟德斯鸠在文中首先指出,若由他的理论判断,中国似乎正好是个矛盾的例子:"我们的传教士谈起幅员广大的中华帝国,视其为可敬的国家,结合了恐惧、荣誉、道德于一身。

因此我若分别谈论这三种类型的政府,似乎多此一举了。"他驳斥传教士的观点,认为实际上中国社会缺乏荣誉感,而这种荣誉感在其他君主制的社会里是不可或缺的:"对于一个习惯于接受奴役的民族,怎么能够谈论荣誉感?"此外,共和政府特有的道德感,中国也付之阙如,因为"由我们商人的口中,完全听不到我们传教士所谓的道德,反倒是中国人的盗匪行径时有所闻。关于这点,我同时参考了伟大的安生勋爵的评论"。他并且觉得,传教士信中所谈为了立皇储而发生的宫廷喋血事件更印证了他的看法。他认为,"传教士受到表面安定的假象欺骗",并未见到事情的真相。[25]

孟德斯鸠也承认,中国有其独特性,因此才造就了今天的政府形式。基于此,他做了与前文略带矛盾的评论:"独特条件造成了今天的中国,因此,这个政府才没有预期中的腐化。在这个国家里,气候这个属于自然界的因素,影响了社会的道德,并培育了许多人才。"中国气候温和,产生了大量人口,因为"当地妇女生育率奇高,世上绝无仅有;再严厉的暴君也不能阻止人口的繁衍"。但是人口太多导致饥荒频仍,而饥荒又滋养了盗匪。虽然多数时候,盗匪都被铲平了,偶尔他们也会逃过一劫,形成组织,日渐壮大,甚至打进京师推翻朝廷,结果就形成一种奇怪的宿命论。因为中国皇帝"不像我们的君王,后者明白,如果治国不彰,下辈子就会比较不快乐,这辈子也会失去一些权力,少掉一些财富。反观中国皇帝,他心知肚明,只要政府无能,他就会皇朝不保,脑袋搬家"。[26]

皇帝要保住处皇位,人民要为生存奋斗,彼此形成了共生的关系。此一体系的轮廓如下:

尽管不时有弃婴出现,中国人口增加还是太快,以致他们必须无止境地耕作,以喂饱自己:这点正合政府心意。只要每个人每一刻不停地忙着,就不会有时间感叹自己的不幸,也就符合了政府的利益。这不是公民政府,充其量只能称为家族政府。

正因如此,才产生了备受议论的政治制度。有些人希望法治和专制政治同时存在,但是只要有了专制,任何制度都不再能发挥功效。即使已经危机四伏,专制社会也无法控制自己,它只能以更多规范武装自己,使自己变得更恐怖。

因此,中国是行使恐怖统治的极权国家。也许当中国刚开始以王朝的形态出现时,帝国幅员有限,政府的极权意识还不太强烈。但是今日局面,绝非如此。[27]

孟德斯鸠并分析,在中国地理与环境为一体之两面,并使中国不能像欧洲一样健康地发展。在亚洲,强国与弱国比邻而立,"骁勇善战的民族就在柔弱、慵懒的民族旁边;注定了一方成为征服者,另一方为被征服者"。反观欧洲,邻国之间有着相似的斗志。这便促成了两股趋势:"欧洲为自由,亚洲为奴役。"孟德斯鸠自豪地表示:"从来没有人做过如是观察。因此自由的尺度一直无法在亚洲扩大,而欧洲的尺度则视环境不同有所增减。"[28]

对于莱布尼茨花了许多时间想要了解的祭拜仪式,孟德斯鸠表示,中国人混淆了四个重要观念,亦即宗教、法律、风俗及礼仪,否则这四股力量应该可以结合起来,形成社会的道德结构。将四种观念混杂在一起,并通称为仪式,从某种层面来讲,堪称"国家的胜利：年轻人全副精力学习它们，再以一生时间身体力行。夫子们殷殷教授，父母官则据以说教"。由于中文诗书的困难，中国青年学子必须完全埋首其中，相较之下，依据仪式而产生的价值观，就让道德学习显得轻而易举了。它们也让中国社会出现一种虚假的绵延性，因为即使征服了中国的土地及军队，也无法征服仪式中的四种要素。"不是征服者必须改变，就是被征服者必须改变，但是在中国，征服者永远是改变的一方。因为征服者的习惯不是他们的风俗，他们的风俗不是他们的法律，他们的法律不是他们的宗教，因此征服者自己慢慢融入被征服者的社会，自然较改变被征服者来得容易。"同样，基督教传教士在尝试说服中国人皈信时，也遭遇了和军事征服者一样的困境。[29]

与孟德斯鸠同一时代，但是年轻几岁的伏尔泰，对中国的价值观就没有前者那么好批判。在他写于1758—1759年间的幽默机智的小说《老实人》（Candide）中，伏尔泰曾嘲笑莱布尼茨的过度乐观，认为在中国这块桃花源里，一切美梦都可成真。其实当他自小随耶稣会教师读书开始，伏尔泰就已浸淫在中国的道德篇章以及有关中国文明之天生良善的种种礼赞中。后来借着本身的聪明才智，伏尔泰才将这些礼赞从教士添加的宗教背景中隔离出来，并指出，非基督教的中国能有这种道德观正说明了道德本身的相对性，他还强烈反对基督教道德输出的论调。从1740年代起，伏尔泰即循两条相近途径探索中国的思想，此两者——一为戏剧，一为历史——目的均为批评当时有关中国的著作。

在戏剧方面,他主要研究一部新近翻译的中国戏剧《赵氏孤儿》。

这是一部以元朝为背景，谈论因为忠诚问题与外族入侵所导致的道德与家庭悲剧（戈德史密斯也评论了稍后的英文修订本）。伏尔泰表示，他从本剧中认识到中国。在他1755年以此剧为蓝本完成的舞台剧《中国孤儿》（Orphelin de la Chine）里，伏尔泰回到十三世纪的背景，但是完全更新原剧中的角色，以证明中国人的道德观相比而言优于蒙古君王成吉思汗。伏尔泰同时浓缩剧情，以强调蒙古人介于暴力与忏悔之间的冲突——此亦整出戏的高潮之一，成吉思汗身边大将奥克塔（Octar）以平缓口气，请求可汗彻底报复中原人，因为他们藐视蒙古人：

> 你瞧得起他们的衰弱吗？
> 他们只知吹嘘，这些贪图富贵又心术不正者的
> 瘦小后代，自吹自擂能够
> 免除他们的奴役与死亡吗？强壮勇敢者
> 是生来统治的，怯懦的就得服从。[30]

但是，由于受到中国女主角伊达（Idame）吸引，加上钦佩她的勇气及其夫表现出来的忠贞，成吉思汗改变了想法，决定不再以粗暴残忍的方式压制他们，最终并理解到中国儒家道德的优越性。

> 你以正义待我，现在
> 该由我回报：我崇拜你二人，
> 你们征服了我，我无颜坐在

> 中国（Cathay）的宝座上，你们高贵的灵魂
> 远胜于我；我尝试以丰功伟绩
> 扬名世界，结果却是一场空：
> 你们使我自觉渺小，
> 我但愿跟你们一样！我不知道
> 凡人也可以做自己的主人；
> 从你们身上我学到最宝贵的一课：
> 我已非昔日之我；你们带来
> 这奇妙的改变……
> 你们可以信赖成吉思汗；曾经
> 我是征服者，如今我是君王。[31]

在为该剧写的评论中，伏尔泰明白表示，他认为他的版本远远优于中文原版。可是中国人并不在乎，他们不仅拒绝效法西方人，他们可能"根本不知道我们有没有历史"。[32] 中国人对西方历史的淡漠，较之伏尔泰对中国历史的淡漠，还是小巫见大巫的。就在1750年代中期左右，他正为一部论世界历史的巨著做收尾工作。他从1740年开始写这本《各国风俗与精神史》（即《风俗论》）(*History of the Manners and Spirit of Nations*)，并于1756年完成最后修订。在序言中，他表示，西方人有责任"学习从欧洲商人开辟出通商路线后即已频繁往来的国家之精华"。[33] 伏尔泰绝非说说而已，他开始着手一本有关中国的著作，而这本书也为西方历史编纂开启了新的一页。

尽管他给中国的定位相当崇高,他的赞美却是含蓄而合理的。伏尔泰在书中表示,中国有着绵长而稳定的发展,更享有高度的繁荣;满洲人于1644年征服中原之后(类似《赵氏孤儿》中的成吉思汗),已经"奉上手中的剑,向被他们征服国家的律法臣服了"。[34] 但是中国人却没有将他们历史上的任何伟大发明发扬光大:

> 说来奇怪,这么好发明的民族,却无法超越几何学基本原理;在音乐方面,他们连半音都不知道:而他们的天文学,就如同他们其他的科学,既过时又问题百出。他们与欧洲人大不相同,上天似乎赋予这一民族发明的能力,然而他们却只求自己快乐,并不思让发明进一步发展:反观我们自己,新的发明虽然有限,却都尽快让每件发明臻于完美。[35]

为了挖掘造成这种停滞不前的根源,伏尔泰将分析重点放在两方面,一为历史包袱阻碍了文化的发展,一为中文的本质。这两方面阻挠中国成为进步势力的一员,而这种势力,就现在看来,正是促使西方社会不断向前的原因:

> 中国人长期来,虽然不断大量经营艺术与科学,值得探究的是,他们的进步却很有限。我们会发现,有两个因素阻碍了他们的进步。其一就是对历史文物的崇拜,以致所有古老的东西都是好的。其二就是他们语言的本质,那是通往所有知识的第一个要件。利用写作来沟通思想的艺术,本应简单明了,但

是对他们而言却艰涩困难。每一个字都有独特的符号,认识符号多寡因此决定了一个人博学与否。[36]

在接下来几页里,伏尔泰借用了安生准将(此时已为上将)的观点谈论中国的商务,并借用闵明我的观点讨论中国人对灵魂的概念。他尽量小心引用二人言论,并厘清他的比较性观点。伏尔泰甚至质疑安生看法的持平性,因为"他以偏远地区人民的品格,作为判断一个强国政府的依据"。[37] 至于"著名的红衣主教闵明我"——闵明我从中国回国后也获得升迁——伏尔泰对其神学立场,有着优雅又尖锐的反驳:

> 仅因形而上学的差异,我们便诬蔑中国人。其实,他们有两个优点很值得我们学习:既谴责异教徒的迷信,也责难基督徒的操守。他们知识分子的宗教,从未因谎言而蒙羞,更未因争斗或内战而染血。当我们责难这庞大帝国的政府采纳无神论时,同时却矛盾地指责他们崇拜偶像;真是欲加之罪,何患无辞。我们对中国人祭拜仪式的误解,源于我们以自己的习俗横加在他们身上。我们的偏见和好辩,早就到了无以复加的地步。[38]

十八世纪末期,当鼓吹将中国纳入体系之中的言论日益强大时,孟德斯鸠与伏尔泰各以不同方式对这些言论提出的修正,已开始褪色,最后终于不了了之。此时的言论不仅认为中国停滞不前,或是缺乏进步,更进一步断定其已经油尽灯枯,甚至僵化如石。套句孟德斯鸠独特的话："奴役始于困倦。"德国学者兼历史学家约翰·戈特弗莱·赫尔德（Johann Gottfried von Herder）形容中国，就像"榛睡鼠冬眠时的循环系统"。[39] 这句话出现在赫尔德毕生最重要的著作《人类历史哲学大纲》（*The Outline of a Philosophy of the History of Man*）里，该书出版于1784年，谈论他冥思所得，关于人类的本质及他个人的历史经验。对赫尔德而言，中国就像"一具木乃伊，以丝布包着，外表画着象形字"，由"一成不变的幼稚政府管辖"。[40] 中国人已无药可救，他们"注定生生世世要赖在同一块土地上"。即使有心，他们"也成不了希腊人或罗马人。中国人永远都是中国人：生来就是小眼睛、短鼻子、扁额头、少胡子、大耳朵、突肚子"。统治这个空洞社会的皇帝，"已经被轭给困住"，只知模仿和短视，注定要"做个行尸走肉"。[41]

赫尔德接着批评中国人的语言以及他们的贪婪、狡诈，所有前人压抑的不满似乎都借着他的文字发泄出来了。然而他所指陈的每一件事，似乎都追溯出根源，令人无法否认他的博学与勤勉：

> 大处马虎，小处讲究，正是这种语言的最佳写照，由一些粗糙的象形字发展而来的数量多达八万的生字，加上总共六种以上的字体，使得中文完全不同于世界上其他任何一种语言。那些怪兽和龙的图形，那些毫无规范可循的工笔人物画，那些毫无章法的园艺及由此而来的视觉快感，他们大处空疏、小处过于雕琢的建筑物，他们华而不实的衣服、饰品及娱乐，他们的元宵节及烟火，他们的长指甲及小脚，他们野蛮训练仆人的

方式,那些弯腰鞠躬、仪式、功勋及礼节,非蒙古人成不了事。对大自然缺乏品味,对于内在的平静、美与价值所知有限,任何人只要具备前述特点,即使性情散漫,也可以在仕途上平步青云,并成为模仿的对象。中国人非常喜欢滚金边的纸、漆器,也喜欢复杂的书法一笔一画工整的线条,以及押韵的句子,他们僵化的心思正像这些漆器、压金边的纸,也像这些中文字,及抑扬顿挫的音调。[42]

赫尔德表示,他的文字绝无"仇恨或轻视之意"。他提到的每一件事,早已由中国的"强力支持者"谈过。他自认分析中立,只想表达"事情的本质"。虽然许多人仍然崇拜孔夫子,赫尔德也指出"孔子是我眼中的伟人"。但孔夫子的麻烦是,他早已被"脚镣"铐住,以致"虽然用意良善,却将这个迷信的民族牢牢钉死了",使中国以"僵化的道德,约束了心灵的成长"。结果,再也无法产生第二个"孔夫子",以敦促他们进步。"古老中国就像个废墟,站在世界的边陲。"[43] 这类指责似乎已经司空见惯。只消把中国轻轻一推,它就会滚落无底深渊。

注释

1. Pinto 著,Catz 编,*Travels*,164、166 页;Defoe,*Crusoe*,卷二;264 页。
2. 一份有关这些发展相当出色的调查报告为 Knud Lundbaek 所著 *T. S. Bayer (1694-1738) : Pioneer Sinologist* (London and Malmo, 1986)。
3. Gottfried Wilhelm Leibniz 著,Daniel J. Cook 和 Henry Rosemont, Jr. 编辑、翻译,*Writings on China* (Chicago and La Salle, 1994),133—138 页。
4. 有关关键部分,见 Leibniz, 56 页;有关数字部分,见 David Mungello, *Curious Land: Jesuit Accommodation and the Origins of Sinology* (Stuttgart, 1985)。有关科学与中国部分,特别要参考 Catherine Jami 和 Hubert Delahaye 著,*L'Europe en Chine: Interactions scientifiques, religieuses et culturelles aux XVIIE et XVIIIe siècles* (Paris, 1994)。
5. Leidniz, 88 页。
6. 同上,10 页,见编辑评语;亦见 David Mungello, *Leibniz and Confucianism: The Search for Accord* (Honolulu, 1977)。
7. 同上,45—46 页。
8. 同上,46 页;Donald Lach 编,*The Preface to Leibniz' Novissima Sinica* (Honolulu, 1957)。
9. 同上,46—47 页。
10. 同上,48、51、57 页。康熙的皇子中,也许的确有人从受聘于皇室、精通数国语言的耶稣会士那里学了一些欧洲语言。
11. 同上,51 页。
12. Heyndrickx 编,*Philippe Couplet, S.J. (1623-1693)*;Jonathan Spence, *The Question of Hu* (New York, 1988);以及 *Chinese Roundabout* 中的 "The Paris Years of Arcadio Huang" (New York, 1992)。
13. Leidniz, 63 页。
14. 同上,64 页。
15. 同上,71 页。
16. 同上,78 页。
17. 同上,105 页。
18. 同上,47 页。
19. Montesquieu (Charles de Decondat 男爵),"Geographica",收入 André Masson 编,*Montesquieu, oeuvres completes* (Paris, 1955),卷二;927 页;Danielle Elisseeff, *Moi Arcade, Interprete Chinois du roi-soleil* (Paris, 1985);以及 *Nicholas Freret (1688-1749) : Reflexions d'un humaniste du XVIIIe siècle sur la Chine* (Paris, 1978);Spence, "Paris Years"。"Geographica" 的笔记是于二战后,英国学者 Tobert Shackelton 在

Montesquieu 早年的别墅中发现的。
20 Montesquieu, "Geographica", 927—930 页。
21 同上, 930—933 页。
22 同上, 934—937 页。
23 同上, 940—941 页。
24 Montesquieu, *The Spirit of the Laws*, 由 Anne M. Cohler、Basia Carolyn Miller 及 Harold Samuel Stone 编译（Cambridge, 1994）, 特别是 314、317 页。
25 同上, 126—127 页。
26 同上, 127—128 页。
27 同上, 128 页。
28 同上, 280 页。
29 同上, 318—319 页。
30 François Arouet Voltaire 著, John Morley 编, *Collected Works*, 共四十二卷（Paris and London, 1901）; "Ancient and Mondern History", 卷二十四; "Orphan of China", 引用卷十五：217 页。
31 同上, 卷十五：236 页。
32 同上, 卷十五：179 页。
33 同上, 卷二十四：11 页。
34 同上, 卷二十四：25 页。
35 同上, 卷二十四：28—29 页。
36 同上, 卷二十四：29 页。
37 同上, 卷二十四：30 页。
38 同上, 卷二十四：33—34 页。
39 Montesquieu, *The Spirit of the Laws*, 243 页; Johann Gottfried Herder, *Outlines of a Philosophy of the History of Man*（London, 1800）, 296 页。
40 Herder, 296 页。
41 同上, 293、295 页。
42 同上, 293 页。
43 同上, 297—298 页。

第六章
女性观点
Women Observers

对许多西方人而言，马戛尔尼爵士的经验，为混杂着压力、利润、傲慢、谄媚的奇怪中国提出了较为明确的阐释。在1814年的小说《曼斯菲尔德庄园》(*Mansfield Park*)里，简·奥斯汀（Jane Austen）指出，马戛尔尼的中国经验亦可应用在更广的人生舞台上：它显示了权力与人格的交战，而马戛尔尼拒绝向乾隆磕头，也象征了人物角色的真实力量。在小说中的关键时刻，奥斯汀的女主角芬尼·普莱思在东厢的书桌上摆了一本马戛尔尼的游记。当心绪烦乱的爱德蒙匆匆翻阅了这本书后，他与芬尼分享他的想法："我知道你也即将前往中国一游。马戛尔尼爵士接着是怎么做的？"芬尼已读过这本书，因此知道马戛尔尼的决定。她也能够拒绝吗？"她拒绝了如此强烈盼望、殷切期待的一件事是对的吗？对这些热情待她的人而言，这个他们筹谋已久的计划，重点在哪里？这是不是她的自私和恐惧在作祟？"[1]

简·奥斯汀对中国的了解并不完全来自书本。1809年,她的亲兄弟法兰克曾跟随海军到中国待了半年,并和马戛尔尼一样经历了种种胁迫及推托。法兰克·奥斯汀的怒火升腾到极点,最后愤而步出广东总督府,犹如安生,他撂下话告诉中国人,他们应该知道在哪里找得到他。[2] 1810年回国之后,他的故事想必成了家人间极好的谈笑资料。

十九世纪初期,西方女性对中国以及中国妇女生活的兴趣逐渐变得浓厚;马戛尔尼仍然是带动这股风潮的人物。在他描述出使中国的书中,有一段附加文字提到,中国社交圈中完全不见妇女踪影,他并谈到社交生活因此受到的影响。"缺少了妇女,"他说,"就表示所有的精致品味及情感、柔和装扮、优雅对话、热情嬉闹、爱情及友情的互动,都一并消失了。取而代之的则是呼朋唤友、大声谈笑、明喻暗讽,少了我们有时候在自己的社交场合里得以见到的诚恳及交心。"他指出,由于缺乏女性,中国男人的谈吐行为"非常虚伪"。正由于这种道德上的空泛,中国男人养成了两种恶习:好赌和嗜抽鸦片。[3]

虽然马戛尔尼的评论表面上是针对中国人,其实他也在谈论居住在中国的西方人。这一小群以英国人为主的西方人,正逐渐在中国东南岸的广州城墙外开展自己的生活。他们未获准居住在中国其他地区,不得进入广州城,不可以携带女眷,每一次贸易季结束,就得回到澳门或其他更远的地点。种种约束,使这个纯男性的社区发展出独特的行为模式,以维持清明的心智。在他们贪得无厌的外表下,是虔诚的宗教信仰,因此当他们涌入外国人社区的小教堂时,一边做礼拜,一边还会盘算着如何增加鸦片销量;那是迅速致富的最稳当手段。

奥利佛·戈德史密斯1760年的《世界公民》一书中,曾提到一位英国贵妇人,为了使中国客人宾至如归,特别询问他是否自备了鸦片及烟草盒,似乎这两件东西正足以度量出朋友间的熟稔度。[4]事实上,在十六世纪末,中国从拉丁美洲引进烟草后,抽烟就成了中国人的嗜好。1720年时,约翰·贝尔发现北京到处是烟草店,而在戈德史密斯甚至马戛尔尼的时代,鸦片仍相当稀少,相当昂贵。到了1840年代,中国沿海地区的生活节奏有了重大改变。在1839至1842年的战争结束时,英国已强迫中国放弃旧有的闭关自守政策,允许包括女性在内的西方人在五个特定口岸居住、通商、传教,也可以在口岸附近的乡下地区来去自如。此外,英国人也占据了当时几乎还是荒岛的香港,建立了海军及商务基地。

在英国国会终止了东印度公司的贸易垄断后,以印度为主要产地的鸦片立刻大量倾销到中国。此时,中国人皈信基督教的人数也快速增加,这点主要得归功于来自美国及英国新一代新教传教士的努力。结果,西方人、中国基督徒、中国雇员和清廷之间,也开始不断出现了新的法律冲突,而在中国内部更出现了全新的社会问题。1850年代,一位中国基督徒在东南沿海成立"太平天国",并在接下来十年间不断以宗教名义进行政治反动,还在南京设立了天京,差点就推翻了清朝。[5]

由于环境丕变,中国历史上首度出现契机,使大量已婚未婚的西方妇女得以居住在中国。正如前文所言,早在十四世纪中期,就有一小群以意大利人为主的西方人居住在扬州,并从事贸易,其中一名年轻妇女,名叫凯特琳娜·攸里欧尼(Katerina Yllioni)。但是随着1368年元朝灭亡,即便之前这样一小群西方人在中国寻常得见,至此也都销声匿迹了。在清朝统治下,头二百年仍然不见此一情况获得改变,当时中国仅见的西方妇女,不是具冒险精神的旅行家,就是商人的妻子,她们通常装扮成男性,以避清廷耳目,再择机溜进广州城外西方人的居住区。1830年代早期,已开始有西方妇女以中文及马来文撰成以道德及基督教义为主题的书刊,由伊丽莎白·梅赫斯特及苏菲亚·梅赫斯特姊妹(Elisabeth Medhurst & Sophia Medhurst)书写的刊物,即为一例。[6]但是第一位长期在中国居住,并详细记录观感的西方妇女,则是美国人埃尔萨·简·吉莉(Eliza Jane Gillett)。她于1845年春天抵达香港,当年稍晚,嫁给了资深传教士兼美国政府传译裨治文(Elijah Bridgman)。接下来二十年,她大都随夫待在中国,不是在广东,就是在上海。她的第一本书《中国女儿》(Daughters of China),于1853年在美国出版。[7]

埃尔萨·简的资料来源,是所有前辈男性旅行家、中国分析家所无缘接触的,即占中国人口半数的妇女。刚开始,她觉得妇女和男性一样,只谈一些"空洞内容"。但是随着语言能力增强,她开始突破她们的藩篱,她们的态度也变得"信赖又热情",谈话时更表现得"活泼、轻快"。她概括的早期印象如下:

……当中国妇女发现自己居然和一位同性的外国女人有共鸣时,她的眼睛会发亮,整个人也轻快起来。但那不同于知识分子散发的智慧光芒,因为,哎呀!她是不配读书识字所需花费的那些时间、金钱和精神的。然而中国妇女自有其灵性;她们心底有一股活泉,在必要的时候就会汩汩流出母爱和姊妹之情。[8]

她并坦白指出,她们也有阴暗的一面,但是那得归咎于她们的信仰,而非本性:

> ……罪恶之泉也同时存在,究其原因则既深又广。她们的暴躁脾气经常在家中一发不可收拾,而且由于崇拜偶像,使她迷信祭坛上的诸神,以保佑下一代。[9]

类似的段落,虽然掺杂了主观成分,较之从前的任何报告,却更细微地呈现了中国妇女的风貌。特别值得一提的是,埃尔萨·简没有遵循前人传统——只在服装、头发、双足等外貌上打转。她也没有落入窠臼——将中国妇女塑造成十八世纪小说中两种常见的人物。其中一种以伏尔泰小说中的伊达最具代表性,不仅贞洁,而且勇气十足,连成吉思汗的心都可以融化;伊达虽然其代表性,伏尔泰却不是这种角色的原创者。另一种典型的中国妇女,则被塑造成拥有一身傲骨,并且不信任所有的男人,其中又以威尼斯剧作家卡罗·戈齐(Carlo Gozzi)的《中国公主图兰朵》(*Turandot, Princess of China*)最受欢迎;这个剧本与戈德史密斯的《世界公民》同年发表。诚如图兰朵向一名追求者说的,她并非"邪恶、残忍",只是"不愿受到拘束,不想卑躬屈膝"。对她而言,"所有男人都是骗子,只知始乱终弃,喜新厌旧。他们假装爱慕,好打动我们,一旦拥有我们,就弃我们而去"。因此,她以"孔子"之名发誓,永保自由之身。[10]

但是透过埃尔萨·简,这些小说中的人物却落实到现实世界里来了。她尽力引导与她交谈的中国妇女畅所欲言。在她的话题中,必包括自己的年龄及子女状况,此外就是服装及发饰,接下来则是她的"天足"。以上每一个话题,自然而然都可以引出中国妇女对类似问题的看法。她还会谈到一连串有关家庭与宗教的问题,有时候甚至提到杀婴、女弃婴等晦暗问题。[11]

想要从这些对话中获得满意答复,语言自然是重要工具。埃尔萨·简继西方男性前辈的耕耘之后,针对那些曾被视为"难以克服"的难题提出了自己的看法。她将语言学习分成三种类型:第一种为口语,学习者透过不断的演练及实际对谈,学习这些语言,只要有人愿意回应,就要把握机会,"增进中文的生字及片语";第二种为"通俗用语",只要在外活动,这方面的基本能力就"不可或缺",而且只要"融入当地人的生活,听他们谈话,学小孩子讲话",即可达成目标;接下来第三种就是书写语言,这个问题又可以自两个角度来分析。从传教士的角度看来,他们的主要目的是"引进圣经的教诲",因此对于庞大的中文字汇,他们仅须认识一半,甚至四分之一,即已绰绰有余。为了达成这个目标,"每天得花几个小时研读中文字汇",只要时间不是太长,"应该是相当有趣,还可提供多种消遣"。她发现,好几位杰出的传教士"中文字汇非常有限"。[12] 有些人深为语言所苦,那是因为他们妄想在短时间内达到很高的学识水准之故;

有几个人健康大受影响，身体甚至完全垮掉了。在到达东方的头一两年，他们闭门苦学中文，但是如果连受挫折，他们往往就会像着了魔一样，镇日只知枯坐读书。许多人因为心灰意懒，开始生病，或者只好整装回国。[13]

埃尔萨·简的直言，道破了西方人学习高阶语言时战战兢兢的心态。当时，"对外国势力的憎恨与敌意"这股暗流正在中国内部漫开。在1846年燠热7月底的一天，她在广州城外租了一艘船去郊外，这段经历使她有机会以生动文字将一股在中国暗涌的伏流记录下来。

刚开始，中国人态度自然亲切，使这一小群游客完全放松戒备。他们虽然知道，近来附近曾发生过西方商人和当地中国居民的武装冲突，并造成数人死亡，他们仍然逮到机会就上岸，"散发传单和圣经"。[14]其他时间他们就靠在船舱躺椅上，透过摇来晃去的软百叶窗看着外头漂过的乡村景色。就这样走了大约四里，他们转入一条小河，并找到一个很容易停泊的地方。

我们上了一个小山丘，走近一座农舍；小屋虽然残破，屋里穷困的女人却十分好客。她准备了简便午餐，搬出最好的破板条凳，央求我们在桌边坐下喝点茶。她的态度迷人，因为她的客气似乎真正发自内心，我们正在品茶时，一群人聚拢过来围观我们。我的服装特别引他们注目，我将帽子取下，好让他们看清我的发型；他们看来可敬，我很愿意满足他们的好奇。[15]

接下来她的文章内容大致平淡,只提到在传教士印刷厂工作的年轻人志平,虽然对基督教有兴趣,却尚未皈信。他曾在埃尔萨刚开始学中文的时候帮助过她,当时也应传教士要求,陪伴他们及家眷进行这趟旅程。

我们上船继续航行,仍然沿着小溪走。过了一座桥,来到一个村庄,夕阳逐渐下山,灌木丛在水上拉出长长的影子,似乎告诉我们,夜晚要降临了。那是个暖和的夏日,我脱下帽子,走到甲板上,享受凉风。我上去没一会,志平就告诉我:"你最好进来,岸上那些人是坏人。"

我听到由一群男孩和其他一些人发出的吵闹声,立刻又听到小石子打在船身上的声音。志平警戒起来,关上了百叶窗;丢过来的小石子力量更大了。岸上的群众情绪亢奋,简直像暴民一样;泥巴块、较大的石块陆续飞来;我们将所有派得上用场的东西都拿出来支撑窗户……

两名船夫不幸受了伤,我拿出手帕,沾了些冷水为他们止血;石子像暴风雨般不断袭来;我们的百叶窗开始破损,我们也相信自己随时都可能被不断袭来的石头击倒。

一个面目狰狞的人跳入水里,抢走了船桨。两三个船夫吓得弃船而逃。

我们正逆流而行,要离开小溪,还得先穿过一座桥。有一个大约十七岁的年轻人,坚毅地守在船首他的位置上。暴民齐集桥上,当船自桥下通过时,他们推下一块大石头,试图将船弄沉，或是砸死任何砸得到的人。石头打到一根船梁，船梁因此裂开，但是没有人受伤。我们破船上的年轻英雄挪过大石，坐于其上，继续全力摇桨⋯⋯

我们抵达下船处时，几乎已经天黑。狼狈惊恐中，一个小时飞也般地过去了。我的衣服上沾满受伤船夫的鲜血，其他人则满身泥污，但是我们一根头发都未受到损害。

我们将那块欲置我们于死地的石头带回家，称一称，竟有将近一百磅重。[16]

西方人笔下的中国从未以此面貌出现过。其中最新鲜的，当属对恐惧的直言不讳，以及自承披散秀发的不当了。在农妇的小屋里，埃尔萨曾受当时的友善气氛误导，炫耀自己的头发。无论是流泻的长发、混乱中鲜血与污泥齐飞，还是刺骨河水、坚硬石头、高声呐喊、致命撞击，全都是《新约圣经》中形象的具体重现，也是埃尔萨·简笔下中国景致中不可或缺的部分。

对简·艾德金斯（Jane Edkins）来说，较之马戛尔尼爵士在叙事诗中所用的词"美丽新世界"，中国景观之优美，只有过之而无不及。简·艾德金斯随丈夫约瑟夫（Joseph Edkins，中文名艾约瑟），于1859年自祖国苏格兰抵达上海，年仅二十岁。怀着初抵中国的喜悦，她于九月捎信给其母道，中国人穿着浅色、轻快的服装，活力充沛，"比我想象中更干净，更讨喜"，无疑地，她觉得他们"更增景观之宜人"。[17] 到了十月中，她下笔更加自如了，在一封给父亲的信中，她谈到不久前到附近吴淞江游河的经过，十八世纪流行的中国风,在她文中表露无遗。

> 两岸杨柳轻垂,弯弯的柳条掉进了清澈的溪流里。河岸上广大田野间,舞动着金色玉米,浓密的树林里,不时会探出一间整洁的农舍。我们现在正向一座美丽的拱桥靠近,桥上绿油油爬满了开花的藤葛。此时的阳光将整个景色映得暖烘烘的,我们迫不及待等着船转弯,以便更清楚看到完整的风景。在一个迷人的山丘上,立着一座饱受风霜的宝塔,檐角上有青铜、黄铜镶嵌,在明丽朝阳照射下,闪闪发亮。再走下去是一个热闹的村庄,有着许多居民。顷刻间我们到了拱桥边,并顺流驶进小镇。许多人跑来看我们,有些人以为自己看到了"野蛮人",扒饭的筷子僵在半空中,忘了动作。我们很快通过村庄。我希望能将眼前景色生动地描述下来:我要将装着呱呱叫鸭子的篮子摆在你面前,并在桌上放置诱人的水果,成捆的红棉花,四周则是各色各样的男人、女人、小孩,有些漂亮,有些平凡,全都叽叽咕咕说个不停。他们穿梭过小巷,跨过又旧又小的桥梁,群集着,观看我们。我留意到好几个面容俊俏的妇女,但是整体而言,中国男人长得较女人有趣。[18]

"看了愈多中国,我愈喜欢它,"她写道,"我的心已完全属于中国人……我想在每一页的结尾加上'中国太美了',我真爱这块'锦绣大地'。"[19] 简·艾德金斯好梦正酣,但是刚来中国的那个月,她就认定好奇的群众会侵犯西方人并造成不便,现在,群众已经开始对船上的人虎视眈眈了：

> 人群逐渐聚集在我们四周，盯着我们看，艾德金斯先生认为，约翰太太和我最好待在船舱里。我不情不愿地下去了，但是很快就感谢他的美意。河边上站着一大堆人，紧盯着我们，我们只得停下船。五十成百的人一摞一摞，喋喋不休地说着话，但是还算平和。我们停在那里直到噪音消失，四周人群吸气呼气产生的热量令人窒息，我们重新启动前行，走了三里，才找到一处安静泊船处。[20]

西方人需要面对的不仅仅是冷面孔，还有嘈杂的笑声，甚至穿着旧棉衣"喊叫着朝他们走来"的妇孺。[21] 简·艾德金斯虽未经历埃尔萨·布里奇曼的恐怖经验，一度她也差点不能全身而退。

> 我们上了岸，一声呼喊，当地所有年轻人全部聚拢过来，争睹"野蛮人"。人群跟在我们后面，愈聚愈多，喊叫声显得相当刺耳……我们四周围出了一个圆形，可以看见一层一层的人头，其中婴儿高高在上，活像进了人类学博物馆。我不知道他们是如何叠上去的，想必少不了椅子。人群如此聚集的场面，我以前很少见过，即使在中国，也不例外。我们发现，继续待下去，人群还会增加，波顿先生于是带我上船，因为我是注目的焦点，艾德金斯先生则留下来。上船之后，我打了把伞遮住脸，镇定地坐着，但是他们在河岸上跪了下来，往我的帽子、阳伞

下窥探。我转身面对另一边,却见到野草、树丛间,几十张脸孔一隐一现。[22]

较之多数男性观察者,简·艾德金斯更能坦白地质疑自己是否有较中国人优越的道德感。她曾意外得知,许多美国传教士"支持美国的奴隶制度。我知道一位女士,本身就有蓄奴。真令人沮丧;我觉得太可怕了"。[23]在参加过无数祷告会、布道会之后,她心中浮现了一个想法:"我认为宗教不必时时挂在嘴上,我这种想法对吗?"她学习中文的时数日益增多,尽管学来困难,她却"愈来愈喜欢"。"若非动乱频仍,"她写道,意指周围的太平天国起义,"而且如果我能忍受孤单,我真想深入内地,和中国人住在一起。那是目前学习语言的不二法门。"然而实际上,她和丈夫只能待在当地,向逃离"天京"(南京)的难民传教,并向西方商人募款,以供自己衣食所需。[24]

1860年夏天,简·艾德金斯感受到战事逼近的威胁,并向弟弟约翰在信中吐露:

昨天上海谣言满天飞,"叛军要来了"。得到消息后,艾德金斯先生沉默地出去,探听真相。船只都推离了岸,上面的男男女女,个个面容惶恐。苦力在路上边走边唱"哈喝",听到了嘈杂声后,他们停了下来,仔细聆听,接着丢掉扁担,窜上了船,划走了。原本在椅子上的人,此刻全都下到了地面,吓坏的苦力三两下将船划进了河道。街上原本文绉绉、慢吞吞走路的一位绅士,在听到苦力的惊叫"阿下伊牙"、"拉卡"后,先是加快了脚步,接着将所有矜持、风度全都抛诸脑后,撩起裙角,跑了起来。[25]

自觉受到了英军及上帝的保护,简感到很安全:"偶尔遭遇危机也是挺有趣的。"在1860年8月的一封信中,她这么向母亲吐露。她对"叛军"又爱又恨的心态日渐加深。"有时候我希望自己是叛军,暗地里也会盼着他们到来。"她向父亲说道。[26] 直到"叛军"被逐出上海,简才放弃了这个念头,她与丈夫和其他传教士旋即前往乡下度假:

四周一片荒芜,望之令人神伤。房舍烧得精光,石块四处散落,混杂着砖头、泥沙,好一幅萧条画面。河边上几乎见不到一栋完整的房子,残破景象绵延至少一里。我们走过寂静巷道,昔日繁华早已不见,只听得到寂寥的狗叫声,以及我们脚步的回声。桥上原本人来人往,如今一派荒凉,野草淹没了台阶,简直举步维艰。密闭的窗户内,不见人迹,只有被障碍物挡住的门,甚至无门无窗的房子,映入我们的眼帘。[27]

但是中国的生活却非简的体力所能负荷。不断的动荡,加上社会上普遍的传染病、腹泻、头疼、寒病热病,她在1861年7月中旬终于病倒。尽管后来移居到了气候较宜人的北方,依赖牛肉茶、黑醋栗水维持体力,并在情况允许时饮用香槟,到了8月5日,她还是被送往大沽,那里可以呼吸海边的空气。当她走在"海边寺庙"

的廊下,只见"一位面色苍白的英国女人,裹在一件褐色大披风下",依旧迷恋着四周的景色。她死于1861年8月24日,距离二十三岁生日没几天。她丈夫为她"换上新娘礼服",尸体以冰块包覆,展开漫长燠热的行程,将她葬在天津的西方人墓园里。[28]

简·艾德金斯的信件1863年在伦敦出版,较之埃尔萨·布里奇曼,她对中国的描述显然更完整,也提出了更多新的论点。美中不足的则是许多抒情段落,其中又以源于传教士工作及中国苦难所产生的梦魇最显突出。有时候因为自觉为局外人,她便完全躲进外国人的团体里过日子,并没有走入她一心向往的中国人社区。虽然婚姻美满,她却未育有子女,因此也免去了一般妇女最担心面临的与子女分隔的痛苦。同时由于战争及环境使然,她一直住在传教士圈子里,无须经历其他西方妇女因为绝对的孤寂而对中国产生的失望感。

至于玛丽·克劳馥·弗雷泽(Mary Crawford Franser)则是在1870年太平天国运动被镇压后,乘船抵达北京。当时中国的秩序仅初步恢复,因此当她一眼见到"聪明、友善的英国治安官",意义自然非比寻常:"经过一星期煎熬,同时脑中浮现的尽是虎视眈眈及我认为充满敌意的中国面孔,乍见他,简直让我不知置身何处,我兴奋地挤出恐怖的小船,上了前来迎接我的豪华轿子。"[29]经历了这场恐怖的旅程之后,玛丽·弗雷泽对四周景物的观感,也大不同于简·艾德金斯和埃尔萨·布里奇曼:

我们向着城里前进,漫天黄土中,一望无际的小麦残茎四处延伸，其后，则为巨大的满洲城墙，似乎看不到尽头。城墙共长四里，呈现正方形，沿途均有巨大突出的扶壁，每个角落更有盖着三层屋顶的瞭望台，看起来像绷着脸的怪兽，随时准备跳出来。[30]

至于缠足一事，虽然许多西方观察家都表示了同情，玛丽·弗雷泽则以讥讽代之，这点可由一位满洲女人到其北京临时住处的造访看出来：

> 这位要人之妻从中午十一二点待到夕阳西下，搞得几乎人仰马翻。她所有的姊妹都来了，每个人身边还有两个仆妇。一大堆轿子、驴车，将院落塞得满满的。女主人落地时，女仆们在旁边扶持着，以照顾她们颤巍巍的脚步：这幅画面总让我莞尔失笑。满洲人并没有为小女孩缠足的传统，皇室闺秀也一向踩着大脚四处活动。但是中国人"三寸金莲"的美名，却渗透了她们的思想。虽然她们无须像汉人姊妹忍受剧痛，变成残废，她们却乐意模仿汉人，由仆人扶持，颠簸着行进。[31]

她认为这些妇女很讨人厌，"他们游走于房间之间，东摸西碰，试试这件衣服，翻翻那件长袍，询问每件东西的用处，最古怪的是，将所有的香皂拿了出来"。更令她反感的是，这些访客竟误以为香皂是"可口的甜肉，并用刀切成小方块，分送给朋友"。[32]

她对北京城不良的第一印象一直无法改变，由一段惊悚描述，即可知她对这个有着黄色屋顶皇宫的疑惧。玛丽·弗雷泽听说,宫中无价珍宝常遭盗匪窃取,甚至遭朝臣私运出宫贩售。如果连皇室珍宝都可以染指了,还有什么宝物是安全的呢?"恐怖故事穿墙而来。在我成为骄傲的母亲之后,我总是心怀畏惧,深恐位于树丛后静悄悄又住着人的迷宫,会将我小宝贝的精气吸走:永不释回。"[33]

这种恐惧并非英国人的专利。数年后,美国传教士之妻莎拉·康格(Sarah Conger)抵达北京,也表达了类似的情绪。1899年6月3日,她由北京写给姊姊的一封信中(稍后印行出版),开头几句就透露了矛盾的心态:

继上封信之后,我要告诉你一些我在北京的经历。中国人很奇怪,似乎总是循着一个大体制作息。我迫切想了解这个体制,我每弄懂一件事情,就有更多事情等着我去弄懂。

我不怕中国人,他们没有什么可怕的,但是如果我对他们的思想、习惯不表苟同,也会惹恼他们。[34]

虽然才强调心无恐惧,紧接着她便以赤裸裸的文句描述她的疑虑:

城墙上是安静、清洁的散步好去处,中国人很少有机会上去,因此显得格外安全、自在。今天小女罗拉和几位客人一起到那里去,他们走到瞭望台处,一路上,除了一名守城人,一个人都没有碰到。他们给了守城人一些钱,坐下休息,并观看城墙下的人。一个乞丐走了过来,向他们要钱,他们身上没钱,因此未加理会。接着来了另一个乞丐,又一个乞丐,身上的脏衣服几不蔽体。情况似乎逐渐不妙。罗拉见此情势,说道:"怎么会这样呢?我们要不就继续,要不就折返。"他们决定往回走,丐群尾随着他们,人数逐渐增加。这些衣衫褴褛的可怜人,还跑到他们前面,站成一排,一起下跪,叩头(将头敲到砖上),同时大嚷大叫。他们以头向下倒立着,不断翻滚,口里大声喊叫,从不间断。这些人的数目愈来愈多,叫声也愈来愈大,直到外国人到达城墙出口,下了斜坡,留下一帮大约二十个一路尾随他们的本地人,由城墙上望着他们。这些脏兮兮、衣着破烂的人从何而来,至今依然无人能解。[35]

在同一封信的另一段里,莎拉·康格思考着一个前辈旅行家未提过的问题,而这个问题当时在中国已成为普遍的社会现象:亦即由社会传统以及独善其身的习惯所造成的对他人的不幸不闻不问的心态。莎拉会思考这个问题,并非出于对自身或女儿罗拉安危之顾虑,而是像同时代的孟德斯鸠,企图找出一个体制,用以解释中国人生活中的苦难:

中国人从不过问别人的事。为了自身安全,他们也不敢。我们曾见到一个人,拖着几大口袋的谷物,结果其中一个袋子破了,谷物散了一地。许多中国人见到了这一幕,却事不关己地未加理会。还有一次,我们见到一个人挑着两个篮子,摔倒在地后，站不起来。路上的中国人都匆匆掠过，我们也不例外。回程时，那个人仍躺在地上，但是已经断了气，他的篮子和扁担滚在一旁，无人理会。只有当局才有权利料理这个死人和他的货物。另外有一次，我们正走在城里人来人往的大街上，街道中央赫然出现了一个障碍物，竟是一个死人，身上还盖着一张草席。每个人都严守着自己的分际，没有人出面干涉：这些体制简直就"老得像山脉"。[36]

莎拉·康格并未如自己所愿，弄清楚这个"体制"，不过她倒是克服了内心恐惧，对中国产生了一份同情与了解。1900年夏天，一场"拳变"（Boxer Uprising）所带来的梦魇，彻底改变了她对中国的看法。当时她与丈夫、女儿罗拉，以及其他外交官及中国职员，被困在使馆区内。她除了忙着填装沙袋御敌，扑灭围攻的义和团所纵的火，照顾伤者，还要个小伙俩和厨子达成协议，非到最后关头，绝不让罗拉的小马被屠宰上桌。这一连串的经历，使她不再嘲讽中国人胆小怕事，反倒形容他们"无畏、凶猛、残忍、意志坚强"。[37] 梦魇结束后，她拒绝加入要求报复的行列。

无论是埃尔萨·布里奇曼、简·艾德金斯，还是玛丽·弗雷泽、莎拉·康格，她们在中国期间，都是住在亲友环绕的大城市内，每当在中国社会里遇到挫折，都可以回到熟悉的社区获得保护。真正离群索居地过日子，则是完全不同的经验。多数早期到中国周游的西方人都缺乏这种体会，连小说作家也构思不出此等情节。伊娃·简·普莱思（Eva Jane Price）则有这方面的第一手资料。1889年底，她随丈夫查尔斯（Charles）及两名小孩，抵达了内陆省份山西汾州的小宣教站。抵汾州之前，他们由最近的城市，先是坐了六天船，接着在四个担架以及十三匹驮满货物的骡子陪伴下，走了十四天山路。乡间小镇岁月大不同于其他西方人的生活，伊娃在1889年12月写了一封信给美国爱荷华州的家人：

> 我们临街的围墙上有一座大门，除了进出时候，镇日深锁。守门人在大门附近有一间小屋，其他仆人也睡在小屋内。我们有一块五十平方尺大小的天井，铺着砖块，挨着围墙，和房间连在一起，因此出了房间，所见尽只是天空、空气和尘土。并非所有房间都连在一起，各房间依着不同天井而盖，彼此则以小门相通，因此整个院落看来就像个小村庄。日落后，有些地方看来阴森森的。全院落大约占地二公顷，很多房间都有待整修，也无人居住。院落外围着一层高墙，大门是唯一通道，我们关在里面相当安全。自我们抵此，我只出过大门三次。[38]

过惯爱荷华的生活之后，再去适应抽鸦片的男人、裹小脚的女人，而且这些女人脸上还搽得红一块白一块，偏偏"脖子黑黑脏脏的"，想必不是容易的事。但是，摆脱孤单，也会造成情绪上的困扰："有一道石阶通往屋顶，我们可以走上去，眺望墙外的城市及山峦。但是城里一片残破，望之令人心伤，我只好尽快下来，庆幸自己又回到了房间里。"[39]

当她偶尔外出，而且遇到不友善的中国人时，她都能抱持信心，坦然以对:"出门时,总是有小孩向我们喊叫,有时候还有石头丢过来,经常更有人谩骂'洋鬼子'。不过在我们自己的家乡,如果有陌生人走在路上,有些人的反应恐怕还不止于此。我们希望在他们面前表现出尊严,慢慢赢得他们的信赖和尊敬。"[40] 当一个人调适好了自己的内外环境后,她所提供给自己孩子的保护,必会胜过不快的孤单感:

> 我们的居处良好,对孩子来讲既安静又安全。他们还没有和中国小孩一起玩耍过,因为中国孩子只有在母亲陪伴下,在这儿露过一两次脸,而且对我们还深怀恐惧。有一天下午出门时,我们遇到一些小孩,他们大叫着跑开,声音尖得不能再尖,好像我们会把他们的头摘掉一样。别忘了,我们还被锁在一个有十五尺高墙的院落内。在中国,只要有能力,每个人都想住在这么高的一堵墙内。[41]

有时候,伊娃最大的愿望就是躲进妈妈的大围裙,将头深埋其中,痛哭一场,想象自己在妈妈怀中。她丈夫经常外出,传教、旅行、参加宣教会议。当她和两个儿子斯图尔特及唐尼独自待在高墙内时,她只能祈祷,"只要我们还在这里,他们就能互相为伴,并与我们作伴。没有他们就太寂寞了"。[42] 到了1890年10月,

> 日复一日,生活毫无变化。既无处可去,无友可探,又无人来访(除了偶尔现身的中国友人);日子如此相似,几乎无

法分辨晨昏……

我买了些菊花，放在客厅外窗台上，看来赏心悦目。如果我们要多待一年，我会想办法再养些花。挖掉地上一些砖块后，我相信必可整理出一个美丽的花园。

此时，命运之神又开了她一个玩笑，将一条她赖以观察外面世界的通道切断了："我们借以爬上屋顶，观看市容及山峦的旧石梯，有天晚上垮了下来。从此，除非走出院落，我再也没有机会瞄一眼外面的世界。"[43]

伊娃还是学会了走出院落，也学了中文，并为当地妇女办了所学校。不过她早期的梦魇最后还是应验了。1892年5月16日，三岁的唐尼脸上异常疼痛，伊娃为之焦虑不已，一周后，小男孩去世了。另一个儿子斯图尔特死于1897年2月，死因为肾脏病，年仅十二岁半。[44] 她在1893年11月生了女儿弗罗伦斯，但她承受的压力太大，失去爱子的痛苦也难以磨灭：

1899年3月15日。我在这儿非常寂寞，事实上，我非常忧郁。你以为传教士永远都聪明、快乐、充满希望吗？也许有这种人，但绝对不在这里。只有放眼天下，心怀整个宣教界，在见到人所完成的工作及上帝的旨意后，我们才能容忍这里的生活。上周五，艾华特太太和我去南边郊外访友，街道泥泞恶臭，极为恐怖。整个地方和居民的肮脏，更甚以往，一只跳蚤还跑进了艾华特太太的茶杯。

> 几星期前,我们这儿刮了一场沙暴。大风不停在房子四周打转,并从破窗子和破门上每一个缝隙里钻了进来,我甚至感觉到连牙缝里都进了沙子。今年冬天完全无雪,自去年九月,就没有下过雨,你不难想象此地尘土之多。等到风势减弱,天空就开始飘雪,有个星期天早晨我们起来,世界已成银白一片。[45]

伊娃·普莱思所提到的干旱,时间不仅长,而且很严重;附近村庄无数人因此饿死。在这种悲惨的环境里,提倡排洋、革新的义和团获得了许多群众的支持。伊娃及家人自一年前就开始遭到攻击了,他们受到推、挤、嘲笑,还被扔石块、泥巴。[46] 1900年2月,伊娃照顾弗罗伦斯度过顽咳危机,同时听到了第一件传教士遭义和团杀害的消息,到了夏天,杀戮已成家常便饭。[47] 1900年8月,普莱思家在围墙内的院落出现了遭受攻击的危机,清兵也据以入驻,声称要保护他们。伊娃和丈夫、女儿得到保证,他们将被护送到城外安全地点。但是他们的马车才离开围墙没多远,三个人就遇害了。他们的衣服被剥个精光,尸体被丢到水沟里。就在他们死前不久,当他们正准备离开院落奔向期待中的广阔乡间时,整个院落的人还罗列在小径上,目送他们离去。[48]

注释

1. Jane Austen, *Mansfield Park* (New York, 1964), 121、124 页。小说中第 16 章，大都以中国为主题。亦见 Peter Knox-Shaw, "Fanny Price Refuses to Kowtow", 载于 *Review of English Studies* 中，新系列，XLVII, no.186 (1996), 212—217 页。特别感谢 Julia Kang 提供此条参考资料。
2. J. H. Hubback 和 Edith C. Hubback, *Jane Austen's Sailor Brothers* (London, 1906, 1976 重印), 219—223 页。
3. Macartney, *Journal*, 223 页。
4. Goldsmith, *Citizen of the World*, 卷一：131 页（第 33 封信）。
5. Jonathan Spence, *God's Chinese Son: The Taiping Heavenly Kingdom of Hong Xiuquan* (New York, 1994)。
6. *Memorials of Protestant Missionaries to the Chinese*, Alexander Wylie 编纂（Shanghae [sic], 1867), 40 页。
7. 同上, 65—69、72 页。
8. Eliza J. Gillett Bridgman, *Daughters of China: or, Sketches of Domestic Life in the Celestial Empire* (New York, 1853), 29—30 页。
9. 同上, 30 页。
10. Carlo Gozzi 著, Jean-Jacques Olivier 译, *La Princesse Turandot* (Paris, 1923), 28、38、51 页。
11. Bridgman, *Daughters*, 29、56 页。
12. 同上, 31—34 页。
13. 同上, 34—35 页。
14. 同上, 59—60 页。
15. 同上, 60—61 页。
16. 同上, 62—65 页。
17. Jane R. Edkins, *Chinese Scenes and People* (London, 1863), 44—45 页。
18. 同上, 53—54 页。
19. 同上, 56、60 页。
20. 同上, 57—58 页。
21. 同上, 64、76 页。
22. 同上, 154—156 页。
23. 同上, 71 页。
24. 同上, 95、98、100—101、126—127 页。
25. 同上, 138—139 页。
26. 同上, 142—143 页。

27 同上，156—157 页。
28 同上，231—232、235、237 页。关于她过世的过程，详载 Jane 的父亲所著 *A Memoir*, William Stobbs 修订版（印刷日期同上），29—31 页。
29 Mary Crawford Fraser, *A Diplomat's Wife in Many Lands* (New York, 1910), 106 页。
30 同上，107 页。
31 同上，115 页。
32 同上，115 页。
33 同上，119 页。
34 Sarah Pike Conger, *Letters from China* (Chicago, 1909), 68 页。
35 同上，68—69 页。
36 同上，69—70 页。
37 同上，116 页。
38 Eva Jane Price 著, Robert H. Felsing 编, *China Journal, 1889-1900: An American Missionary Family During the Boxer Rebellion* (New York, 1989), 14 页。
39 同上，16、21 页。
40 同上，26 页。
41 同上，27 页。
42 同上，27、31 页。
43 同上，34—35 页。
44 同上，71—72、144 页。
45 同上，194 页。
46 同上，169 页。
47 同上，215 页。
48 同上，239 页，中国信徒的证词。

第七章

中国人在美国
China at Home

当查尔斯·普莱思于1889年底带着家眷到达山西汾州的小宣教站时,他立刻发现那是个无趣的地方,对于未来更是感到茫然。不过他倒是注意到了,虽然汾州居民大多贫病交迫兼而绝望,但对他们倒是非常友善。他在1890年3月写给父亲的一封信中,将当地和美国做了比较:"他们对我们很好,好像很高兴我们到这儿和他们一块生活,较之有些时候在美国的中国人,我们受到的待遇,显然好得多。"[1]

远自十六世纪中期佩雷拉开始,西方旅行家就尝试过类似的比较了,但是一直都很抽象,因为西方社会里始终见不到可相提并论的中国人。到了十九世纪下半期,这个现象才开始改变。当时在欧洲,只有零星小规模的中国人社区,反观美国,1849年的淘金潮,以及随后的铁路修筑,却吸引了数以万计的华工至西岸,其中又以男性为主。到了1890年代,许多美国城市出现了"中国城",华工也散见于全美各处，无论是太平洋西北岸、中西部、南方或是东部海岸，都见得到华人身影。

可以想见，美国白人对这批新移民的态度，是好坏参半的。不过刚开始时，容忍度还算不错。就拿容闳这个来自中国东南穷人家的小孩来说，他在商人支持下，由好心传教士带到美国，就读于新英格兰的私立寄读学校，于1854年从耶鲁大学毕业，并娶了哈特佛德（Hartford）当地的女孩，生活上完全没有出现困扰。[2] 另外较特别的，像中国连体双胞胎"章和安"（Chang and Eng）（生于1811年，殁于1874年）。这对胸部紧紧相连的兄弟，刚开始时还是马戏团的展览品，后来也过起了几乎和一般人一样正常的生活。他们定居于北卡罗来纳州，换了美国姓邦克（Bunker），娶了当地的白人姊妹安德蕾·叶慈及莎拉·安·叶慈（Adelaide and Sarah Ann Yeates），成了两个家，兄弟俩两头轮流住，买了地，共享一份结婚礼物，亦即一位他们称为"葛瑞丝阿姨"（Aunt Grace）的女黑奴，总共生育了二十一个子女。[3] 有些中国人则经营果园，组织慈善机构，捕虾网蚵，在废弃的矿场挖掘剩煤，到制鞋工厂或雪茄工厂做工，开洗衣店或餐厅。

到了1860年代末期，查尔斯·普莱思所提及的压力，逐渐开始浮现。此时中国人不再囿守于旧金山，他们开始接触矿工、铁路工等工作，他们也从美国人眼中的新鲜有趣变成受攻击的对象，动辄遭调侃，经济上受歧视，法律上受骚扰，甚至受到暴力威胁，严重时，则遭私刑处死。两位早期记录这段历史的作家为布莱特·哈特（Bret Harte）及马克·吐温（Mark Twain）。这两位年轻人均来自美国东岸,到西岸的目的,一方面是想找些故事题材,一方面则想成名致富。他们在1850年代末、1860年代初,在内华达州及加州第一次见到了中国人。第一份由美国人撰写的针对中国城做的详细报道,也许就出自马克·吐温之手。在1861至1864年,他近三十岁的数年间,他居住在内华达州弗吉尼亚市,并担任当地报纸《企业家》(*Enterprise*)的记者。

吐温指出,维市当时有约一千名华人,多数以洗衣为业,有一些则担任男仆及厨子,他们挤在一个小小的"中国区"里,在"城里一个角落自成族群"。[4] 由吐温文中可知,当时在美国逐渐形成的针对中国人的负面刻板印象,也已深深影响到了他:

> 中国人已将城里这一带搞成了他们喜欢的样子;他们不用马车,因此他们的道路显得不够宽,无法容纳这种交通工具。夜晚十点是中国人最惬意的一刻。在每一个邋里邋遢、黑洞一样的小破屋里,燃香的味道淡淡飘出。为了省一些蜡烛,屋里幽暗一片,但是仍可见两三个面色蜡黄、拖着长辫子的无赖,蜷曲在矮床上,一动也不动地抽着鸦片。极度的满足,使他们两眼无神的微张着——也许是刚刚抽过一口,就把烟筒递给旁边同伴的烟鬼,才会出现这种表情吧——因为抽鸦片的过程并不舒适,需要不时留神……约翰喜欢抽鸦片,因为那让他觉得通体舒畅:他会吸个大约二十口,接着翻身睡去,只有天知道那是什么感觉,因为光是看着这个汗涔涔的家伙,我们实在无法想象。也许在梦里,他已超越尘世,忘却洗衣重活,正在天

堂里，大啖着肥美的老鼠、燕窝。[5]

在他为三位中国人所做的人物侧写里，吐温表现了较多的同情心，但是尖刻的论调依然存在。例如，"王安街十三号的阿兴先生，以最友善的方式，向我们表示他的好客。他有各种由中国进口的酒，装在小罐子里，有色无色，说不出名字，他会以精致的小瓷杯装酒，邀我们品尝"。阿兴"店里有上千种商品，模样稀奇古怪，看不出用途，也无法形容"。他还请他的记者朋友吃"小巧的香肠"，但是吐温未加品尝，他怀疑其中"掺了老鼠肉"。[6]

"秋秋街三十七号的洪卧先生"，原本是报社的厨子，大家都叫他"汤姆"，当时正经营中国社区里的彩券发行。听过他对彩券制度的解释，吐温讥讽其英语"毫无瑕疵"；事实上他讲的是不折不扣地道的洋泾浜英语。[7]另外，"西亚先生在活狐街经营一家有趣的商店，"吐温很喜欢到店内浏览，"他出售装饰华丽的白羽毛扇子，闻起来像奶酪的香水、毛笔，以及用石子做成的连钢铁也不能刮伤的表链，却磨得像贝壳一样光亮。为了彰显自己的身份，西亚还向他的记者朋友展示以金线制成，饰以孔雀羽毛的金翎子。"[8]

当地一家小中餐馆也引起吐温极大的兴趣，连用算盘计账也让他神往不已：

我们在诗般的餐厅里，以筷子用餐；我们一个伙伴在门口斥责几个眼如弯月的女孩，说她们没有女性的矜持；老板为我们点起保护作用的燃香，我们则就几个小神像和他讨价还价。

饭后，中国账房的身手让我们大开眼界。在一个状似烤架，串着许多珠子的机器上，他计算着账目：不同串的珠子分别代表个位、十位、百位、千位。他以手指拨弄珠子，速度之快，恰如音乐教授弹奏钢琴的手。[9]

1870年，吐温由弗吉尼亚市迁往加州，因此有机会对中国人及其生活习惯做进一步了解，并以锐利的双眼，观察到了他们所受的歧视。"我正在写新闻稿，"他记录下1869年发生在旧金山的种族歧视事件，"有新闻进来，指出光天化日之下，有几个男孩在旧金山，拿石子将一名毫无防卫的中国人活活砸死……虽然许多人在旁边围观，却没有人出面干预。"[10]他表示，"在法庭上，任何白种人都可以作证，要了中国人的命，但是中国人却不得上庭指控白人"。他还提到新立的煤矿税，征收对象只限于在废矿坑里掘煤的中国人。而为移民局工作的不肖医生，也会向每一个初上岸的中国人征收高达十元的疫苗费。[11]

1870年，洛杉矶发生了排华暴动，至少二十多名中国人遭到杀害，这事深深震撼了吐温，以及其他较敏感的西方观察家。但是在美国，以中国人为题材，最著名的一首诗《老实的詹姆士有话直说》(Plain Language from Truthful James)会写于1870年，据其作者布莱特·哈特表示，则纯属巧合。哈特之友安布罗斯·毕尔斯(Ambrose Bierce)也曾大量撰文支持中国人，他表示，哈特曾告诉他，"写那首诗完全是出于无心"。[12]在1860年代，哈特曾在一些作品中，提到"中国人约翰"等中国人，至于"有话直说"，则是为了总结哈特1850至1860年代间在淘金场度过的艰苦岁月,有感而发写成的几首诗中的一首。[13]

不过这首诗会造成巨大冲击,显然与诗作发表时社会上正好出现的歧视与杀戮事件有关。整首诗有着大胆而神秘的开场,老实的詹姆士话正说到一半,紧接着就出现了阿兴和白人矿工赌博的场面:

老实的詹姆士有话直说

(平台山,1870年)

关于这点我有话要讲,
我绝对实话实说,
说到龌龊的伎俩,
或者弄巧反而成拙,
信奉异教的中国佬真是好手,
下面我就来说说。

他的名字叫阿兴,
我不会否认,
提起这个人名,
意思明显得很;
他笑起来也愁眉苦脸,像个小孩,
我常向奈比尔提起这个人。

> 那是八月的第三天,
> 天空非常晴朗;
> 或许可以推断
> 阿兴也是一样。
> 但那天他跟威廉赌钱
> 还有我,那副样子我可瞧不上。
>
> 我们小赌一场,
> 阿兴也加入进来:
> 我们玩的是尤克纸牌。照样
> 他根本就弄不明白,
> 但他坐在桌旁傻笑兮兮,
> 笑得像个小孩,让人不想理睬……[14]

在诗里,老实的詹姆士承认,他和朋友奈比尔拼命作弊,以敲阿兴之杠,因为后者承认自己对玩牌一无所知。让他们意外的是,尽管作了弊,阿兴还是赢了,这时他们才知道,阿兴的作弊手法其实更高明。最后当奈比尔准备将预谋中的牌发给詹姆士时,阿兴巧妙地将牌挡了下来,并成了赢家。双方紧接着打起架来,阿兴袖中此时落出了"二十四张杰克"。老实詹姆士这时以结尾呼应全诗起头部分:

> 我绝对实话实说,

说到龌龊伎俩，

或者弄巧反而成拙，

信奉异教的中国佬真是好手，——

这一点，我还会这样想。

这首诗刊于1870年的《大地月刊》（Overland Monthly），由于其创意及内容，还引起了小小的骚动。一家纽约的书店在两个月内卖掉了一千二百本，好几家知名报纸均二度登出这首诗，另外还出现了两种附带插画的单行本，及两个配有音乐的版本，1871年时，甚至冒出一位"中国异教徒歌手"。[15]

哈特曾表示，创作此诗全属无心，但是由于许多美国人认为此诗有排华意味，他不得不挺身而出，为中国人辩护。如果这首诗含有意识形态的成分，那也是要指控白人矿工的贪婪，不知廉耻地图利其他种族的人，结果反而被倒打了一耙。尽管许多人误解了这首诗，哈特却乘机赚了一大笔钱，随后为了替误解提出反驳，他写了更多文章，赚了更多钱，同时还设立了某种道德上的标杆。

由于阿兴这个人物获得了相当的回响，哈特再接再厉，又创作了一首诗，《中国人的新怒火》（The Latest Chinese Outrage）。在诗里，一群粗鲁的白人矿工拒绝支付洗衣费，结果在阿兴领导下，一批中国人突袭了这些矿工，抢走他们的牲畜及其他财物，以抵偿洗衣费。更惊人的是，这些中国人还掳走了一名欺骗他们的矿工乔·约翰逊，并以自己的方法审判他：他们诱惑他吸鸦片，"一剃掉他的眉毛，将他悬在一根竹竿上"，让他穿上中国服装，脸上涂上油彩，再将他塞进一个竹笼子，外面放个标签写道"有个白人在此"，他们"任他悬在那儿，像只熟透的果子"。[16]

就在哈特诗作大噪的同年，马克·吐温也重新开始以中国移民为题材创作。但是这次他舍弃新闻报道的形式，改以书信小说的体裁，在当地一家报纸《星河》(*Galaxy*)连载发表。他将作品定名为"戈德史密斯海外文友再现"(Goldsmith's Friend Abroad Again)，深信报纸读者必定熟悉此标题之出处。

戈德史密斯书信的主旨在批评英国社会，次要目的才指出了李安济在英国所受的待遇。在戈德史密斯文中，李安济所受来自伦敦人的歧视其实很有限，即使有，主要也非出于恶意，而是因"对外国人的无知"造成。好比说，他将珍藏的手表借给一位友善的女士，结果发现这位女士根本是妓女，手表自然也要不回来了。李安济从未坐过牢，受过殴打，或遭到谩骂，不过正如文中所述，他对中国文化的诠释，却遭到十八世纪英国女主人及客人的断然否定。同样，吐温批评的对象，也是中文信撰写人海阿松所处的社会，只不过更强调海阿松个人心中的愤怒而已。

吐温舍弃戈德史密斯的李安济——这名字借用自赫勒斯·沃波尔——而采用海阿松这名字，似乎暗示着此人与阿兴的关联。不过在当时，特别是来自广东珠江三角洲的移民，名字中普遍都有个阿字。

在一系列写给朋友清富的信中，吐温安排海阿松在第一封信中勾勒出他的梦中乐土：

亲爱的清富：一切都准备好了，我就要离开苦不堪言的家乡，远渡重洋，前往梦土。那儿，人人自由，人人平等，没有人受虐待、遭辱骂——亚美利加！亚美利加，那是自由之地，勇者之家……我们都知道，美国张臂欢迎德国人、法国人，甚至潦倒的爱尔兰人，我们也知道，她供给他们面包、工作、自由，他们也心怀感激。我们更知道，美国真诚欢迎其他受压迫的人，并以其富饶供养他们，无论其国籍、信仰、肤色。[17]

在第二封由船上发出的信中，仍然天真的海阿松描述，他尚未到手的十二元月薪是如何被瓜分的：两元进了美国领事的口袋；通关费由薪水之中预支，并以他的妻子、儿子和两个女儿作为抵押。抵达旧金山时，他的随身物品已所剩无几：他的行李被误认为一名鸦片走私犯所有，被没收；他最好的朋友进了牢房；他最后的十元现金也被迫交给官方指定的医生，作为注射天花疫苗的费用。其实他在中国才打过针，而且在旧金山注射一般只需二元。[18]

在吐温笔下，海阿松出现的场景为刚结束内战的美国，属于移民史上较特殊的时期。当时有些劳工中介者，将大量中国人运至美国南方，以延续原本由黑奴担任的种植工作。但是种植计划却不幸失败——犹如大部分计划的下场——海阿松原本和其他中国移民一样，集中一处，"挤在小小的房子里，等待发落"，此时却重获自由，同时得到保证，将来必可收回六十元通关费。他向朋友清富表示，他"每天都学一点英文"。他并庆幸自己运气好，能够在"受尽压迫的环境里，寻得安身之处"。此时，悲剧却开始上演了：

我心中正感到欣慰，几个年轻人朝我放了一条恶犬。我虽想自卫，却不知该怎么做。我退向一处后无出路的门廊，那只狗毫不留情地冲上来，攻击我的喉咙、脸部以及身体其他部位。我尖叫着求救，那些年轻人却只是谑笑着。两名穿着灰色制服的人（他们所谓的警察）驻足看了一分钟，接着悠闲地走开。但是一名男子拦住了他们，带他们回来，指责他们不该任我遭受凌虐。两名警察于是持短棍击走了恶犬，我大大松了一口气，此时衣服早已破碎，从头到脚更浑身是血。那位拦住警察的男子质问年轻人为何虐待我，他们要他少管闲事，并说：

"这个中国鬼跑到美国来，跟聪明正派的白人抢面包，他们自以为天经地义，其实是在制造事端。"[19]

海阿松随即被警察逮捕，因为他"破坏秩序，扰乱和平"。在前往监狱的路上，"后面跟着一大群笑闹的街童，以及无所事事的人"。进入牢房之后，警察朝着他大叫："窝着吧，你这个寄生虫，你要搞清楚，美国是没有你们立足之地的。"接下来三封信里，海阿松谈到狱中的悲惨夜晚，以及荒谬的审判过程。此时他才知道，在真实世界里，白人可以作证指控中国人，中国人却不能上庭指证白人。海阿松被判罚锾五元，或是再监禁十天，在信的结尾，海阿松与其他十五名同遭监禁的中国人，一起忍受着相似的命运。[20]

马克·吐温的故事一开始就相当拙劣，接下来的修辞及法律细节更是纠结不清，难怪写了七封"信"就宣告结束。无疑，吐温想以恶少及不称职警察的爱尔兰口音，凸显种族及法律的现实情况；

在此情况下，若想上诉，根本是痴人说梦。

吐温虽然让几名迫害海阿松的角色，自在地运用爱尔兰口音英语，他却没有延续自己在弗吉尼亚市当记者的习惯，让海阿松口吐"洋泾浜英语"。相反，他用了许多花哨的英语，以传达这位中国访客在窘境下抑扬顿挫的中国语言。吐温在他破碎的小说里，利用法官允许海阿松申辩的机会，让他在法庭上发表了一段中文。海阿松以为，他的意见会由庭上指定的翻译转达，于是说道："请听，哦，听听有力的中文，请相信！我正走在街上，突然有人朝我放了条狗，而且——"此时法官一声"安静"，打断了他的话，传译则喃喃自语道，海阿松的证词根本不会被庭上采纳。[21]

此时，美国人已开始接受所谓的"洋泾浜英文"或商业英语；这种英语源于十八世纪的通商口岸，一个世纪前，安生准将还斥之为荒谬。无论是在文献记载或是小说里，在西方场景下，语言运用的状况，都会因文章里中国人的不同而出现差异。十七世纪末，沈福宗曾与托马斯·海德在博德利图书馆以拉丁语交谈。孟德斯鸠1713年的消息来源黄嘉略，能说流利法语。继黄嘉略之后，随着耶稣会教士前往法国的中国天主教教徒胡若望（John Hu），一直学不好法语。至于吐温笔下的海阿松，也终于因为无法向当局解释自己的行为，而被关到疯人院去了。[22] 奥利佛·戈德史密斯文中的李安济，虽可操持完美英语，读者却始终不知道他是怎么学会的。沃波尔的密立说得一口破英语，当他看到准新娘卡洛林·坎贝尔时，立刻大叫，"她谁，她谁？"（Who she，Who she？）

在哈特及吐温熟知的加州及内华达州中国人社区里，洋泾浜英语显然相当普遍，第一份对其用法的半正式介绍，于1860年出现于《纽客泊客杂志》(Knickerbocker)。[23]第一篇知名的长篇洋泾浜语作品，则由一位匿名的美国海军军官发表于1869年的《哈珀杂志》(Harper's)。[24]这篇作品的特色在于，它将当时最受美国人欢迎的诗作，亦即朗费罗(Longfellow)1842年的《登顶》(Excelsior)，"翻译"成洋泾浜英文。在1869年时，每个人都知道此诗中最著名的一段：

　　夜晚的阴影匆匆而落，
　　像从阿尔卑斯山的小村穿过，
　　一位青年，冰雪中，他手擎
　　小旗，奇怪的写着
　　登顶！

在洋泾浜英文版里，原本的拉丁语"登顶"（更高）改成了"最上"，原诗于是出现了如下的面貌：

　　晚上来临他来得咔咔，
　　一位青年走着，没能停下；
　　冷满脸，冰满脸；
　　他有旗：旗上盖着官印，看——
　　最上哇哇！[25]

在布莱特·哈特1870年代的诗作里，阿兴以自信口吻，向矿工们慷慨陈言：

> 于是我们拒绝和谈。嘈杂中
> 走出一个异教徒，阿兴！
> "你欠我四十块——我们洗你们的帐篷，
> 你们把我洗的拿走——我们没拿到一个钢镚，
> 一块半打，我还没拿到，
> 还有四十块——怎么得了？"[26]

煤矿工人首领约翰逊，立刻强硬地答道：

> "我们还算人吗？"乔·约翰逊说，"听听这些胡话
> 无凭无据，还不懂法……"
> "我们像傻子站在这里，任凭亚洲将
> 成群的野蛮人倒在这块文明的海岸上？
> 白种人没有国家吗？我们就这样被抛弃？
> 神圣的教会在哪里？
> 以一敌四百自然数目悬殊，
> 但是作为白人——我一人挺身而出！"[27]

在这些以中国人为题材的诗作获得成功后，哈特在1875年，针对美国白人对待中国移民的偏执，发表了他最雄辩、最具攻击性的作品，《异教徒李万》（Wan Lee, the Pagan）。在文章里，哈特先介

绍了他的朋友——富有的店老板和新（Hop Sing）。他的文字颇有戈德史密斯的风格，因为他认为"最忧郁的幽默大师是中国哲学家"。[28]接着他为从1856年起就认识的和新描绘了一幅既热情又有尊严的画像：

> 整体而言，他是一位严肃、端庄、英俊的绅士。他的外观，除了辫子之外，由头顶而下，就像一块质地极佳的褐色棉布。他的眼珠子又黑又亮，眼皮呈现十五度角；鼻子笔直，模样灵巧；嘴巴不大，牙齿洁白。他穿着深蓝色的丝绸长袍，冷天上街时，则加一件俄国羔皮短外套……他行止优雅，相当严谨。他能说流利的法语及英语。总之，我不认为你能在旧金山的基督徒商贾里，找到足以匹敌这位异教徒店老板的人。[29]

由于和新的关系，哈特让其十岁养子李万进了自己的报社。李万受过中美混杂的教育，"他学过三字经，"他父亲说，"略知孔子，对孟子则一无所知。"而且满嘴洋泾浜英语。他是个顽皮的男孩，"每颗牙齿都透露出心里的快乐，深色双眼闪动着自足的光彩"。他喜欢将自我批评的文句印成铅字，并在谄媚地方政客的字句间加一些骂人的中文字。

不久，李万开始到旧金山一所由退休华人传教士办的学校上学，他开心地学习着，并与西方女房东的女儿交上了朋友，成为形影不离的玩伴。小女孩还送了他一条黄丝带，就绑在他的辫子上，他的衣服下也总是揣着一个小小的陶瓷神像，就在他诸事顺利、生气盎然的时候，李万突然莫名其妙地被杀了。

哈特以尖锐笔调结束了他的故事：

> 死了，可敬的朋友们，死了！在旧金山街头，活活被石头砸死，正是公元一千八百六十九年，由一群半大不小的顽童，及基督教学校的学童下的手！
>
> 我庄敬地将手按上他的胸膛，衬衣下似乎有个碎裂的东西……是李万的陶瓷神像，那些呐喊着铲除偶像的基督徒，亲手以石头将它打得粉碎了！[30]

到了1870年代中期，处于写作生涯高峰的哈特，开始尝试戏剧创作。他的第一部作品是曲折的喜剧，名为《桑迪酒吧的两名男子》(*Two Men of Sandy Bar*)，故事主要围绕着美国白种精英、富裕的西班牙牧场主人，以及两者间经济与社会地位的冲突打转，不过其中有一部分谈到了一位名为和新的中国人。哈特显然自《异教徒李万》中借用了和新这个名字，使他成为戏剧中洗衣店的老板。从文学的角度来看，和新在《桑迪酒吧的两名男子》中的角色虽微不足道，却相当关键，因为整出戏一直顺着剧中人物身份的混淆、错乱进行，而和新正是唯一能够分辨各人身份的角色。他开设了当地唯一的洗衣店，为了避免混淆，他一向在客人衬衣尾巴上以不褪色墨水做记号。在剧中关键时刻，由于美国人欠账不付，和新的怒火转成了鄙夷："我不喜欢'明天付！'我不喜欢'下次付，约翰！'美国人每次说：'记账，约翰！''没有零钱，约翰。'"[31]

该剧得到的评价优劣参半，不过票房收入倒是不错。此外，饰演和新的演员查尔斯·帕罗（Charles T. Parsloe），成功诠释了浮华自负的剧中人，也受到了热烈的欢迎。此时，哈特注意到了小有文名的马克·吐温，以及他对中国人题材的兴趣，他于是邀请吐温共同创作一部新戏，其中一个重要的中国人角色，就预定由帕罗扮演。结果就出现了1877年的剧作《阿兴》。该戏显然想继和新之后再创佳绩，并利用已连续六年大受欢迎的《老实的詹姆士有话直说》提高声势。该剧风格为漫谈式喜剧，主要谈论西方矿场的生活，以及阿兴的赌博能耐。宣传海报则是诗作与戏剧的结合，图中阿兴穿着丝质中国外套，辫子老长，鼻子上顶着一张梅花 A，手上另外拿着四张老 A。[32]

1877年夏末，这出联合创作的戏剧在华府盛大开演，接着转往纽约市，反应却只平平。接下来又到圣路易市及纽约上州上演，观众的出席状况每下愈况，直到年底，终于草草收场。哈特和吐温从此未再合作。事实上，这次合作所造成的紧张开系还宣告了他们友谊的结束。反观因扮演阿兴而声名大噪的帕罗，则因诠释中国人获得认同，继续在其他戏剧里扮演类似角色，例如在1879年巴特利·坎贝尔（Bartley Campbell）的《同伴》（*The Partner*）中，他就扮演个"叽叽喳喳念个不停的中国人"。[33]

在1880年代及1890年代早期，哈特四处巡回演讲，声名日盛，不过，为了避免对中国人的形象造成伤害，他在作品中加入了更多对美国华人的正面评论。1896年，他为作品《冒险家》（*The Arggonauts*）的新版写序，就将此种评论囊括其中；该书为他早期

作品的结集,谈论开发美国西岸的拓荒者。即使用意良善,哈特笔下的中国人,仍然给人暧昧的印象:

> 异教徒中国人不是冒险家。但是他却将一种古怪的保守主义带进了冒险家的新生活。他既安静又温和,几乎像个哲学家。他从不嚣张、挑衅,更不会炫耀自己三千年的历史。对于不同宗教信仰的人,甚至连上帝都不信的人,他们不会拿出自己的多神论,咄咄逼人。他坦然接受自己的杂役身份,以自己的职业为荣。他注重社区清洁,视卫生为美德……他疼爱你家里的小捣蛋,表现出的真诚、宽容,让你自叹弗如。虽然他穿上了你的衣服,讲起你的语言,也学到了你的坏习惯,他却总是有一种超脱世俗的气质。他只和中国人通婚,吃中国菜,自中国店里购物,死后骨灰也只运回中国。[34]

哈特发表了一连串个人看法后,做了结论,认为中国移民完全置身于美国主流社会之外。他的论点,犹如十八世纪的思想家孟德斯鸠、赫尔德、黑格尔,未将中国人列入世界历史。

> 他没有在文明进化中留下任何痕迹。他没有为自己争取任何民权;他没有要求投票权。他认为挨揍理所当然;他坦然接受政府及私人对他的强取豪夺;他面对强盗、杀戮无怨无尤。也许他就该这么认命。基督教文明,明文规定了他的证词无效;认为异教徒犯罪后,应得到较基督徒严厉的惩罚;视他们妇女

的柔弱为惺惺作态；认为他好赌是因劣根性使然。因此借由基督教文明的洗礼，他至少可以学习到忍耐与顺从等美德。[35]

包括吐温、哈特及其他同时代的作家在内，他们的作品都混杂了个人成见、对神秘中国的好奇，以及自我满足。一大批有关中国的通俗小说就这么出现了，更精确点，应该将它们称为"中国城小说"。这些小说通常都有基本事实做根据。十九世纪末，中国城摄影师阿诺德·根特（Arnold Genthe）的作品即清楚显示，即使穿上了西服，大多数中国男人仍蓄着辫子，他们往往将辫子盘在头上，外面戴着一顶圆顶礼帽。有些中国人一定是从家乡带来了抽鸦片的习惯，并将大部分辛苦挣来的钱，都用来满足这方面的需求。他们通常单独漂洋过海，有时候也与其他男性结伴而行，在纯男性的圈子里，任何能吃的东西都可成为他们的盘中餐，而妓女则是他们唯一的泄欲对象。在复杂的法律网路下，无论是从商、求学或工作，他们都备受歧视，以致他们若欲透过法庭解决问题，均须花费大量时间、巨额金钱，这使他们在中国城里，形成了紧密的社群。而原本的"慈善机构"，也经常化身成为控制集团，除了他们在陌生土地上提供保护，也提供懂得他们语言的人，作为他们的后盾。不过这些集团却经常会透过保护商家、控制毒品、妓女、赌博等渠道，讹诈金钱，甚至彼此恶斗；有时他们会拼得你死我活，有时是莫名其妙混战一番。对于中国人的行为，美国社会则自多重的思考线路中建构出了自己的解释。[36]

在早先类似吐温和哈特所著《阿兴》的剧作中，滑稽逗趣的台词还只穿插出现在剧中,但如今,这些词句却贯穿整个戏剧,随处可见。表面看来,两位作者对中国移民的境遇似乎颇为同情,事实上,他们却由白人矿工及其妇女针对中国人发表的评论中,表达了强烈敌意。自《阿兴》中随意挑几页,即可发现如下形容阿兴的句子:"那个黄疸病人的斜眼儿子"、"偷洗矿槽的老鬼"、"口齿不清的白痴"、"道德毒瘤"、"政治顽疾"、"脑袋空空"只有"猴子般的模仿能力"、"百分之百的无知"。[37]

由于这些剧中台词,加上其他无数来自新闻界、政治界的言论,以及一般人原来就有的印象,在十九世纪末有关中国的小说里,中国人普遍被描绘得富于心机、危险、不可靠、邪恶。1900年,义和团之乱时,侨居于加州的英国籍医师道尔(C. W. Doyle),开始他中国城小说系列的第一本;这些小说讨论中国人的无情无义,如何严重威胁到白人的价值观。道尔的故事,以一位名为康隆的卑鄙中国骗子为主角——这名字或许会让有些读者联想到马戛尔尼觐见的清帝乾隆。康隆在耶鲁受过教育——这点倒和真实世界中早期留美学生容闳背景雷同——在其白人室友雷(Ray)影响下,康隆爱上了"莎士比亚、拜伦,以及大卫赞美诗"。康隆的回报,则是让雷染上鸦片,并提供中国歌女服侍他。他还强迫雷利用电子工程方面的专长制造出杀人机器。康隆以铁腕控制旧金山的中国城,凡是挑战他权威的人均遭杀害,他还可以随意拆散他人家庭,并将受害者的女眷据为己有。当雷质问他的一项指令时,他以"不在乎的口气说道,中国城经常有意外发生"。[38]

道尔发挥的特性还不完全成熟,到了1910年,这个角色的特性,才在英籍作家萨克斯·儒默（Sax Rohmer，又名 Arthur S.Ward）塑造的傅满洲（Fu-Manchu）身上得到充分发挥。傅满洲的诞生，使得邪恶的中国人在国际上有了明确的定位。较之康隆及其他前辈，傅满洲只有过之而无不及，他非常聪明，"堪称未来几世纪所可能产生的最了不得、最邪恶的天才"，他的目标是建立一个"纵横四海的黄色帝国"。他的女奴后来也成了戏剧中的样板，"穿着中东后宫嫔妃的薄纱衣服，手指和细白的手臂上，戴满了俗丽的首饰，双眼就像神秘的潭水，随时准备蛊惑人的灵魂"。[39] 但是在傅满洲面前，这双眼睛就不值一提了。老和傅满洲唱反调，笨手笨脚的英国医师佩蒂特（Pettie），这么形容他：

> 高背椅上坐着傅满洲医生，他穿着一件绿色袍子，上面绣着什么东西，第一眼还看不出来，不过现在我看出来了，是一只白色的大孔雀。一顶小帽盖在他惊人的脑袋瓜上，他一只鸟爪般的手放在黑檀木桌上，微朝着我坐，脸上毫无表情，透露着极端的邪恶。也许是脸上显露的慧黠，傅满洲医师有我见过最恶心的脸。而那双绿眼睛，绿得像暗夜里的猫眼，有时像鬼火般跳动着，有时覆着一层恐怖的薄膜，不太像人眼，更不像有灵魂，比较像从地狱里溜出来的怪物，现在暂时住在这个骨瘦如柴、双肩高耸的人体里面。[40]

这类故事会广受欢迎，因其正好揭露了愚蠢西方领袖的无知，而此无知亦即傅满洲所谓的"无可救药的单纯"。因为无论起因于马可波罗时期的蒙古西征，还是当时的义和团之乱，西方人始终都生活在"黄祸"及东方人野蛮行为的阴影下。当佩蒂特躺在傅满洲面前时，他了解自己"正被这个白种人公敌玩弄于股掌之间，这个毫无慈悲心的非人类，聪明才智源于黄种人的冷血、富于心机、残忍，黄种人至今已将数百，不！至少数千个女婴，丢到专门设计的井里淹死了"。[41] 为了强调中国人冷酷的形象，美国人在政治演讲或法律案件中，经常用"蒙古人"代替"中国人"。"中国人不是高加索人，"一件判决摘要这么写着，"我们欣然承认这个事实。中国人是蒙古人。"[42]

鉴于中国在国内外均频遭外国人羞辱，中国人超人智慧的迷思开始遭到质疑，许多作家也留意到了这点。以杰克·伦敦（Jack London）为例，他在他的小说中还将中国人描述为强盗，专门在美国西海岸侵入他人的捕鱼区偷鱼，到了最后，他却强烈褒扬在夏威夷白手成家，老于世故的中国百万富翁。而在这两个极端之间，他又描绘了在南海旅行时他曾遇见的中国人；这些人由于本质单纯，受到当地法国人势力无情的剥削。

在1905年之前，杰克·伦敦发表了首批有关加州中国渔民的故事，其中特别强调他们强硬又不诚实的个性。[43] 等到他在1909年的《哈珀杂志》发表《支那人》（Chinago）时，他又回到了早期，谈论中国人单纯性格的主题。杰克·伦敦这种论调，违反了当时的潮流，在《哈珀杂志》接受他的文章之前，他总共被十一家杂志退过稿。[44] 只要读过吐温的海阿松，对于杰克·伦敦法庭中的一幕，必不会陌生：

> 阿周不懂法语。他坐在拥挤的法庭内，既疲倦又无聊，听着官员们轮番进出无休无止的法文。这些话听在阿周耳里，只是叽咕一片。他极讶异法国人的愚蠢，花了这么多时间，还找不出杀害忠家的凶手，而且根本不来问他。农场里五百个苦力全都知道，阿山就是凶手，而阿山此刻正好端端地坐在庭内。苦力们私底下协议过，绝不上庭彼此指控；但是，这事情这么简单，这些法国人应该知道阿山就是凶手。这些法国人实在太笨了。[45]

基于这种团结的默契，已经在农场里干了三年，二十二岁的阿周，在面对棉花田工头的询问时，一概"以一问三不知来搪塞"。虽然如今他成了嫌疑犯，他却自信早晚会无罪获释，因为他根本就是无辜的。在他看来，法国人如果严刑逼供，事实真相必可很快水落石出，但是他们却笨到连这点都想不到。阿周哪里晓得，读者们早已心知肚明，在这块由英国公司拥有，法国人经营，德国工头卡尔·舍摩尔负责的大溪地农场里，法律概念早已名存实亡且模糊不清了。

阿周一边听着不知所云的证词，一边思绪早已飞出去，幻想着自己获释后的景况：

> 他下半辈子都会当个有钱人，有一栋自己的房子，有妻、有子，孩子们长大后都会敬重他。还有，后院里要有个小花园，那是他休息、沉思的地方。小池塘里有金鱼，树上有风铃叮叮响，院子四周还有高墙围绕，以免他的休憩受到干扰。[46]

阿周认为，白人才是岛上不理性及暴力的来源，而非中国人：

> 白鬼的眼睛后面有一道帘幕，支那人怎么也看不进他们内心深处。不过，最严重的还是这些白鬼的效率，他们办事的能力，推动事情的方法，追求成果的精神，让所有能动的生物，都屈服于他们的意志之下，那是他们最深层的力量，是的，白人既古怪又杰出，总之，他们是魔鬼。[47]

由于共谋杀人，阿周被判二十年劳役，但是他"并不苦恼。二十年就二十年嘛。只不过这段期间再也别想着花园了——如此而已。他还年轻，骨子里又有亚洲人的耐力。他等得了二十年的，到时候他沸腾的热血已获舒缓，必然更能安享花园里的静谧。他为花园想到了一个名字，叫做'静晨花园'"。[48]

由于法籍地方法院法官酒后失误，阿周被列名为死刑犯，在前往断头台的途中，他相当地平静。他以双方都听得懂的大溪地话向法籍宪兵解释：事情弄错了，很容易就可以纠正的。法国人笑一笑表示同意，但是行刑的流程却没有改变。只有当行刑官发出口令，断头台的铡刀往他脖子上落下时，阿周才略感讶异。"刀子并不痒。在他失去意识前，他只知道这点。"[49]

阿周虽然无缘一睹他的"静晨花园"，读者们却因此意识到，这样一个梦想是有可能，也确实存在的。无论中国人在侨居地所受的歧视为何*，他们对未来的盼望，对故乡的思念，一直都是牵动他们生活的重心。

* 歧视固然是家常便饭，上诉也并非不可能，成功的案例甚至可以上溯至美国最高法院，1886年，"益和诉霍普金斯案"（Yick Wo v. Hopkins），就是一个例子。益和是旧金山的洗衣工，于1861年抵达美国。他因为违反市政府的新法规，在并非砖块或石头构造的建筑物里开洗衣铺，被罚锾十元。法令并规定，如果缴不出罚款，就得以一天一元的代价进牢房蹲监。他为此提出上诉。经过详细审查，最高法院驳回益和的判决，因为新法令显然只针对中国人而非针对白人而设计。最高法院法官以严厉语气向旧金山当局表示，虽然法令"表面上看来公平，执行时也可能无误，但是政府当局若心存不正，上下其手，以致执行时针对相同环境下不同的人，有不公平及违法的歧视"，那就违反了正义原则。在益和的案子里，另外还有两百名洗衣工伙同他一起上诉，"结论认为，除非对上诉者的种族及国籍怀有严重敌意，否则不应该有类似问题出现"——《最高法院判决报告书》（*Supreme Court Reporter*, 1886U.S.356, p.1073）。

注释

1. Eva Price, *Journal*, 19 页。
2. Yung Wing, *My Life in China and America* (New York, 1909).
3. H. G. Jones, *North Carolina Illustrated, 1524-1984* (Chapel Hill, 1913), 214—215 页。特别感谢 Gary Reeder 提供此条参考资料。
4. Mark Twain, *Roughing It*, 共二卷 (New York, 1913), 卷二：106 页。
5. 马克·吐温节录自 *Roughing It* 中 "Enterprise", 卷二：109—120 页。关于这时期吐温的生活，见 Henry Nash Smith 所著 *Mark Twain of the Enterprise: Newspaper Articles and Other Documents, 1862-1864* (Berkley, 1957)。
6. Twain, *Roughing It*, 卷二：110 页。
7. 同上，卷二：111 页。
8. 同上。
9. 同上。
10. 同上，卷二：105—106 页。
11. 同上，卷二：105、107、109 页。
12. 节录自 William Purviance Fenn, *Ah Sin and His Brethren in American Literature* (Peiping, 1933), 47 页。
13. 同上，xiv 页，注 15。
14. Bret Harte, *The Complete Poetical Works of Bret Harte* (Boston, 1910), 129—131 页。
15. Fenn, *Ah Sin*, 45—46 页，注 xi 及 xii。
16. Harte, *Poetical Works*, 143—145 页。
17. Mark Twain, "Goldsmith's Friend Abroad Again", 收入 Frederick Anderson 编的 *A Pen Warmed Up in Hell* (New York, 1972), 110 页。
18. 同上，111—13 页。
19. 同上，114 页。
20. 同上，115—116、125 页。
21. 同上，123 页。
22. Spence, *The Question of Hu*.
23. 引自 Fenn, *Ah Sin*, 卷 55：300—303 页。
24. 见 *Harper's*, 39 期 (1869), 783 页，"Excelsior in Pigeon English"; Fenn 的书中亦有讨论，93—94 页，xxv, 注 93。
25. Longfellow, "Excelsior", 第一节，以及 *Harper's*, 39 期 (1869), 783 页。
26. Harte, *Poetical Works*, 143 页。
27. 同上，143—144 页。
28. Bret Harte, "Wan Lee, the Pagan", 收入 *Tales of the Argonauts* (Boston, 1896), 262 页。

29　同上，264 页。
30　同上，279 页。
31　Bret Harte, *Two Men of Sandy Bar, A Drama* (Boston, 1876)，59 页。
32　Mark Twain 和 Bret Harte, *Ah Sin, A Dramatic Work* (Farfax Calif., 1961)，导论，xi 页，及卷头有趣的插画。
33　Fenn, *Ah Sin*，104 页。
34　Harte, *Argonauts*，导论 xxxii 页。
35　同上，xxxii—xiii 页。
36　Fenn, *Ah Sin* 及 William F. Wu, *The Yellow Peril: Chinese Americans in American Fiction, 1850-1940* (Hamden, Conn., 1982)。
37　Twain 和 Harte, *Ah Sin*，10、11、52、65 页。
38　C. W. Doyle, *The Shadow of Quong Lung* (Philadelphia and London, 1900)，251、225 页。
39　Sax Rohmer［Arthur S. Ward］, *The Return of Fu-Manchu* (New York, 1916)，279 页。
40　同上，284 页。
41　同上，286 页。
42　见 Rice v. Gong Lurn 案，1925 年 3 月，密西西比州。案例 139。
43　Jack London, "Tales of the Fish Patrol"，收入 Lawrence Teacher 和 Richard Nicholls 编, *The Unabridged Jack London* (Philadelphia, 1981)。
44　Jack London, *Short Stories*，由 Earle Labor、Robert C. Leitz III、I. Milo Shepard 编 (New York, 1990)，729 页。
45　Jack London, *Selected Stories*，其中的 "The Chinago"，(New York, 1909)，155 页。
46　同上，159 页。
47　同上，164 页。
48　同上，168 页。
49　同上，185 页。

第八章

中国风情在法国

The French Exotic

　　随着时间的消逝，西方世界每一个国家里的人，多少都和中国扯上了关联：他们或是商人、传教士、外交官、军人，或是海员、医生、教师、技术人员。由于他们提供的资料，学者和理论家得以在世界历史中加入中国，预测中国的未来，并尝试自零碎资料中构筑足以解释这个国家的体制。小说家也自日积月累的资料里，获得丰沛的灵感，并依据各自属性及市场嗅觉，从其中挖掘素材。对中国发生兴趣的人虽然日益增多，情绪上能够维持中立的人却是微乎其微。他们中，有人曾在中国居住多年，有人为短暂过客，有人仅自书中神游其间。他们对中国也有不同的态度，或是敬畏，或是轻佻，或是痛恨，或是爱恋。

　　不过，这一切最终还是得仰赖一位古怪的法国天才，从相互重叠、层层纠葛的不同主题间厘出一条主线，结合了形象与概念，形成了十九世纪末，我们现在所谓的"新异国风味"（new exotic）。新异国风味的形成既多彩多姿又复杂曲折。法王路易十四在位时期，为了宗教及国际声望等理由，派遣了大批传教团到中国。由于此一政策，法国一些最有天分的耶稣会士来到了康熙的宫廷，努力研究中国的数学与哲学。他们的发现，激发了莱布尼茨、孟德斯鸠、伏尔泰等思想家的想象力，并促成了中国风的普及，使中国风在十八世纪法国流行一时。此一风潮影响所及，不只出现了新的艺术表达形式，也促使法国决定，将中国语言和历史纳入学院作为正规学习的科目，终至引发了西方第一次波澜壮阔的汉学研究。

若由今日回顾，我们能看到，十九世纪中期左右在法国兴起的中国风，其实是由四个因素综合而成的。第一是对中国式优雅及细致的欣赏。中国人从蚕丝、瓷器、寺庙建筑中得到灵感，奠定了美学基础，进而对木头及其他材质发展出高度敏感性，因而形成这种优雅细致的特色。第二是中国人对肉欲的高度自觉。刚开始，这种自觉和前述的新美学息息相关，但是很快就独自发展得更强烈、更彻底，带有难以理解、危险、又令人迷醉的气氛，其中还掺杂了热浪、夜晚恶臭空气、香味及汗味。接下来的一点，则与第二点密不可分，也就是中国人对暴力、野蛮、潜藏的残忍、强奸的威胁及难以控制的冲动等所具备强烈的感应。最后一点，则视中国为伤心之地。那是一块永远有所失落的地方，既因未对物质主义加以防范而失落在西方里，又因历史的沉重包袱而失落在中国里，而其本身的羸弱与贫穷，则使一切更形复杂。鸦片就是第四个因素的自然产物，也是倦怠与渴望的最佳麻醉剂。

首先尝试将这四个要素综合归纳的人为日意格（Prosper

Giquel),这点由他1870年的日记即可得知。日意格是法国军官,由法政府借调给清军,协助镇压太平天国运动。他的任务是歼灭太平军余部,因为他们自天京(南京)陷落后,仍占据了华中地区数个要塞。他率领身经百战的法国部队,圆满达成任务。但是日意格记录的,不只是打赢的几场胜仗而已,在炙热的中国太阳下,他还呈现给读者战场上的生活。他记下了路旁成堆的尸体,描绘部下如何泼溅着走过泥泞的小溪,同时召唤驻足观看的中国妇女加入他们的行列。他叙述在战场附近,如何将一副弹子台拖上山坡,以利部下一面观察敌方动态,一面打弹子。而在中国的星空下,当士兵们喝着清凉混浊的苦艾酒,同时欣赏闪烁跳动的营火时,他也和大家一样,醉倒进了梦乡。[1]

想到日意格,第一个就要想到他的军人身份。如果他文中带有任何当时初临乍现的中国风味,那也是以相当原始且未经消化的方式呈现。至于与日意格同时期的艺术家福楼拜(Gustave Flaubert),则透过细心包装精确表达出这种新风味。在他的爱情小说《情感教育》(*Sentimental Education*)(1869)中,福楼拜借用中国事物作为故事中人物生命转折的象征。因此当弗雷德里克第一次到阿诺夫人家中时,在极度的肉体享乐中,他注意到她的门廊"以中国风格装饰"。而且无论是舞厅,还是位于香榭大道顶端的花园,在"中国屋顶下",都呈现出猥亵的气氛。在弗雷德里克和罗莎尼的重要幽会里,她带了一把紫缎洋伞,"撑开的洋伞正中央尖顶,看来就像宝塔"。[2]

中国灯笼、瓷器、屏风、小珍玩、黄蚕丝、中国帘子等,都是美丽、有趣的物品，带着特有的韵味。在爱到最高点的抑郁里，弗雷德里克会开始"就中国或政治经济发表演讲"，或者幻想自己处身戏剧里"北京奴隶市场"的场景中。[3]当阿诺夫人第一次只身前往弗雷德里克家中时，暴力的影像由"蒙古人的弓箭这个战利品"表现出来。此外，当阿诺夫人的财产不幸走上拍卖命运时，"中国武器"的叫卖也带出相似的影像。而当性欲高涨的弗雷德里克将罗莎尼带进他为阿诺夫人准备的爱巢时，"房子四处挂着中国灯笼，活像用火建构的花圈"。警卫的刺刀也"在幽暗背景下，发着森白的光芒"。至于卡普西尼大道上夺去许多无辜人命的枪支滥射，"听起来就像巨大丝帛一撕为二的裂声"。[4]

尽管这些中国物品描述精确，场景安排也极细心，与小说情节更是环环相扣，福楼拜笔下的中国仍具有挥之不去的中东风貌，这不断提醒我们，当时仍为十九世纪中叶的"东方主义"时期；在拿破仑远征埃及后，东方主义在法国更加盛行。福楼拜对此似乎了然于心，也用了许多同时意指两处的文字：有着中国式屋顶的舞厅称作"阿尔罕布拉"(Alhambra)，在北京奴隶市场的场景里，充满了"铃声、鼓声及苏丹的妻妾"；而手上握着宝塔形洋伞的罗莎尼更以为黎巴嫩位于中国。[5]

到了十九世纪末期，中国形象及隐喻开始单独凸显，在几位杰出法国作家的笔下，中国风情终于有了自己的定位，皮埃尔·绿蒂(Pierre Loti)为首开风气之先的作家之一。他曾担任法国海军军官，并在1900年义和团之乱时任职使馆。基于这些经历，他写成了《在北京最后的日子》(*The Last Days of Peking*)，甫出版即大受欢迎。

当时绿蒂早已为知名小说家,写了许多关于南海、中东、日本的故事。年轻时的绿蒂,瘦小羸弱,后来,因随着巡回至其镇上的马戏团学习特技,以及自我严格的体力锻炼,才改变了体格形态。加入法国海军后,他根据个人在性与爱方面的经验,依照自己的形象,创造了一个热情、浪漫、不负责任的情人,极度纵情性事。在小说《阿齐雅岱》(*Aziyadé*)(1879)中,他以绮丽的语言以及与伊斯坦堡后宫佳丽之间的夸张爱情故事,震惊了法国读者;在《绿蒂的婚礼》(*Le mariage de Loti*)(1882)中,他用个人在大溪地体会的感官经验,迷倒了读者;而在《菊花夫人》(*Madame Crysanthème*)(1887)中,他又摇身一变,成了年轻日本艺伎的伴侣。[6]

在这些虚虚实实的故事中,除了极力渲染情色内容外,绿蒂并证明自己对于异国风情有着极精确的观察力。1884年,龚古尔兄弟(Goncourt Brothers)尊称他为"天才鼻",是戈蒂埃(Judith Gautier)(天才眼)及弗罗芒坦(Fromentin)(天才耳)的正宗接班人。[7]他们也许是读了绿蒂自亚洲寄回并发表于《费加罗报》(*Le Figaro*)上的文章,才下此论断的。这些文章是1883年绿蒂在巡洋舰"阿塔兰忒号"(Atalante)担任军官时,根据他观察法军炮击安南的过程写成的(文章中细腻描述了法军的残酷,以致绿蒂被调离前线,搭乘货轮回到法国)。对三十三岁的绿蒂而言,东方就等同于"黄黄褐褐、惶然不安、贪婪好财、类似猿人、猥亵下流……带着黄色的汗味、香烛味、秽物味,总之,就是麝香的恶臭味,令人作呕、厌烦、难受"。[8]在绿蒂笔下,法国读者见到的安南土地上,尽是遭熊熊烈火吞噬的村庄,而法国军官则端坐在甲板座椅上,观赏这场血腥屠杀。

对绿蒂而言，他们简直就是现代版的"阿提拉（Attila）和成吉思汗"。色彩明丽的中国房屋，在遭法军炮弹击中后，无论是竹篱笆还是陶瓷饰物，均因大火造成的高热而蜷曲变形，并释出一股"黑得像血"的光亮，以及一阵"黑色刺鼻的浓烟，有麝香一般的怪味"。而那些吓坏了、却仍活着的村民，则焦急地寻找掩蔽，否则就像老鼠一样，在沙地上掘个洞，将自己藏起来。[9]

到了1900年，年届五十，在法国乡间拥有一栋舒适而具有东方风味住宅的绿蒂，早已断了回到东方的想法。但是来自政府的一纸命令，要求他加入八国联军法国部队，以平息义和团之乱，却让他感受到命运之神的眷顾，使他得以最后一次体会他相信早已消逝的一种生活方式。他自船上寄出的家书这么写着：

> 我又变成原来的我了，我觉得年轻了二十岁。这种修院般的清幽，使我内心平静无波。我想起以往种种的折磨、痛苦，如今都已离我而去。除了这海风和大海，我什么都不眷恋。超脱一切的我，又成了早年战场上的那个人，但是少了当年的失落、恼人的懊悔、孤苦无依的软弱。我无畏向前，业经蜕变、带一丝健忘、无忧无虑而且年轻。[10]

这种来自中老年时期的重生喜乐，模糊了由目睹暴力而起的对于暴力的感受，而皮埃尔·绿蒂对中国风味的绝佳诠释，即由此而来。身为饶富经验的观察家，他深知，抵达北京城后所见的萧条、杀戮景象，是由义和团造成，由一度与义和团为伍的清军造成，也是由联军造成。由于身为资深法国海军军官，又是舰队司令幕僚，绿蒂有着相当舒适的旅程。更由于随身携带的一箱埃维昂（Evian，今译名"依云"）矿泉水，使得传染病及旅途困顿的威胁减轻了不少。

他在中国的第一处住所，是一片位于北海内的王府宫殿，紧邻着紫禁城。当他靠近北京城墙时，他觉得整堵墙带着"哭丧色彩"。[11]一旦入城，他就明白原因何在了。他见到一片断壁残垣，闻到死尸和焦烟的气味，还有野狗拖着埋在瓦砾堆中小孩的尸体。在一处无法名状的恐怖处所，他见到一块不能辨认的东西，仔细一看，发现竟是"一个女人的下半身，塞在一个桶子里面，两双腿则悬在空中"。尸身上半部不见了，但是整个头"却被发丝缠绕成一团，躺在一个扶手椅子下，旁边还有一只压扁的猫"。[12]绿蒂永远也忘不了在中国的夜晚：他在自己大寝室的床上躺着，暗夜中，眼前所见尽是磷磷火点，晚上起来时，到处都是老鼠眼睛。等他拉上被子了，又可以听到老鼠窜动的声音，它们正在他宵夜过后的瓷碗间寻觅残羹剩肴。[13]

尽管惊恐不断，他的四周却全是历代王朝遗留下的宝物，任他挑选。他的法籍和中国籍仆人在宫中恣意欢谑，穿着绣花皇袍，扮演小丑。至于绿蒂自己，我们由他的日志中得知，至少盗运了十大箱的宝物回家。然而他在公开报告中却低调处理此事，并告知其妻子——至少在处理赠送给她的皮草上——他未劫掠这些物品，所有皮草均购自中国盗卖者手中。[14]他同时在市内及宫中四处游览，详细记载下北京城的一景一物，以致该书从1902年初版起，到1914年世界大战爆发为止，共印行了五十版。

犹如他离京前夕在信中向他妻子表白的,他这辈子再也不可能找到类似的地方供他写作了:

> 我预定明天离开北京,我的皇帝梦就要宣告结束……我会怀念这里;虽然公园里有尸身、有乌鸦,景色依然如织。每天打开大小箱子,检视其中的珍奇,真是乐趣无穷。我有一间小书房,在一个有着圆形屋顶的圆形房子里。那房间曾是皇后最爱的去处,我再也不可能找到同样宁静的地方了;有时候皇后的宠猫还会跑来看我。这房间屋顶是陶瓷做的,面对着莲花池。与我为伴的是一尊巨大的玉佛,身着金袍,用以保障中华帝国的安危。我离家时仅带着一只皮箱,返家时,我会有一大摞的行李。[15]

绿蒂回法国时,还随同行李带着一件活纪念品,也就是他认为原本属于中国皇后的那只蹑手蹑脚的猫。他为这只猫在黄纸板上做了一张访客卡,上面写着他构思出来的全名:"喵喵夫人——中国风,皮埃尔·绿蒂先生家的第二只猫。"这么一来,她和她的前任——绿蒂挚爱的"喵喵夫人布朗谢"才不会搞混。[16]

回到法国后,绿蒂感叹,中国失去魔力了,"威严不再,神秘不再"。绿蒂一直视紫禁城为"所有未知与顶尖事物最后的避风港;它是少数几个至今仍存在的古老文明之一,既深不可测,又辉煌灿烂"。绿蒂曾亲眼见到,"在金碧辉煌的大殿上,奢华的地毯上覆满了鸟屎"。然而在这褪色的光华中,却可能站立起一个新中国。绿蒂写道，一旦"这许许多多我所见过的踏实而精壮的农夫们"，学到了法国人那一套"现代式的毁灭手段"，那么未来还会有很多变数的。[17]

绿蒂未再深入探究此一想法。当他再度以中国为写作主题时，他以早期社会做背景，与戈蒂埃合作写了《天国之女》(The Daugher of Heaven) 这个剧本，描述一位中国公主与鞑靼皇帝之间的曲折爱情。他原本希望他的朋友莎拉·贝纳尔（Sarah Bernhardt）能够扮演这位公主，但她拒绝绿蒂的要求——将明亮红发藏在黑假发下，这个提议因此搁浅。1912年，就在清朝灭亡之后不久，美国制作人买下此一剧本，并在百老汇短期演出。绿蒂特别前往纽约参加首演，如今的他已不复当年形貌，涂过胭脂的脸，和染过色的头发，在在说明了主人试图抓住岁月尾巴的意愿，至于小小的身子，更要借高跟鞋来撑着。他不喜欢纽约的感觉——"房子参参差差往上冒，活像四月的芦笋"——但是他喜欢舞台剧华丽的制作，并十分意外，纽约竟找得到这么多中国人饰演剧中的龙套角色。后来他才知道，这些人都是学生，眼见清朝灭亡，正不知道何去何从。[18]

绿蒂的创作生涯，基本上在他访问纽约的时候画上了句点；他的舞台剧结果也一败涂地。但是法国诗人兼剧作家保罗·克洛岱尔(Paul Claudel) 对中国的终生兴趣，却也是由这个城市的生活经验开的头。克洛岱尔生于1868年，并于1886年经历了别具意义的皈信天主教过程，到了1893年时，借着诗作、剧作，以及派驻纽约法国副领事的职位，他已过着相当舒适的生活。抵达纽约之前，克洛岱尔对东方的了解只限于日本的版画；当时巴黎许多人深为此着迷；另外就是1889年巴黎万国博览会演出的几出安南戏剧了。

但是到了纽约没多久，克洛岱尔就发现了中国戏院。他在一封写给巴黎朋友的信中说道："在这里的勿街（Mott St.）上，有一个中国广场，到处挂着大红招牌，鸦片窟就在氤氲弥漫的地下室里，我打算尽快到那里的戏院去看个究竟，供着神像的庙宇也不可错过。"他指的戏院，很可能就是位于戴耳街（Dyers Street）五号的那一家，原本为中国主日学校所在，如今经过整修，有了新用途；戏院里有分隔中国人和"美国人"的座位区。[19]虽然他未说明看过了那几出戏，中国戏剧中复杂的情节、细腻的作工和口白、缓慢的移位、华丽的服饰，以及舞台上尖锐的乐音，在在都震撼了克洛岱尔。"世界上没有任何事物比中国戏剧更美的了，"他在1895年向一位朋友表示，"只要欣赏过中国戏剧，什么都不值得看了。"克洛岱尔1893年写的一出戏《交换》（The Exchange），和当年戴耳街最受欢迎的中国戏剧有着部分雷同的情节。[20]

1895年，法国外交部一纸命令，将克洛岱尔调任为中国公使。事后他回想，"我非常高兴。中国正是我最想一探究竟的国家。但是，当时我对东方所知其实有限"。因此中国给他的第一印象，是模糊而没有明确时间概念的。他抵达后给诗人朋友马拉美（Mallarme）写的一封信就表示，"这儿的生活尚未受到现代病污染"，中国仍是"一块古老的土地"，仍然能够传布"它的梦想"。[21]

在1895至1909年间，克洛岱尔大部分时间都在中国度过，而且几乎自第一周起，他就以中国为灵感，探索他正在实验的一种散文诗体裁。他的观点较绿蒂温和，并呈现一种梦幻色彩，不过他的文字却同样的尖锐、犀利。他的中国散文诗通常都没有特定主题，旨在表达灵光一现的感觉。在他初期作品中，有一首就叫做《戏院》，文中首次完整表达了他从居住于纽约开始获得的有关中国戏剧的印象：无论彼时的纽约，还是此时的中国，演员们都躲在层层袍服下，脸上画着面具般的厚妆，"隐身于扮演的角色中"，只见"姿态与声音。皇帝可以面对江山垂泪；受诬陷的公主可以穿过豺狼猛兽躲进庇护所；千军万马可以演练调动；战争可以激烈开打；一个姿势就涵盖了无数时间、无数空间"。而且，无论台上是锣鼓喧天，还是凄清悠扬，观众们都会完全投入其中，随着每一个唱腔及动作起伏。戏院里好像"堆满了头，圆圆黄黄的脸挤在一起，四肢和身体似乎都不见了。他们全部黏在一起，心脏也连在一起，一个紧跟着一个跳动"。[22]

在 1896 年 1 月于上海停留期间，他写了一篇《城市的夜晚》，并于当年夏天在巴黎发表。在此文中，克洛岱尔突破舞台剧范畴，探索上海这个令西方又爱又恨的城市：

> 街道窄小曲折，四周俱为幽暗人群，仅由道路两旁深阔的铺子提供照明。这些都是店家，有木匠、雕刻师、裁缝、制鞋匠、皮货师。在一间又一间的厨房里，从装着汤汤水水的碗后面传出了炒菜的声音。有个妇人在黑漆漆的角落里哄哭闹的孩子。在成堆的棺材间，一支烟杆子闪烁发着光。一个油灯的光亮映出了变形的物体。在街角上、粗厚小石桥的转弯处，以及铁栏杆后的凹陷处，均可见到夹在两根红烛之间的小神像。在雨中走了一段路之后，处在恶臭的黑幕中，我们突然发现自己

置身一条黄色的死巷里,巷中一个大灯笼吐出了熊熊的火焰。[23]

尽管到处都是狭窄巷弄、死路、阴暗角落、腐臭气味,克洛岱尔却觉得"整个城市形成了一个完整体";就像"辛勤构筑的蜂窝,四通八达,又像蚁丘,千洞万穴"。就在这千洞万穴的蜂窝里,他的中国滋养了:

> 一个鸦片窟,一市集的妓女,而后者更形成了我记忆的主体。这烟窟是个巨大的中堂,二层楼高的建筑里空空荡荡,阳台凌空架于室内。屋子里满是蓝烟,闻起来像烤栗子的味道,但是更像浓重的香水味,既刺鼻又陈腐,就跟锣声一样强烈……
>
> 坐在狭窄的长凳上,她们头上饰着花朵、珠子,搭配宽大的丝衬衣,及绣满花样的长裤。妓女们一动也不动,双手摆在膝上,在人来人往的喧嚣尘埃中,像市集中的野兽,在街上鹄候着。小女孩们打扮得跟妈妈一样,也一动不动地在她们旁边的板凳上坐着。在她们身后,汽油灯的光亮照进了楼梯间的入口。[24]

这是一段强而有力的介绍。在克洛岱尔设计下,读者的目光慢慢逡巡过穿着丝衬衣的妓女,与她们同坐在窄凳子上的面容严肃的小女孩,以及照亮楼梯入口的灯光。克洛岱尔就此心死了吗?他在下面一行接着写道"Je Passse",这是个翻译起来语意模糊的句子,他是指"我继续下去?""我走我自己的路?""我继续向前?"还是"我不管它?",并不清楚。接下来的文字虽然依旧优美,但是语意一转,硬是将读者与叙述者拉出了梦幻般的场景,进入了自1842年鸦片战争以来由各强权国私相授受自订条款下的中国。

  Je passe。在我的记忆里,那里的生活拥挤嘈杂、天真无知、焦躁不安;那个城市既开阔又拥挤,一个房子里可以住上好几户人家。我见过那城市其他时候的风貌,当时现代化的影响尚未进入,人们毫无秩序地挤成一团;事实上,我遗留在当地的,正是对过去的眷恋。当我从推推挤挤的手推车及满地垃圾间离开城门时,在麻风病人及癫痫病人间,我见到割地赔款时代的来临。[25]

  克洛岱尔对其手稿及校样都极端漫不经心,若非其密友兼崇拜者维克多·谢阁兰(Victor Segalen),本书及其他克洛岱尔的作品,不可能有今天这种正确的面貌。[26]谢阁兰后来更成为诠释中国风的法国人中堪称最伟大的一位。谢阁兰生于1878年,较克洛岱尔晚十年,他受过专业医生训练,并在1902年前往大溪地任职途中,因为克洛岱尔的影响,在旧金山的中国城第一次接触到中国人。谢阁兰后来对中国发展出既深又广的兴趣,他在巴黎追随法国首批卓越的汉学家之一沙畹(Edouard Chavannes),学习中国古文及文化,并终生受其影响。沙畹是一位勤奋积极的学者,他到处浏览中国的名胜古迹,欣赏篆刻并加以拓印,还素描墓碑及纹饰。由于职务关系,沙畹得以在 1909—1917 年间，将大部分时间花在中国。受到老师榜样的激励，即使从事医职工作繁忙，谢阁兰依旧做了三次横跨中国的漫长旅程，考察考古遗址、素描并以相机摄下石雕。后来他在这方面发展出学术上的兴趣以及专家的慧眼，其间更不时以书信与沙畹分享他的发现。[27]

谢阁兰的优美诗集即以《碑》为书名，这些诗写于 1909 年，于 1912 年出版。这本诗的书名及部分诗的内容，是他在旅游途中从见到的石碑中得到灵感写成的；这些石碑有些已有数千年历史。谢阁兰将诗集献给保罗·克洛岱尔，因为他一向喜欢克洛岱尔的作品。但是较诸克洛岱尔或其他当代西方作家，谢阁兰的诗作更完整地表达了中国风的四个基本要素：热情、美学、忧郁、狂野。由于中国人经常将刻有诗作及文章的巨大石碑摆在路旁或祠堂附近，受此影响，谢阁兰决定仿其形式创作自己的碑文。他同时编造了一个颇具说服性的论调指出，中国石碑会因摆设方向的不同而出现不同的内容，因此以爱情为主题的石碑面向东方；以友谊为主题的石碑面向北方；刻有皇帝诏命的石碑面向南方；而战争与死亡的石碑则面向"浴血的西方，红色的宫殿"，日落的方向。[28] 另外有一组石碑却朝下，面向泥土，这些是中心的石碑，虽然方向不明，但是意义重大；它们将讯息强压进大地之内。"它们是另一个帝国的法令。"

《祈求》（Supplication）是"东面之碑"中的一首爱情诗，诗中谢阁兰以纯净的遣词用字，表达他心目中属于中国的爱情：

祈求

你会受到笑容、眼神、绵绵情话、
礼物的追逐,你会矜持做拒,
因为你还是少女;

你会受到探问,想知道你渴望什么,
你最爱哪些饰品——大红结婚礼服、诗、
歌曲、自我牺牲……

这个配不上你的男人——我——连向你哀求
都不配,只向你祈求一件事,
露出你的容颜,那么让人魂牵梦系,
你的举手投足,像是轻盈跳动的小鸟。

或是你缺乏抑扬顿挫的声音,或是你发上
蓝色的反光。而你的灵魂,在智者眼中
却是一万倍的珍贵。

让这一切隐藏在你
令人困惑的身影中
美丽的年轻女孩呀,让沉默取代一切吧。[29]

相对于《祈求》中,对于年轻女孩露骨的情欲召唤,谢阁兰在"西面之碑"中,以死亡与战争,谈论历代中国征服者及亵渎者的凶残:

刀尖所向

我们是骑士,驰骋马上,什么叫做耕田?
马蹄践踏过的田园就是,马匹
奔驰过的草地就是,

我们将之踏平。

我们绝不屈身兴建城墙、庙宇,
只要是能够烧毁的城镇,连同其庙宇、
城墙,

我们一概焚毁。

我们敬重、珍爱我们的女人,她们个个
身份崇高:但是其他那些女人
只要能够凌辱、拆散、占有,

我们从不犹豫。

我们的封印是长矛;我们的战袍,

盔甲沾着露珠；我们的绸布
以马鬃制成。那些更为柔软的
更能卖得价钱的，

我们早已脱手。

没有国界，甚至没有名字，
我们不在乎统治，只在乎迁徙。凡是
能砍、能割，凡是
能刺、能剖，
凡是能在刀尖下毁灭的，

我们都不放过。[30]

在一首载于第五类石碑的诗中，谢阁兰探索另一主题。这种"中央之碑"，面朝下，将讯息吐进压在下方的土壤中。这首诗来自其他四个区域之外或之内，并受这四个因不同面向而有不同情绪领域石碑之影响。在诗中，谢阁兰以逐层建构的方式，呈现中国的中心城市。每一层都叠在另一层之上，类似克洛岱尔在1896年的散文诗中呈现的上海。谢阁兰称此诗为《紫禁城》(Forbidden Purple City)：

建于京城北京的城中之城，
气候若非极热，就是

比冷的极点还冷。

四周是商人的店铺和向所有人开放的客栈,
那里有过客的床铺、牲口的
食粮和粪便。

里面是征服者那高傲的围墙,
它有为我那些出色的卫兵而设的坚定的
壁垒、角堡和角楼。

中间是这道红墙,
它给少数人留出了一块完美友谊的方形土地。

正中、地下和高空,
充斥着宫殿、荷花、死水、太监和瓷器
而那里巍巍站立的就是我的紫禁城……[31]

在谢阁兰题为《碑》的诗集中,这首诗似乎最能表达他的心声,因为诗中正反映了他在中国的许多亲身经历。[32] 该诗字里行间,清楚出现了小说《勒内·莱斯》(René Leys)的雏形;完成这首诗不久,他就开始着手这部既杰出又瑰丽的小说了。当中国的末代王朝清朝于1911—1912年间因其本身的腐化、外国势力的压迫与侵犯及革命党人的不断起义而终告灭亡时,谢阁兰正好在北京。正如1912

年之前所有的西方人,在谢阁兰眼中,中国就是皇朝的代名词,充满了壮丽、雄伟的历史,绵延达二千年。但是如今皇朝粉碎,紫禁城也失去了神秘性。绿蒂预见了此一结局,克洛岱尔为此唏嘘不已,如今二人都已离京,绿蒂前往法国(及纽约),克洛岱尔则去法兰克福继续外交工作。因此无论是末代王朝的分崩离析,还是民国总统乘着火车入京,解除满洲摄政王及儿皇帝溥仪的职权,如今都只有谢阁兰得以在现场做见证了。

对于那些迷恋中国风味的人,这是个失落的时代,但是谢阁兰自有其"中国观",关于这点,当时他曾写信告诉他的朋友德彪西(Debussy)。为了留下此一观点,他写了一组名为《中心》的诗,还特别向一位在北京遇到的比利时青年莫里斯·罗义(Maurice Roy)寻求协助。[33]罗义为北京邮政总局局长之子,能说流利中文,因此有一段时间,谢阁兰聘用他为中文教师。罗义相貌英俊,敏锐易感,轻易游走于两种文化之间。他也为谢阁兰的小说人物勒内·莱斯提供了灵感:一位口操双语的感官主义者,与游手好闲的满洲年轻王公们私交甚笃,并因为这些纨绔子弟对戏曲及声色场所的兴趣,在巧合与欲念驱策下,闯进了儿皇帝寡母的私人寝宫,接着又意外目睹了革命过程,并且发现了隐藏在北京的城中之城及其秘密生活;那根本不是西方人所认识的表面上的北京城。

《勒内·莱斯》的初稿,显然是在1912年间在作者本身强烈创作欲的驱策下利用几周时间完成的。因为据说,谢阁兰和人打赌,坚持自己能够灵活运用当时新出现的"无情节"小说形式,而这本小说就是明证。这本小说在1919年获得修订,之后不久,谢阁兰就去世了。这本小说很难以言语加以概括，但是读者不难从文中感受到谢阁兰及其同时代的人自中国感受到的异国风味。

在小说中间，有一段文字明确直指面向中间的石碑。当时，叙述者和年轻友人正在北京城外骑马；两天之后，革命就爆发了。他们在紫禁城附近勒住马匹，踩在听来中空的石板路上，勒内·莱斯向叙述者道出了只有他知道的秘密：

> 北京并不似一般人想象的像一盘棋，无论棋戏是否光明磊落，一切都在棋盘上进行。非也——里面还有个地下城市，其中角楼、尖角堡俱备，有大道、有小径、有通衢，更有防护设备。它"接近地平面的水井"，较之光天化日之下提供饮用的水井及其他水面，更壮观惊人……

勒内·莱斯向叙述者透露的，是一个"梦幻宫殿"，正足以和另一个活生生但是空洞洞的宫殿互相对比：

> 一切隐居在二十尺高城墙后的未知，皆因寄居在这地底的深渊之中而加倍神秘——这是个充满地底漩涡的地下城！在辽阔、平坦的京城下面，任何轻微动作都会受到排斥、不受欢迎……[34]

在小说其他段落里，当牵涉到东方人与西方人的肉体之爱时，谢阁兰也较其他西方作家坦然直接。有一次，叙述者和年迈的语言教师同赴晚宴,并评论着主人最年轻的侍妾。这种两性共同参加的晚宴在中国原本是不可思议的事,但是,随着清末宫廷的"现代化",教育、科技、新闻、商业等开始涌入,中国传统社会也逐渐转型了。谢阁兰在形容这位女士时,不断运用断句,表现出了一种夏日夜晚热烘烘、透不过气来的风情:

> 她那合时令的披肩(当时为夏日)线条优雅;虽然直直垂下,却很柔软;那衣服虽无曲线,但是轻轻一动,就会激出纹路……质料虽不透明,却很透气,正可让肌肤清净凉爽……衬衣上有个圆领子,圆润的颈子挺立其上,我的意思是说,既无青筋暴露,也不瘦骨嶙峋,就像一根圆滚滚、会移动、活生生的柱子……衬衣下面是两个不大不小的乳房,角度完美。最后则是一双玉腿,相当修长。事实上,我不断盯着那双腿,几乎可以测出它们的长度……[35]

谢阁兰接着更精确地谈到发生外遇的可能。

> 晚餐后,夜晚才真正开始。这个夜晚将充满承诺、冒险、推拒……
> 我望向她。她正为着我的姿势笑着,我逗得她笑。我逗得她开怀。我自己也私心窃喜,并暗想,不知她如何看待肉体之爱及其后续发展。是否视其为幼稚的游戏(那只是假设),或只是令人汗颜生活的一部分、一项服务、一种功能、一个冒险、

一种时尚、一个瞬间、一个习惯、一个操练过的怪癖、一种仪式、一项牺牲，或是一个由诗书主导的仪式……[36]

这个外遇并没有后续进展，但是谢阁兰故事中的叙述者却明确表示：中国有无穷冒险的机会，尤其义和团之乱后，西方人在租界区内获得了优厚待遇，使他们得以从容来去。革命成功后，清帝被迫逊位，但是依然保有紫禁城及其内的一切物品。谢阁兰知道，小说该写上完结篇了。他没有流露悲痛，只道出一个时代的结束：

一个很平常的冬日清晨。夜晚什么事都没发生。什么事都没有。第一次，北京让我深感失望：昨晚城里没有着火……

我在这时间醒来，似乎极不恰当……这毕竟是历史性的一刻。突然间，就像"干燥的冬日天空"一样澄明。我自一个极沉的睡眠中醒来。第一次，这不是我预期中的一天。北京不再是我朝思暮想的地方。我的坏心情包围了整个宫殿，我不确定自己是否愿意再踏足其中！……

今晚或明天我就要整理行装。

我刚刚重读过这份手稿的第一页，发现自己不自觉地在几个字下面画线："我再也不想探索了……我要引遁他去……"

旁边还有不同字迹写道："……我什么都不想知道。"[37]

在生命中最后一年，谢阁兰将小说修改到令自己满意的地步。如今回到法国的他，再度将精力投入讨论中国雕刻的书中；那是他在诗作与小说之外,一直持续的另外一项兴趣。他的老师沙畹过世才不久,他感觉到双肩上承担着自己揽来的历史重任。他认为,在一片混乱而且不可能持久的革命中,欧洲人有责任延续中国人的价值观——即使中国的魔力早已消失:"为我们塑造梦幻的人早已死亡,就连我们自己也不再生存在奇幻年代里。那时候,不仅有独角兽,更有重达一万磅的狮子,它们由石制的轮子载着,在接近目的地时——通常是壮丽的墓地——就会很神奇地开始往空中嗅着,晃动着身体,然后跳入为它们预留的场地内。"[38]

散文世界仅存的,就只有探索的赤诚、拂去尘封泥沙的能耐及永保对杰出事物的赤子心情了。"当欧洲人第一次看到一件状似石块,却足以见证中国两千年历史的文物时,随着十字镐每一镐下去,覆在上面的泥土渐渐松落,终于浮现出了一件私人收藏,或是一样精巧的艺术品,当时那种欢欣之情如此强烈,以致文字描述在久久之后仍震荡着冒险的悚栗。"[39]

谢阁兰死于1919年,骨瘦如柴的他得了怪病,既查不出病因也无法治愈,死时尚未完成雕刻书在付印前应有的准备工作。但是他热烈拥抱的中国流传了下来,因为他从支离破碎的断简残篇中组织出一种丰富多彩、深入浅出的异国风情。

注释

1. Prosper Giquel 著, Steven A. Leibo 编, *A Journal of the Chinese Givil War, 1864* (Honolulu, 1985)。
2. Gustave Flaubert 著, Robert Baldick 译, *Sentimental Education* (Harmondsworth, UK, 1987), 56、80、205 页。
3. 同上, 37、97 页。
4. 同上, 190、406、283 页。
5. 同上, 80、97、205 页。
6. Lesley Blanch, Pierre Loti, *The Legendary Romantic* (New York, 1983)。
7. 同上, 169 页。
8. 同上。
9. Pierre Loti[Julien Viaud], *Figures et choses qui passent* (Paris, 1898), 265—269、270—271、280 页。
10. 引自 Funaoka Suetoshi, *Pierre Loti et L'extreme-orient: du journal à l'oeuvre* (Tokyo, 1988), 33 页, 由 JS 翻译。
11. Pierre Loti, *Les derniers de Pekin* (Paris, 1914), 44 页, 关于城墙的部分, "couleur de deuil", 91 页。
12. 同上, 81—82 页；Funaoka, 139 页。
13. Loti, *Derniers jours*, 406 页
14. Funaoka, 143、147 页。
15. 引用自 Funaoka, 147—148 页。
16. Blanch, *Loti*, 173 页。
17. 同上, 256—257 页。
18. 同上, 290—291 页。
19. Bernard Hue, *Litteratures et arts de l'orient dans l'oeuvre de Claudel* (Librairie C. Klincksieck, 1978), 56 页；Eugene Roberto 所著 "Le theatre chinois de New York en 1893", 刊于 *Cahiers Canadien Claudel*, no.5, *Formes et Figures* (Ottawa, 1967), 109—133 页, 特别是 109—113 页。若欲知 Claudel 有关中国作品的详细讨论及参考目录, 见 Gilbert Gadoffre, "Claudel et l'univers chinois", *Cabiers Paul Claudel*, 注 8 (Paris, 1968)。
20. Hue, 73 页；Roberto, 120—129、133 页。
21. 引自 Hue, 54 页。
22. Paul Claudel 著, Gilbert Gadoffre 编, *Connaissance de l'est* (Paris, 1973), 由 JS 翻译。
23. Paul Claudel, "Ville la nuit", 载 Gadoffre 编, *Connaissance*, 91 页；Paul Claudel 著, Teresa Frances 和 W.R.Benet 译, *The East I know* (New Haven, 1914), 13 页。欲知

手稿日期，见 Gadoffre 编，*Connaissance*，95—97 页。
24 Claudel, *Connaissance*, 93 页；East I know，14 页。
25 Claudel, *Connaissance*, 93—94 页；*East I know*, 15—16 页。
26 Claudel, *Connaissance*, 70 页。
27 Victor Segalen 著，Eleanor Levieux 译，*The Great Statuary of China* (Chicago, 1978), 186—187 页。
28 Victor Segalen, *Steles* (Paris, 1973)，25 页。
29 Michael Taylor 翻译的 *Steles* (Santa Monica, Calif., 1987)，无出版地。
30 同上，无出版地。
31 同上，无出版地。
32 Yvonne Hsieh, *Victor Segalen's Literary Encounter with China: Chinese Moulds, Western Thoughts* (Toronto, 1988)；Marc Gontard, *Victor Segalen, une esthetique de la différence* (Paris, 1990)。
33 Hsieh, 157—158 页；Pierre-Jean Remy 为 Segalen 的 *Steles* 写的前言，9 页。
34 Victor Segalen 著，J. A. Underwood 译，*René Leys* (Chicago, 1974), 171—172 页，原文中已省略。
35 同上，121 页。
36 同上，121—122 页。
37 同上，210—211 页。
38 Segalen, *Statuary*, 13 页。
39 同上，20 页。

第九章

中国风情在美国

An American Exotic?

尽管有谢阁兰这种在美学上强而有力的文章,到了1920年代早期,法国人在迷恋中国风情上独领风骚的地位,已逐渐消退。部分原因是第一次世界大战。大战期间,超过十万中国劳工来到法国,他们都签有合约,目的在从事一些非技术性的工作,诸如自码头上卸下武器弹药,清除战场上的尸体,将补给送上前线等。但是这批劳工并没有为中国热带来任何正面意义;如果他们曾经产生任何影响,恐怕也是负面的。因为正由于这些中国人承担了非军事性的工作,更多身强体健的法国人(及英国人)才不得不被派往前线抵御德军。这批中国人普遍不识字、害着思乡病、肮脏、困顿无聊,丝毫不起眼。与此同时,另外一批居住在法国的中国人,也就是那些利用奖学金或勤工俭学计划来到法国的富裕中产阶级家庭的子女,却纷纷涉足政治激进组织(其中包括共产党),展现出一种领导社会改革的姿态,正好和传统的中国风情大唱反调。[1]

然而就在这个空当上，对于中国情调及形象的兴趣，却在美国得到了新的出口。在这里，就和在法国一样，中国热是既混乱又复杂的，唯一不同的是，这里的中国热经常带着彼此冲突的成分。以中国城为背景的小说，呈现了一种肉欲与暴力掺杂的传统形象，然而在二十世纪的前十年，由于义和团之乱的恐怖经历，美国对中国开始产生了一种强烈的道德责任感，这点在基督教会及其传教团中尤其明显，他们投入大量资金，赞助中国的医药及教育设备。

1912年清朝灭亡，更使这份道德责任感扩展到政治上，导致美国强力支持中国民主制度的发展。随着更多中国留学生涌入美国，当时仍普遍存在的歧视中国人的情绪也逐渐得到反省。重视商业利益的美国人，更创出了他们心里中国人的形象，亦即扩张的全球市场中极有购买力的消费群众。最后，中国城市快速接受现代化商品的现象，诸如汽车、电影院、电力、蓄短发、百货公司、留声机等，也让部分美国人情绪上失去了平衡，认为传统中国文化遭到了破坏。在一次世界大战及战后出现的这些现象，结果整合成了一种新潮流，也就是：对传统儒家生活方式与哲学重燃的狂热，对早期中国艺术的倾心，对中国人沦为肤浅西方物质主义无辜牺牲者的同情，以及对中国农民身为大地之子及智慧泉源的尊崇及热爱。

在格里菲思（D.W.Griffith）导演，1919年上映的片子《凋谢的花朵》（*Broken Blossoms*）中，他就捕捉了好几个上述的趋势，同时还掺入了几世纪以前的一些中国景象。在这部片子之前不久的1915年，才有三部描述种族紧绷关系的片子受到指责：格里菲思自己的《一个国家的诞生》（*Birth of a Nation*），戴米尔的《蒙骗》

(Cecil B.de Mille's *The Cheat*),和欧可特的《蝴蝶夫人》(Sidney Olcutt's *Madame Butterfly*)。第一部电影谈的是白人和黑人之间的仇恨,后两部则以日本为主题。在《蒙骗》中,日本男性是支配并威胁白人女性的势力;在《蝴蝶夫人》中,女主角蝶样(由玛丽·璧克馥〔Mary Pickford〕扮演)代表着受虐待的日本女性。[2] 在《凋谢的花朵》中,格里菲思将场景设在伦敦的红灯区,故事则是以托马斯·伯克(Thomas Burke)标题未若电影名称感性的短篇小说《清客和小孩》(The Chink and the Child)[3] 为蓝本。红灯区是英国最接近美国中国城的地方,在柯南·道尔(Conan Doyle)的福尔摩斯系列小说中即已出现过。

由于片中场景位于海外,格里菲思得以免去批判自己社会的罪名。既然不再有影射的嫌疑,他于是以放诸四海皆准的人性悲悯做主题,表现一个中国男人对白种女人的挚爱。这位中国主人公成欢(Cheng Huan),既是窥阴癖者,也是美学家和受害者。他自中国来此(类似莱布尼茨笔下的中国传道人),希望将佛家和平及大爱的观念带进受战火蹂躏的西方,但是到头来,他却只能栖身在他工作的中国艺品店楼上的一个小房间里,独自吞噬着寂寞,偶尔则到红灯区污秽的小屋里找个伴,并拿出鸦片和西方妓女及其他烟客分享。每当看到近邻露西遭到凶恶又醉酒的父亲白特林·布诺虐打时,他的心就纠结成一团。当她的生命受到威胁时,成欢收容了她,给她温暖、食物及住处。但是他做的还不止这些,他以取自艺品店的华丽东方饰品装扮她,并将各种中国奢侈品堆砌在她身上,于是隐然间她成了小妾,而他则是主人。保护与危险之间的分界,在这里有意受到了模糊。当白特林·布诺发现他女儿竟然投靠了一个"清客",他闯入成欢住处,撕毁一切东方饰品,强将露西带回家,并穷凶极恶地活活将她打死。成欢拿枪射死了布诺,接着,虔诚地将露西的尸体放在他破烂不堪的房间里,在她身旁举刀自戕。

《凋谢的花朵》除了批评西方的暴力和麻木不仁外,还讴歌了中国的美善,但是在这些传统的主题外,它同时加入了一些新意。例如,白特林·布诺浑身上下竟找不出一个优点;成欢也许善体人意,但是却极端地犹豫不决,心中更满是情欲,幸而他能有效地自我控制;露西对中国一无所知,对西方所知也很有限。至于影片中其他角色,性格则很模糊。很明显,格里菲思这部耗费不赀宣传并带有高价座位预定的电影,意欲走"纯艺术"路线,企图表达"放诸天下皆准的思想"。[4] 不过,日后的观众可能会觉得,套句戈德史密斯的名言,格里菲思颤巍巍装满中国道德的手推车,在撞上传统生活的大冰块后,可能就只落得粉身碎骨的下场了。

另外一系列较不具象征意味,但是同样具有强烈意图,由埃兹拉·庞德(Ezra Pound)所写,以中国为主题的系列诗作,则在《凋谢的花朵》上映之前不久开始出现,随后持续三十年未曾间断。自1908年离开美国后,庞德先后住过伦敦、巴黎、拉帕罗(Rapallo)。他将自己定位为世界公民,同时与杰出作家为友,或担任他们的编辑(经常二者兼具),这些作家中包括了叶慈、乔伊斯、D. H. 劳伦斯、艾略特、福斯特及海明威。他同时更是刚兴起的非主流诗派"意象派"(Imagist)的先锋。然而他对中国文化却深感兴趣,特别是早期儒家的哲学思想、华美的唐诗,以及完成于十一世纪的综观中国历史的伟大书籍《资治通鉴》。

庞德从未去过中国，虽然这段时间他自学了一些中国字，并断断续续不停地学习中国语言，他对中国文学的认知，其实主要还是来自译作。他从1913年开始研究中国诗的传统，因为当时刚刚过世的著名东方学家及艺术史家厄内斯特·费诺罗萨（Ernest Fenollosa），才将大量笔记、报告转赠给他。虽然费诺罗萨发表的文章大都以日本艺术为主，但也有许多有关诸如李白（701—762）等中国诗人的资料，正好可供庞德使用。接着，庞德在1917或1918年间，得到了由法国汉学家鲍狄埃（M. G. Pauthier）翻译，堪称为研究儒家思想典范的"四书"，他对儒家思想的研究，才得以全面展开。此外，在读过由十八世纪法国耶稣会教士冯秉正（Joseph de Mailla）所译，综谈自早期至十八世纪中国政治经济的《通鉴纲目》（*The Comprehensive Mirror*）后，他才开始对中国历史进行细部的研究。[5]

庞德第一本关于中国诗的小册子出版于1915年，书名为《华夏集》（*Cathay*）；书中选用的大都是唐朝诗人李白的诗作。这些由费诺罗萨翻译的诗，特别强调直译，目的在保存原诗的抒情结构，同时由于未在文字上作过度渲染，诗作的原始风味也得以呈现。《华夏集》中的前两首诗，虽然也取自早期中国，却有着特别的出处。第一首诗节录自中国最早的诗集《诗经》；据说这本书由孔子于公元前五世纪编纂而成；这首诗就是《采薇》。在庞德笔下，这首诗表现出了在同一时期令谢阁兰醉心不已的既旺盛又无休无止的活力：

采薇啊采薇，薇菜都冒出了新芽，
我们何时才能回到自己的家园？
在这里，我们无室无家，都是因为狁狁侵扰的关系，
我们过不了好日子，也都是他们害的。

采薇啊采薇，薇菜都已长出了嫩叶，
只要有人一提起回家，其他的人都同感悲伤。
想家的心，如此强烈，如饥如渴。
因为征戍不定，找不到人回家代为问候。

采薇啊采薇，薇菜都已经长硬了，
十月以前我们回得去吗？
王朝的事务未得平息，我们也过不了好日子。
我们的乡愁更苦了，但就是回不了家。
那盛开的花是什么花？
那马车又是谁的？是将军的。
马儿虽然疲倦，仍雄壮依旧。

我们不得歇息，期待一个月能打上三场胜仗。
老天在上，马儿已累。
将军骑乘在上，后头跟着士兵。
马儿训练精良，将军配备有象牙箭
以及鱼皮装饰的箭袋。

敌人来去无踪，我们势必小心。
征战之初，杨柳依依，
归乡之际，大雪纷飞。
我们缓步向前，又饥又渴。
我们的内心充满悲伤，无人了解。[6]

第二首诗《美丽的装扮》(The Beautiful Toilet) 则是完全不同的类型，此诗写于稍晚时期，表现出了庞德对中国最为哀伤抒情的看法，原诗写于较晚时期（也许在公元前二世纪左右）：

青青河畔草，郁郁园中柳。
盈盈楼上女，皎皎当窗牖。
娥娥红粉妆，纤纤出素手。
昔为娼家女，今为荡子妇。
荡子行不归，空床难独守。[7]

（编按：译者在这里将庞德所编费诺罗萨译为英文的诗歌还原回《古诗十九首》之《青青河畔草》。）

一次大战结束前，或刚结束时，庞德开始创作他此生最重要的作品，一首由许多篇章组合成，描述世界历史的诗作《诗篇》(Cantos)。他并没有像伏尔泰一样将中国放在全诗的开头，但是中国在诗作前端，第十三篇就出现了；在这一篇里，庞德强烈表现出了反映儒家中心思想的意图。这篇诗一开头，就引用了《论语》里著名的一个段落：

孔子走过宗庙，进入山林，再来到下游的河畔，随侍一旁的是曾皙（点）、公西华（赤）以及冉有（求），他们低声交谈着。

孔子说："人们总说自己不被了解，如果你修习六艺中的御术，是不是就能有所表现？还是去修习射术，乃至于公众演说之术？"

子路*说："我将整治国防，使人民勇于作战！"

求说："如果我是一省的封侯，我将把省内的秩序给整治得比以前更好！"

赤说："我则宁可治理一间小山上的庙堂，使其仪式一切合乎礼法。"

而点，将手按在琴弦上停止弹奏，琴音在手离开琴弦之际仍低吟不已，如轻烟般袅袅而上，直入林间。

点仍顾盼着琴音，边说："一处古老的河湾水塘，几个男孩噗通一声跳下水，或坐在矮树底下，弹奏着曼陀铃。"

孔子对他们一视同仁地笑着。

曾皙†非常想知道谁回答的才对。

孔子回答说："他们回答的都对，也就是说，各有各的特质。"[8]

---

* 之前的几行，庞德把四个学生里的子路给省略了！

† 庞德把孔子的问题以及回答都给搞混了，他同时误以为曾皙

与点为不同的两个人。

这首诗似乎道德与政治意义兼备；中国人也一直抱持这种观点。由于作了修饰，庞德让结尾出现了完全不同的面貌。无论是在中文原文，还是其他按照原文翻译的版本里，结尾都不是"孔子说，'他们都回答得很好'"，真正的中文原文是，"孔子叹口气说：'我最欣赏点的答案。'"（译按：《论语》原文为"夫子喟然叹曰：'吾与点也！'"）[9] 由于同意每一位门生的看法，庞德笔下的孔子不再武断，正因如此，圣人也失去了他最重要的特质之一——判断力。为了让儒家思想世界化，庞德有意使孔子随和。

这种基于意识形态而非诗作本身需要以扭曲原文的做法，在《诗篇》的结尾处特别明显。在这里，庞德以蒙太奇手法将《论语》中几个不同段落集中到了一处：

> 孔子说："王以中道治理，
> 将国家治理得很好，
> 我能记得
> 从前史家在书写中留白，
> 以留给他们不知道的事情，
> 但那时代似乎过去了。"
> 孔子说："若无人格，你将无法在那乐器上弹奏
> 或演奏适合颂歌的音乐。
> 杏树的花

> 从东摇到西,
> 我试着使它们不坠。"[10]

对于自己不懂或是不同意的部分,庞德不会随意掠过,相反,他会加入自己的话。在第十三篇的这首诗里,最后三句气势雄浑的句子,就是庞德大力润饰下的成果。在《论语》里,这段文字原本就比较受争议,特别是有关勾动乡愁的果树花这部分。因此,无论是"杏"这么明确的字眼,还是极可能暗指横跨中国及西方文化的"由东到西"这种锐利的句子,都是庞德自己的贡献。[11]

由于庞德逐渐视《诗篇》为人类历史的记录,他企图将中国列入世界版图的决心更加坚定了。但是他和伏尔泰不一样,他决定以西方文明的年代纪事为基础,让中国与之同轨并进。比如说,在《诗篇》第五十六篇他依照年代进行的历史记载里,内容就已经多到几乎无法诠释。在这首诗里,庞德对于蒙古王朝及其意图,提出了自己的看法,是继波罗及伏尔泰之后一种全新的见解:

> 忽必烈前面
> 及四周该死的恶棍、妓女、宫女、
> 党派,毫无正义的盲目战争。
> 于是忽必烈说道:宋朝的律法很美
> 不像他们的行为……
> 战争的恐惧扼杀了商业。如今钱币由黄铜制成
> 战利品都进了政府公库

酒税奇高,居民都有户籍登记。
忽必烈是个只知加税的混球
桑哥贿赂收到浑身是臭
欧阳澈制定了法典
取消了二百五十个法院,除了征税什么都不懂
忽必烈死于高寿
他很幸运有好的臣仆,留给了国库。[12]

庞德将读过的历史资料,按照字义浓缩改写的做法,到了《诗篇》第六十篇更形明显。因此当他谈到,康熙时期颇受争议的仪式——此仪式除了任命耶稣会教士,并且罗列重要议题——当时的场景几乎可以原封不动放在莱布尼茨的《中国近情》里:

康熙深喜这片草原,
决定延期回京,
在塞外继续行猎打鹿……
1699是鞑靼平静的一年
闵明我、徐日升、安多、张诚等教士
递上他们的请愿书
欧洲文人曾耳闻
中国人以仪式敬拜孔夫子
并以牲礼祭拜上天等
而且他们的典礼都合乎理性

> 如今乞求了解它们的真义
> 特别像是物质
> 上天的意义？统治者的意义？
> 孔夫子
> 会接受献祭的谷物、水果、丝布、香料吗？
> 他会进入祭祀的牌位里吗？
> 欧洲教会里的杂役还想着怎么达成共识呢。[13]

由于在墨索里尼时代庞德选择留在意大利，随后甚至在联军与法西斯激战期间挺身为墨索里尼政权辩护，二次大战后，庞德被迫住进了精神病院，名誉也彻底扫地。他晚期的诗篇有许多是在墨索里尼时期写成的，原本他认为欧洲应以中国为师，此时却有了不同看法，认为中国社会的儒家价值观，与意大利法西斯追求的社会制度、活力与和谐正好不谋而合。读者必须真正服膺庞德派，才能认同这些论调，接受其诗句上或意识形态上的说理。但是在早先的1910年代及1920年代，庞德却颇受敬重，并极具影响力：在献给庞德的诗作《荒原》中，艾略特称他为"较高明的巧匠"。而在庞德的新书《歌之书》（*Book of Songs*）译本前言中，一位著名中国学者，也欣然引用艾略特的话，认为庞德是"我们时代里，中国诗的发明者"。[14]

庞德笔下的中国，以孔子为基础，再往法西斯主义的方向靠拢。与他几乎同时期的尤金·奥尼尔（Eugene O'Neill）（庞德生于1885年，奥尼尔生于1888年）则以马可波罗作为进入中国的踏板，再朝严厉批判资本主义的方向前进。奥尼尔于1927年完成了《百万马可》(*Marco Millions*)剧本，该剧写于《安娜·克里斯蒂》(*Anna Christie*)和《榆树下的欲望》(*Desire Under the Elms*)之后，以及《悲悼》(*Mourning Becomes Electra*)和《卖冰的人来了》(*The Iceman Cometh*)之前。奥尼尔以波罗为主题的戏剧，一向不如其他作品受欢迎；在现代读者看来，由于其沉重的教条，这部戏剧简直就没有搬上舞台的价值。但是，对于中国蒙古王朝，这戏显然有许多原创性的看法，而且，还在当代美国社会的场景中，重现了早年的一些主题。

　　奥尼尔剧本的开端，似乎借用了波罗《游记》中的几句话。文中，鲁思梯谦叙述，马可、其父及其叔受忽必烈汗指示，陪同一位少女远嫁新近丧偶的阿鲁浑。根据波罗的描述，新娘是"一位名为阔阔真的少女，姿色迷人"，芳龄十七，为已故皇后之嫡生女。此外，这三位威尼斯人照顾阔阔真及其女伴，就像"对待自己女儿一般。这些年轻貌美的女士，也以父执之礼尊敬他们，服从他们"。其中，阔阔真对"这两位男士的依恋尤深"，以致"任何她愿为自己父亲做的事，她都甘心为他们做"。因此，当旅程结束，威尼斯人必须离开时，"她为着他们的离去，伤心流泪"。[15]

　　奥尼尔以这几个段落作为整出戏的引子。根据部分前言，读者可以发现，"马可波罗、波罗兄弟及其子维尼斯"，早就计划好攀这个交情，并趁机将"一整车队的商品"售给阔阔真及其夫婿。[16] 场景接着倒回二十年，当时马可波罗正随父亲与叔叔往中国出发。马可以天真无知的面目出场，成天颠三倒四，说着有关情色及种族的笑话，而且在解除掉最初的羞赧之后，开始轻易就可以投入妓女的怀里，对于金钱及各种商品的诱惑更是无法抗拒。在第一幕第六景中，当波罗这家人终于跨入中国时，奥尼尔以长篇文字叙述舞台上的景物，以总结他人对中国历史的印象；这个结论似乎直接引用自伏尔泰早期剧作《赵氏孤儿》。在剧中，成吉思汗终于让步，承认中国厚有的道德观远较蒙古野蛮文化优越。奥尼尔的叙述如下：

> 汉人乐团和鞑靼乐团乐音齐鸣，鼓声、锣声、刺耳的笛声同时响起，声量不断升高，直达极限。灯光逐渐亮起，直到炫目而刺眼。就在乐音及光亮都达到最高潮的时候，一切突然归于死寂。舞台上出现了大汗位于汗八里宫廷的大殿，那是一个巨大的八角形房间，高耸的墙壁上堆金饰银。在正后方的墙壁上，深深凹进一个神龛似的地方，那是大汗的宝座。由地面至座位须经三个台阶，每个台阶需要走三步路。忽必烈坐在顶端的金垫子上，穿着厚重的金色朝服。他虽年高六十，仍然权倾一时。他的脸上流露着自负与尊贵，表情在讥讽中带着严苛，但是又有慈悲的情怀。在他身上，有着成吉思汗后裔能征善战不屈不挠的力量，更有着受到征服地华夏文化渗透而显露出的人道精神。[17]睿智的忽必烈汗一眼即看出，年纪尚轻、毛毛躁躁的马可，个性有些"乖离、别扭"，不过还是决定任命他做特使，并嘱其每次回宫皆须报告旅行见闻。[18]

第二幕开始时，已经是十五年之后，此时马可正任职扬州市长。

善于巧取豪夺的他大幅提高了税收，城内百姓被压榨得快要揭竿而起了（在《诗篇》第五十六篇中，庞德也提过，忽必烈手下官员有征税敛财的习惯）。听说马可即将入京向忽必烈复命，可汗手下大臣楚英讥讽道：

> 难怪他在压榨过民脂民膏之后，还能用满嘴花言巧语来讨您的欢心。我们的马可真是个积极任事的市长。由扬州居民送来的请愿书看来，那儿可是治理最有方的城市了。我最近才和一位从城里落荒逃出的诗人谈过，他说扬州从前充满灵性，如今却有了一座簇新的府衙门。另外一位学者告诉我，我们这位基督徒市长，不只扑灭了老鼠，更扑灭了我们的生活乐趣，就像这二者是共生的害虫一样。[19]

可汗回复道：

> 他那些滑稽唐突的动作已经让我觉得厌倦了。只有在装丑的过程里不冒犯人，弄臣才真正能够逗笑。马可别扭的个性，开始让我觉得厌烦。他没有一个正常人的灵魂，只有一种随心所欲的个性。我们提供给他许多学习的机会。他样样懂，样样不通。他什么东西都看过了，但是什么都看不进去。他什么都想要，但是没有真正喜欢过一样东西。他充其量不过是个会耍小聪明的贪心鬼。我打算打发他回他家乡的烂污里去。[20]

但是，忽必烈的孙女阔阔真却强烈抗议，并向二人透露，她已爱上了马可。

> 为什么你们二人这么不公平？他难道没有把每件交代的事情做好？别人办不成的事，他难道没有办得妥当？他难道没有凭着毅力和决心，在你们手下升到最高位置？
>
> （此时她的怒气渐消，声音却颤动得更加厉害。）
>
> 对于不了解他的人而言，他也许有些奇怪，但那完全是因为他与众不同，比其他人强壮的缘故！他有灵魂！我知道他有！[21]

忽必烈愤怒地要阔阔真退下，命令她立刻准备妥当，即日出发，嫁给波斯的可汗。他并询问楚英，这种爱情是怎么滋长的，毕竟波罗和阔阔真每隔一两年才见一次面，每次见面也只能短暂交谈。楚英的答案，正好颠覆了传统对异国风情所持的看法。他表示，让他们彼此隔离"是不智的，这么一来，他永远都是那位来自遥远西方、陌生而神秘的梦幻武士，是个带着谜团、讨人喜欢的男孩"。[22] 波罗这位成功的企业家官僚向着皇宫前进，自窗子里观察的楚英则向忽必烈转述一切。在此中国背景中，波罗所摆出的到处帮人加油打气的嘴脸，显然让奥尼尔相当反感：

> 他在市长的官服外戴着勋章。后面跟着小旅馆的乐队和他自己的乐队。他骑在一匹非常胖的白马上。他踩着您皇宫的台

阶跨下马来！他往一名衙役背上打了一巴掌，问他姓甚名谁！他用下巴逗弄一名婴儿，并向母亲询问小孩的名字。虽然那是个女婴，这位母亲却谎称说"马可"。他微微一笑。他说话的声量极大，因此每个人都听得到。他给了婴儿一元，算是为她在账户里存了第一笔钱，并希望日后她能有更多金钱入账。这位母亲毫不掩藏脸上的失望表情。四周人群大声欢呼。他发现一位艺术家正在为他素描，于是努力往脸上堆砌笑容。他与一位独脚老兵握手，并询问其姓名。老兵深受感动。泪水浮上眼眶。他报出姓名，但是波罗一转身向群众说话，就把这名字忘得一干二净了。他挥了挥一只手，要求群众安静。乐队停止了演奏。在这只手上，他戴了五大枚玉戒指。另一只手则放在——同时轻拍着——一个青铜做的龙头上，那是古老的阳刚象征，是宇宙万物在天上的雄性主宰。[23]

此时文字一转，跳出了历史的轨道。马可波罗成了纸钱的发明者，他叔叔则发明出了以火药推进的大炮，而整个家庭更引入了运送及装卸货物的装配线。在前往波斯的长途旅程中，在马可指挥的船上，阔阔真对他的爱意演变成了狂恋，而他却像得了健忘症似的，一心一意专注在工作及金钱上。

此剧对马可波罗的谴责，混合了悲剧与荒谬。正当阔阔真为了爱情憔悴时，回到了威尼斯的马可，却依旧粗俗、贪财，并娶了他二十年前遗留在家乡的儿时玩伴——如今已步入中年、身形臃肿的朵娜塔。在成群贪婪、嫉妒的亲戚与食客中，二人结婚了，此时，阔阔真因为与波罗别离而发出的悲切哭声,呼应着这一切,"喝呀!干呀!大家尽量开心呀!"当忽必烈的朝臣提议说,他应该派军征服欧洲并将其纳入庞大帝国时,他忧戚地答道:"这版图已经太大了。为什么要征服西方呢?那肯定是块可悲的土地,精神贫乏,物资有限。跟这种贪心、虚伪的地方拉上关系,对我们只有害无益。征服者从被征服者那里最先得到的,是他们所有的缺点。还是让西方去自生自灭吧。"[24]

当剧终时,奥尼尔剧本上有趣地写道,一旦布幕落下,灯光亮起,一名男子即从最前方的座位站起来,打个呵欠,伸个懒腰,戴上了帽子,朝出口走去。他穿着十三世纪威尼斯人的服装,说明了他是马可波罗,"看来睡意蒙眬"。奥尼尔的剧本这么写道:

> ……刚刚结束的戏剧中的一个片断,在他脑中快速闪过,使他些微有些困惑,并有些不安。他似乎未察觉自己的与众不同,自在地走在人群里,完全融入了其中。到了大厅后,所有因为刚才演出而在他脸上现出的困扰神色,已经消失得一干二净。嘈杂的声音,街上的光亮,立刻使他回复成原本的自己。他不耐烦地等着车子,目光随意瞄着四周人群,他双眼闪着投机的色彩,举止缓慢,带着深知自己身份与地位的尊严。他的豪华大轿车停在路边,他快速钻了进去,车门砰然关上,车子没入了车潮里。在极端舒适的状态下,马可波罗满意地叹了口气,重新回到了自己的生活。[25]

经由选择性强调了中国风元素，格里菲斯、庞德及奥尼尔各自修改了他们想象中的中国文化，以配合美国当代政治经济的当务之急。但是一直到了赛珍珠（Pearl Buck），才出现一种独到见解，认为对西方而言，中国最主要的特色，也许是那些最平凡、最不起眼的老百姓，也就是无以计数的农民及其家人们。赛珍珠生于1892年，较乎之前几乎所有的美国观察家，她在中国住的时间最久，对于中国这块土地及其工作的节奏知道得最多，那是因为她生于传教士家庭，长居于长江中游的安徽省。她在中国奶妈照顾下长大，与中国孩童一起读书、游戏，熟知中文。她最受欢迎的小说《大地》（The Good Earth）发表于1931年，是她在中国期间完成的。书中除了回顾她年轻时期的岁月，还谈到1920年代末期国民党北伐中她个人的经历，她不愉快的婚姻，以及她发现她唯一的孩子严重低能后的伤痛——基于医学上的考量，她终身未再生育。[26]

《大地》是一本强而有力的小说，内容更是清晰流畅；或许那正是它在30年代初期销售超过一百万册的原因（随后改编的电影，更有超过两千万的观众）。尽管有来自普鲁斯特（Proust）的恭维及长篇题词，一般读者也可能以为她深以此为荣，赛珍珠小说一开场，就单刀直入，带出了简洁有力的故事：

那是王龙结婚的日子。刚开始，在罩着布幔幽黑的床上张开双眼，他还想不通，这拂晓跟往常有什么不一样。房子里一片死寂，只除了穿过中堂，在他房间正对面他老父房间里，微弱又喘不过气来的咳嗽声。每天清晨，这老人的咳嗽声都是第一个听得到的声响。王龙通常都躺着聆听,直到咳嗽声逼近,他父亲房门上的木铰链发出吱吱嘎嘎的声音,他才开始动作。

但是今天清晨他可没闲着。他一跃而起,拨开布幔。这是个阴暗、泛着晕红的黎明,透过窗上破了一个小方孔,糊纸啪哒啪哒响的洞眼,他瞅见了泛着青铜色的天空,曙光微露。[27]

王龙必须到隔壁乡镇的"大房子"里,接回他的新妇,她是那房子里签有契约的家奴。这趟行程对他而言,就像到了异域一般,毫不意外地,他饱受羞辱与欺骗,但是他得到了他的女人,带她回家,占有了她:

"我的女人就在那里。这事儿得办了。"

他强悍地开始脱下自己的衣服。至于那个女人,则匍匐在布幔一角,无声无息地铺着床。王龙粗暴地说道:

"你躺下的时候,顺便把灯灭掉。"

接着他躺下,并把厚棉被拉上肩膀,假装睡觉。其实他没有睡着。他躺着不停哆嗦着,身上每一根神经都是清醒的。好一阵子之后,房间暗了下来,女人慢慢地、悄悄地爬到了他身边,一阵狂喜自他身体里怒奔而出。他朝着暗夜粗哑地笑了一声,攫住了她。[28]

婚后,王龙和阿兰努力干活,养家活口,这段叙述农地里耕种、收获以及养育子女的生活,正是赛珍珠全书里最感人、最具说服力的部分。但是如果这本书不想流于庸俗,赛珍珠显然必须让这种一成不变的恬静生活产生变化。为了做到这点,她让王龙一家人在一场大旱灾毁了他们农田之后成为乞丐,并流落到临城去寻找差事。王龙最后终于沦为黄包车夫,直到内战期间,赛珍珠才让两人不约而同经历了一场难以置信的奇遇。王龙和阿兰分别于战争期间,在一栋遭劫掠的房子里,从墙壁间发现了财宝;王龙找到了一袋金子,阿兰则是一包珠宝。有了金子,王龙得以买回失去的农地,并且大肆扩张产业,最后还买下了阿兰曾在其中为奴的大房子。

然而阿兰的珠宝,却成为整个家庭中落的导因。由于这笔意外之财,王龙尽情纵欲,从一位包养的情妇身上得到前所未有的欢乐。这段情节提供给赛珍珠一个机会,得以探索许多西方读者深感好奇的东方人的性欲及放浪情形:

> 接着她举起那只弯弯的小手,摆上他的肩头,慢慢滑过整个手臂,非常非常地慢。他从未感受过如此轻盈、如此柔软的碰触,而且若非亲眼看见,他不会知道有只手放在手臂上。他看着那只小手,顺着臂膀往下溜,感觉上,像有一团火,跟着一起下来,热力透过了袖子,烧进他臂上的肌肤。他看着那手直达袖底,并在略一犹疑之后,落上他光溜溜的手腕,跌进他又黑又粗的手掌心上。他开始发起抖,不知如何承受。
>
> 接着他听到一阵笑声,轻盈、短促,就像宝塔上银风铃轻脆的声响,一个笑语轻柔的声音说道:
>
> "唉,您怎么这么没经验呀?大爷。咱们是不是整晚就坐

在这儿看着您瞪眼呢?"

他抓起她的手,摆在自己的手掌之间,尽量小心翼翼,因为那手就像一片干了的薄叶,又热又干,他低声下气地向她说了句自己也不明白的话:

"我什么都不懂——教我吧!"

她于是教了他。[29]

在小说结尾,阿兰早已亡故,情妇的诱惑也早已是尘封记忆,此时的王龙只是个精神恍惚的鸦片鬼,由一位小女仆服侍着。而他儿子正打着算盘,想要背着老父,将他长期辛苦购置来的土地卖掉:

老人让颊上的几滴干泪蒸发成了咸咸的痕迹。他蹲下,满满抓起一把泥土,紧紧握着,喃喃说道:

"地要是卖了,什么都没有了。"

他两个儿子一左一右扶着他,挽住他的手臂,他手里则紧紧握着那暖暖松松的土。这大儿子和二儿子不停安慰他:

"歇着吧,爹,歇着吧。不会卖地的。"

但是他们的目光越过老人头顶,相视笑了一笑。[30]

《大地》的轰动,并没有让其他美国人在探索中国风情上就此却步。在1935年出版的超现实小说《刘医生的马戏团》(*The Circus of Dr. Lao*)中,查尔斯·芬尼(Charles Finney)由一个全新角度,探讨东方智慧不受时间限制的观念。《刘医生的马戏团》之于美国，就像中国版的希腊罗马神话再生。马戏团登在报上的广告相当商业化，正是奥尼尔笔下的波罗会选择的广告形态，"宽达八栏，长达二十一寸"。而文中的宣传字眼，更将读者的想象力推到了极限。然而那位到"亚利桑那论坛早报刊登八月三日广告的矮小中国老人"，付了现金之后，既没有留下名字，也没有吐露他的身份，或是他们表演的名称。只有几名自告奋勇的人，像是担任校对员的依陶英先生，或是高中英文教师阿格尼·波桑小姐，才鼓足了勇气，前往"炽热太阳底下，灰尘弥漫的场子"一探究竟，并有幸见到了红黑交杂的大旗，写着"刘医生的马戏团"。[31]

在芬尼笔下，他的马戏团宣传人出现的场景，堪称西方所有描绘中国人物的文字中，最诡异也最丰富的一个段落了：虽然尝试创造独特风格，此场景还是不可避免流露了几世纪来，西方人对中国风情的恋念，及刻板印象：

热浪烧得皮肤发烫。尘土蒙得眼睛张不开来。声浪震得耳膜快要裂开了。锣声铿锵、铿锵；一顶帐篷大开，推出了一个表演台，一个中国人跳上台子，锣声乍歇，此人开始朝着群众发话；刘医生的马戏团开演了：

"这是刘医生的马戏团。
秀给你们的东西你们见所未见。
我们告诉你们没有去过的地点。
我们在世界上找了个遍

捉来了野兽只为这场表演
从刮着狂风的高山
到微风甜美的岛边。
噢，我们不计代价也不畏艰险；
我们找到的秘密已尘封多年；
我们上至天庭下至阴间，
只为让这场演出真他妈好看。
你即将看到的表演会长存你的脑海里面
哪怕过了很久，到了冬天
积雪冻住了夏日的裙边。
因为这是刘医生的马戏团。
青春再来岁月走远
再没有比这更精彩的表演！"

这个矮人肤色蜡黄、满是皱纹，在表演台上跳着，口中抑扬顿挫地唱念着；黑色、红色、白色人种掺杂的群众盯着他，惊叹他的浑然忘我。[32]

观众们随后发现，他的确有理由浑然忘我。正如报上广告所言，在他们面前出现神话世界中才存在的动物，也许怪异，但却活生生，而且活蹦乱跳；也许世界末日就要来临了。

芬尼的中国狂想小说，将读者从大萧条时代的美国拉进一个诡谲的奇幻世界里。类似的小说主题其实是很少见的，唯一得以见到的，是十九世纪末期一些天启式的"黄祸"小说。这些小说让美国读者以为，美国文明就要被大批中国移民吞没，或是被中国人带来的疾病消灭。这种毁灭式的小说，是继传统描述蒙古人杀戮故事后一种变体的新小说。当西方人读到骁勇善战的蒙古人，曾经建立一个横跨中亚、远达黑海及太平洋的庞大帝国时，沉重的历史记忆成了他们心中挥之不去的伤痛。另外还有一种继承这种负面印象的变体小说，像是约翰·斯坦贝克（John Steinbeck）于1939年出版的《约翰尼·贝尔》（*Johnny Bear*）。在书中，他谈到了西方文明毁于中国人之手的可能性。[33]

斯坦贝克的故事，乍看之下似乎格局不大——一个女人死了，一个男人受了伤，背景是加州小镇勒马（Loma）——但是较之芬尼或赛珍珠的小说，他文中的道德意涵显然还更深远。因为仅仅一个中国男人——此人在小说中从未正面现身——就可以将勒马镇自己建立的道德观彻底毁灭。小说很巧妙地留到结尾最后几行才指出，当爱情和语言是由中国传到西方时，不仅具有蛊惑力量，还会摧毁一切。因为直到故事结尾，我们才发现，镇上最受爱戴的女人爱咪小姐，一直都和一位从未在故事中现身的中国牧场工人有着无法公开的亲密关系。这位中国情人从来都只有惊鸿一瞥式的出现，或是雾中一个身影，或是只有草鞋在地上拖曳的声音，那一声轻柔的叹息说不清是不是他所发出来的，但交混着单调词语的声音却低声且亲切地重复着。

斯坦贝克的非凡成就在于，他将中国城安进了美国乡村的心脏地带，并且创造了一个世界，在其中，爱情虽然尝试超越种族与经济的藩篱，却是除了镇上白痴约翰尼·贝尔，任谁都无法将其坦白道出。这个次人类具备的唯一天赋就是模仿，当然了，模仿本身既不带来任何贡献，也没有任何创造性。一波波尝试将中国带入美国的实验——西部淘金热时期的矿场，堪称为实验的起点——却在这位大萧条时代自奉最俭的编年作家萧瑟的笔下，画上了句点。

注释

1. Marilyn A. Levine, *The Found Generation: Chinese Communists in Europe During the Twenties* (Seattle, 1993)。
2. Gina Marchetti, *Romance and the "Yellow Peril": Race, Sex, and Discursive Strategies in Hollywood Fiction* (Berkley, 1993)，第 2 章；Vance Kepley, Jr., "Griffith's 'Broken Blossoms' and the Problem of Historical Specificity"，载 *Quarterly Review of Film Studies*，3:1（1978），37—47 页。
3. Thomas Burke, "The Chink and the Child"，载 *Limehouse Nights* (New York, 1973)。
4. Kepley, "Broken Blossoms"，42—43 页。
5. Hugh Kenner, *The Pound Era* (Berkley, 1971)，192—222 页；Humphrey Carpenter, *A Serious Character: The Life of Ezra Pound* (London, 1988)，270—271 页，570—571 页；John J. Nolde, *Blossoms from the East: The China of Ezra Pound* (Orono, Maine, 1983)，14—17 页。
6. Ezra Pound, *Cathay* (London, 1915)，5—6 页；Wai-lim Yip（叶维廉），*Ezra Pound's Cathay* (Princeton, 1969)，107—121 页。同上的 182—185 页中，Yip 也将中文原文作了直译，以便比较。
7. Pound, *Cathay*，7 页；Yip, 128—138、187 页。
8. Ezra Pound, *The Cantos* (New York, 1995)，XIII, 58 页；此段包括了论语中 IX:2 页，以及 XI:26 页。
9. 论语，XI:25 页。
10. Pound, *Cantos*，XIII:60 页。论语，XV:26 页，关于空白部分，III:3 页，关于交音乐部分，IX:1 页，关于花朵部分。
11. 论语，IX:30 页。
12. Pound, *Cantos*，LVI:304 页。
13. 同上，LX:329—330 页。
14. Ezra Pound 译，*The Confucian Odes* (New York, 1954)，xiii，由方志彤（Achilles Fang）导读。
15. Marco Polo, *Travels*，Latham 编，42—45 页。
16. Eugene O'Neill, *Marco Millions, a Play* (New York, 1927)，16 页。
17. 同上，70 页。
18. 同上，79 页。
19. 同上，89 页。
20. 同上，90 页。
21. 同上，90—91 页。
22. 同上，92 页。

23　同上，92—93 页。
24　同上，111、145、152 页。
25　同上，182 页。
26　Peter Conn, *Pearl Buck, A Cultural Biography* (Cambridge, 1996)。
27　Pearl S.Buck, *The Good Earth* (New York, 1994)，1—2 页。
28　同上，24 页。
29　同上，182 页。
30　同上，360 页。
31　Charles G.Finney, *The Circus of Dr. Lao* (New York, 1935)，13、39 页。
32　同上，40—41 页。
33　John Steinbeck, "Johnny Bear"，载 *The Long Valley* (New York, 1938)。

第十章

激进形象
Radical Visions

1920年代晚期,许多观察家对中国的看法发生了重大改变。在此之前,多数时候西方人眼中的中国都是没有时间概念的。伴随那一片广大土地的是许多幽深不可测的过去,即使谈到明确的历史人物及事件也往往有着最模糊的时代背景。对伏尔泰和奥尼尔来说,只要有一个大略的"蒙古"时期做背景,就可以了。平托的明朝总给人不真实的感觉,对于佩雷拉、克路士和利玛窦而言,当代政治从来就不是他们关切的问题。闵明我和笛福一向以泛泛之词谈论蒙古霸业,安生和马戛尔尼也不例外,他们甚至连细节也不在乎。在十九世纪访问者及传教士眼中,太平天国与义和团纯粹是烧杀掳掠的前兆,但很少有人停下来思考动乱的起因。在赛珍珠的小说里,王龙的家人曾模糊提到"在咱们北边的战事",或者"现在到南边去了,一天天向这儿逼近着",但是无论是战争的起因,还是战事的过程,都未出现在她的小说中。即使最后王龙选择剪去发辫,也不同于许多革命人士是基于反抗清廷统治的政治理念,而是为了讨好他迷恋的一名歌女。虽然谢阁兰《勒内·莱斯》的时代背景,多少和1911年导致清朝灭亡的革命拉上一些关联,然而他除了以最奇特的方式表现故事中的肉欲情节外,完全没有探究革命的导因。

到了1920年代末期,深为俄国布尔什维克革命着迷的观察家,开始将中国放进了世界革命的版图,并以更精确的态度探寻中国的激进因子。因此无论是1921年中国共产党建党,1927年蒋介石的肃清共产党运动,还是随后中共在偏远乡间几乎奇迹式的存活,都使观察家对中国的左翼势力产生极大的兴趣。

由于1933年出版了新书《人间命运》(*Man's Fate*),马尔罗(André Malraux)堪称为让扩大读者留意到这些动荡事件的第一人。初看之下,马尔罗似乎不应该会对这些政治冲突感兴趣,因为他早期有关中国的作品均跳脱不出由绿蒂、克洛岱尔、谢阁兰等人建构的充满中国风情的故事范畴。比如说,在1926年出版的《西方的诱惑》(*The Temptation of the West*)中,二十五岁的马尔罗这么描述中国:

> 每年春天,鞑靼的紫心白玫瑰会开遍蒙古大草原,那时旅行商队会从那里经过。脏兮兮的商人领着高大的长毛骆驼,驼背上装满了圆鼓鼓的包袱,商队一停下,包袱就像石榴一样爆裂开来。于是这个有着澄明天空或冰冻溪水一般色调石头、有着冰块般闪烁光彩石头、有着浅色华丽羽毛灰鸟、有着霜般色彩、有着掺银土耳其玉等景物的雪国,所有的珍奇都倒进了商人灵敏的双手里……[1]

出现在他书中前几页的属于中国的其他意象还包括：这块土地上满是"鸦片与迷梦"，"古老的幽灵"，"被箭射中钉在城墙上的皇后"。至此，有人可能以为马尔罗应该已经受够了这些。虽然《西方的诱惑》中充满了类似的文字，马尔罗却也开始显露他对中国在知识上及社会上骚动的关切。《西方的诱惑》是一本书信体小说，书信往来的两位主角，一位是仅知其名为 A.D. 的到中国旅游的法国青年，另一位是叫做"林"的首度赴法的中国青年。较之戈德史密斯的书信体小说《世界公民》，这本书更是缺乏情节，但是读者很快就会发现，该书的故事主题由 A.D. 及林对各自与对方社会的批判牵动着。

随着小说发展，该书的政治意图也逐渐凸显。重要的转折发生在已经抵达中国的 A.D. 与一位年长的中国学者兼前政治领袖王楼的对话中；他们会面的时机正为新时代来临的前夕。在上海的"亚斯托旅馆"见面后，王楼很快就告诉 A.D.，他不只瞧不起中国的新青年，因为他们是"被大学里的垃圾搞昏头的白痴"，更鄙视控制政府的"那些双手沾满鲜血的喜剧演员"。不过王楼最感到遗憾和气愤的，则是这个世界"儒家道统的逐渐式微……我们的精神逐渐空洞"。欧洲对中国唯一的贡献，就是"让他们了解到，所有思想都没有意义"。[2]

黯然读过由 A.D. 捎来的记录这段谈话的信件后，林自巴黎回信道，他不得不同意 A.D. 的分析。但是王楼的评论却刺激了林，让他更审慎地思考位于广东的孙逸仙革命政府以及日益扩张的全球文化对中国的影响。林回信给他的朋友说道：

华中与华南省份，已完全依附那个位于广东的奇怪政府。这个政府透过影片的宣传用以牵制住英国，并尊崇圣贤；我们在这么短时间内，从西方得到的完全是表象的东西。电影、电力、镜子、留声机，就像新品种的宠物诱惑着我们。对于大城市的人而言，欧洲永远只是一个机械化的乐园。[3]

这些想法使林联想到世界末日来临的可能性：

我们不幸的数百万群众体会的是不公不义，而非平等正义；是煎熬痛苦，而非欢欣快乐。他们对自己领袖的厌恶，只加深了他们对彼此共通性的了解。我稍显好奇地等着，有人会站出来呼吁，他要的是报复，不是公义。一个国家若是以武德为基础，它的力量必可大增。那些单单为了仇恨而冒死亡危险的人，会采取什么样的行动呢？一个新中国正在成形，那是连我们也不能了解的国家。她会受到那已经数度震撼她的集体情绪动摇吗？毁灭的声音较先知的颂祷更加有力，并已在亚洲传出了悠远的回声……[4]

在1926—1927年间，林的预言逐渐在真实生活中实现。曾经促使稚龄的中国共产党与他自己的国民党组成联合阵线的孙逸仙，在1925年过世了。虽然遭遇激烈反对，他的领导地位还是由门生蒋介石接任，后者并于1926年底领导各方革命力量北上讨伐，统一了国家。此时，他势力下的共产党组织与来自苏联的共产国际顾问在汉口建立了一个政府基地,至于蒋介石则集中力量在上海发展。就在当地,1927年4月12日,在一次残忍而冷酷的突袭行动中,蒋的部队联合了当地的秘密社团与帮派组织,并在控制上海繁荣租界区的外国势力默许下,一举消灭了共产党与工会组织的势力。

在1933年的小说《人间命运》中,马尔罗详细探讨了这些事件在精神上的意义及道德上的冲击。虽然马尔罗从未去过中国,他却在东南亚住过一段时间,在20年代早期,甚至曾因盗卖高棉古董遭法国当局逮捕,他也曾和越南的国家主义者和激进团体共事。因此他很容易给读者一种印象,认为他和中国的革命动乱具有某种关系。这种微妙的印象维持了几十年后,读者才了解,在那段动荡的日子里,他根本不在中国。《人间命运》谈的是1927年时蒋介石肃清上海共产党组织的行动;较早一本较短的小说,则谈到稍早在广东的革命;在书里,马尔罗放入了严谨的史料及编年表,并以口语的方式,诠释了一直延续到1949年共产党革命,甚至于之后的人性正直及信用。

在整本小说里,马尔罗将故事集中在1927年春天里的六天,其中五天在上海,一天在汉口。小说每一段落,都将事件的明确日期和时间表示出来,因此在模糊的历史大背景下,读者可以明确感觉到时间一分一秒的移动。而小说中每一个人物,就像戏剧中的演员一样,一开始就全部列在表上介绍出场。只要看了人名之后的介绍文字,读者大概就可以知道整个故事大纲了:

陈大儿,中国恐怖分子。

京吉索，法日混血，上海暴动组织人之一。

老吉索，京之父，曾任北京大学社会学教授。

玫吉索，京之妻。

拜伦·克拉皮克，法国人，古董商、鸦片贩、走私贩。

卡托夫，俄国人，暴动组织人之一。

费拉尔，法国商会总裁，法亚基金会主席。

维拉蕊，费拉的情妇。

马休，上海警察总长。

柯倪，蒋介石的警察首长。[5]

看了这张表，重点立刻浮现：在整本长篇小说里，唯一主要的中国角色，就是恐怖分子"陈"了，而且除了有日本血统的京之外，其他都是欧洲人。在马尔罗笔下，所谓革命，就是所有具备革命潜力的草根元素，都处在西方人的操纵与镇压下。正当警察势力和商业精英联合起来，对抗献身革命的志士及其共产国际顾问时，陈这名恐怖分子，则一面为新降临的权力雀跃，一面为沦为杀手黯然，后来则更由于脱离了自己的同胞，使得一切都归于零："陈不再属于中国……完全的自由，使他完全地属于自己。"由于心境发生了变化，陈"欣喜若狂地"向着奔驰中的汽车跑去，同时也跑向了自己的生命终点，因为他正打算去暗杀蒋介石。[6]

陈虽然超越了一般凡人的境界，至少他还有个身份。相对而言，其他致力于革命的中国人，像那些设法在共产党总部四周设路障，以阻挡蒋突袭部队的人，在马尔罗比喻下，就只成了非人的游离物了,"模糊的身影在雾里像混水里的鱼",或是"像一窝昆虫……四处活跃地窜动,意义不清,行动很明确"。[7]

即使是舍身革命的京,当他徘徊上海街头,设法组织叛乱时,

> 他不再走在泥地上,而是走在地图里。数百万汲汲营营于生计的人消失了,他们被另一种生活压碎了。在租界区和富人区里,那些经过雨水清洗的栅栏就在街底,现在看来只像威胁、障碍,像没有窗的监狱长墙。相反,这些暴戾地区,这些曾遭大量军队涌入的地区,却因躺在地上群众的战栗而生气盎然。[8]

法国商会总裁费拉尔决定将宝押在蒋介石而非共产党身上,他以个人熟知的赛马角度刻画出中国人的形象:

> 就像赛马互相超越的景况,先是头、然后脖子、接着肩膀,人群也渐近而缓慢地在车上向前"推进"。马路上,出现了碗盘之间挺立着小婴儿头的手推车、二轮马车、黄包车、小长毛马,更有塞了六十几个人的卡车。巨大的床垫上,则堆满了一整房子的家具,桌脚似乎还摇摇欲坠。至于手臂上挂着摇摇晃晃鸟笼的巨人,正伸出手保护娇小的女人,而女人背上则是一大窝的小孩。[9]

在《人间命运》中,最能勇敢面对死亡的人是卡托夫,一个刚毅的共产国际专员。他不像恐怖分子陈,忘我地奔向人生终点,而

是忧郁又有条不紊地踏上自己的归途。他最后的举动充满尊严，因为他让出自己的氰化物药丸，好让两位躺在他旁边受伤的中国同志，亦即他"可怜的弟兄"，能够在自己手中平静地死去，免去了酷刑的煎熬及等着他们的处决。在马尔罗看来，这种为了中国而做的西方式奉献，是卡托夫所能提供的"最伟大礼物"。卡托夫最后被判在铁路岔道等候会车的装甲列车的锅炉中活活烧死，他被带去受死时，一群中国人"怀着敬爱、畏惧、顺服的心情，亦步亦趋地跟着他"。[10]

透过马尔罗的描述，无论是中国人的无力感，还是共产国际专员的勇气，对于当代读者都有相当的说服性。但是有些人却觉得，以此笔法描述革命未免太过简单，对于牺牲所下的抽象定义也显得内涵不足；布莱希特（Bertolt Brecht）就是这些人之一。布莱希特生于1898年，较马尔罗年长三岁。但是这三岁却有着天壤之别，因为生于巴伐利亚的布莱希特正好足龄，得以加入一战的德军行列。虽然因为医学生的身份只分派至军医院服务，他却看透了战争及其带来的恶果，这使他终生认为，这一切都是中产阶级社会的愚昧及虚伪造成的。他的社会主义思想不只源于书本，更来自个人经验。他的理念，除了受马克思主义熏陶，也受十五世纪法国诗人维庸（François Villon）及当代达达主义影响。继1928年的《三毛钱歌剧》(*The Threepenny Opera*)及1930年的《默哈哥尼城兴衰史》(*The Rise and Fall of the City of Mahagony*)之后，布莱希特于1930年根据共产国际对中国革命的影响，写了一部反思性的戏剧，亦即深具实验意味的说教式戏剧《手段》(*The Measures Taken*)，并于1930年12月13日在柏林首演。

包括马尔罗的小说在内,大部分西方人谈到中国革命时,都把场景摆在广东或上海,但是布莱希特戏剧的背景却是中国北方城市沈阳。他将这个城市描绘为具备革命的充分条件:虽然保守派的炮艇在河面上巡弋,"装甲列车也在铁轨上待命",沈阳工厂里不满的情绪却不断高涨。纺织工人走上街头抗议;苦力们拖着装有沉重谷物的驳船进城,不时在河边泥地上摔一跤,痛苦呻吟着;富商们也愿意和工人组成联合阵线,以对抗邪恶的帝国主义;失业人群也发起了绝食暴动。四名运动指导者,三男一女已由莫斯科指派到沈阳鼓动革命;为了避免炮艇和装甲列车转向对准莫斯科,他们绝不能透露自己来自莫斯科。因此,这四人都受到上级指示,必须戴上面具,以掩饰自己的身份。当他们准备越过边界到中国时,上级告诉他们:"从这一刻起,甚至一直到你们消失为止,你们都是无名无姓的工人、斗士。你们是中国人,从中国母亲肚内出生,有着黄色的皮肤,即使在睡眠里梦呓,说的也是中文。"[11]

这四个人与一位从边境车站过来的同志会合,此人也戴着面具,受指派为他们的领导人,他们称他为"年轻同志"。在舞台上,几名运动指导者简述了他们与年轻同志的旅程:

> 我们以中国人身份,向沈阳前进,共为四男一女。此行主要为宣传目的,并协助中国共产党教授基础共产主义,亦即古典共产主义与宣传方法。要让无知者了解自己身处的环境;要让受压迫的人产生阶级意识;要让已具备阶级意识的人掌握革命的实战方法。[12]

接着合唱团附和着唱出：

> 为了共产主义而战的人
> 必须分辨何时可战何时不可战
> 必须分辨何时说真话何时不说真话
> 提供服务和不提供服务
> 置自身于险恶和规避险恶
> 广为人知和不为人知
> 为了共产主义而战的人
> 归根结底只有一个美德：
> 要为共产主义而战。[13]

这四名来自莫斯科的运动指导者愈是专业，受指派领导他们的年轻同志就愈不服他们的意见；他受眼前苦难的景象折磨，经常凭着意气行事。在四名运动指导者眼中，他已经表现出危险的软弱，成了"可怜的猎物"。这四人在沈阳积极工作，设立政党学校，在工厂里成立党小组，训练城里的活跃分子成为中坚干部，同时指导他们制作并散发党的材料。他们教导工人如何进行街头巷战，在密室里藏着排版机，还积极结交一名富商，因为他在"年轻人中颇孚众望"，因此必可在"资本主义的枪杆子下，大力协助拓展党内网络"。[14]

由于经常意气用事，这名年轻同志不时干扰四名运动指导者的工作：他反对系统而隐秘地建立一个坚实的革命根据地，主张攻击当地陆军军营,占领工厂,鼓动失业人群暴动。他鲁莽的行动导致工人分裂,出现对立派系,并让当局留意到了四名运动指导者。在他看来,穷人的苦难太深了,要他们暂时忍耐这根本是缺乏人性的荒谬论调,教导他们革命方法也只是浪费时间。工人们该知道的已经都知道了,他吼道:

> 他们知道:他们的不幸不是胸口上的麻风;他们的贫困不是像屋顶上的瓷砖一样掉下来;所有的不幸和贫困都是人为的恶果。他们炉上锅子里空无一物,悲惨是他们仅有的食物。[15]

四名饶富经验的运动指导者严厉斥责这名年轻的同志,直到最后他羞怒交加,将他们交给他分发的党的材料撕得粉碎。他把隐藏自己身份的面具扯了下来,大声向聚集在面前的穷苦群众咆哮,表示自己是来帮助他们的。四名运动指导者以阴郁的调子向领导报告事件过程:

> 我们看着他,在黄昏的微光中
> 我们看到他赤裸裸的脸
> 富于人性、单纯、不矫饰。他把
> 面具撕得粉碎。
> 房子里传出
> 被剥削者的叫声:"是谁
> 打断了穷人的睡眠?"

> 有声音从一扇洞开的窗子里吼道：
> "那边有外国人！抓住那些煽动者！"
> 我们就这么被发现了！
> 那时我们听到了暴动
> 就在下城的地方，无知的人群还在
> 议会里等候，未武装的人涌到了街上。
> 我们将他击倒
> 抬起他火速离开城市。[16]

这四名运动指导者侥幸躲过了疯狂的追捕，将年轻同志运送出城。他们立刻枪杀了他，并将他扔进一个石灰矿坑里，这样他的脸才会烧得无法辨识，也才不会连累了他们。"你们的工作很成功。"他们的领导聆听完报告后，向他们表示：

> 你们传布了
> 古典共产主义的教义
> 那是最基础的共产主义
> 告诉无知无觉的人他们的处境
> 教受压迫者阶级意识
> 教有阶级意识的人，革命的实际方法。
> 革命也在那里展开了
> 在那里，各层级的战士都有着严密组织。
> 我们同意你们的看法。

> 然而你们的报告却告诉我们
> 还需要做哪些事好改变这个世界:
> 愤怒和不屈不挠,知识和正义感
> 快速行动,极端审慎
> 超人耐力,绝对的毅力
> 对个体的认识与对全体的认识:
> 只有从现实中学习才可能
> 改变现实。[17]

布莱希特的革命戏剧在柏林首演六个月之后,一群在沈阳的日本陆军军官很怪异地"解读"了这出戏,指控中国军队"挑衅",并利用这个借口,发动大规模的报复性攻击,趁机扩大势力范围,控制了这块广大、富裕、高度工业化的绝大部分地带。与此同时,中国共产党已经被驱离上海、汉口等城市基地,被迫在华中与华南的贫困山间寻求游击据点。日本势力的膨胀带给蒋介石极大压力,他决定先肃清国内共产党势力,再转而对付日本。在针对红军聚集区发动一波又一波的攻势后,1934年秋天,共产党势力终于被迫退到北方。大批红军在经过漫长的长征后,最后只剩下少数人,抵达了黄河大弯口南边的延安,建立了新的根据地。这一带虽然赤贫,却有绝佳的天然屏障。在这里,中国共产党的新领袖,湖南出生的农民毛泽东,得以在蒋介石部队的势力范围之外,避开日本人,并在与苏联共产国际沟通有限的情况下,重整自己的部队实力。

出生于堪萨斯州的埃德加·斯诺（Edgar Snow）就见证了这许许多多的事件。斯诺生于1905年，家中务农并从事印刷业。他曾在通往加州的一段铁路那里做过铁路工人，之后就读于密苏里新闻学院，后来搬去纽约居住并在那工作了一段时间，到了1928年，他终于决定到中国去试试运气。中国并非他有意选择的目的地，那只是他所感觉到的一部分狂野漂泊，在他脑际不停抨击的"城市之歌"，启程前他这么向父母说道。[18] 虽然斯诺错过了1927年针对共产党发动的大肃清，1928年时，他已经到了上海，并访问了许多负责肃清运动的国民党领导人以及一些反对派人士。他还见到了1931年中国的大饥荒，当年稍晚日本在中国与"满洲国"边界发动战役的后果，以及1932年日本入侵上海后日军在当地的暴行，还有随后好不容易签订的和平协定。种种迹象显示，全面战争已经不可避免。

斯诺对中国的左翼势力逐渐感到同情，1935年北京学生大游行时他也在场。稍后他发现，中共人员甚至利用他的房子作为秘密开会地点，而他根本毫不知情。[19] 1936年夏天，毛泽东与部队已完成长征，但是还没有完全迁至延安，此时斯诺接到邀请，到共产党根据地访问。尽管危险重重，他立刻接受邀请，并于7月抵达当地。

综观斯诺在中国的经验以及他早年的生活，似乎注定他要对社会中的激进运动具有高度观察兴趣及认同感；那几乎正是他受到邀请的原因，也正是共产党精心带领他穿过国民党围剿部队的原因。斯诺不仅缺乏布莱希特对共产党及其手段的了解，更少了布莱希特对政治形势的认知。布莱希特的戏剧《手段》中有一幕，年轻同志困惑地问道："党是谁？"职业的运动指导者答道：

> 我们就是党。
> 你和我和他——我们全部都是。
> 它藏在你的衣服里,在你脑子里思考
> 我住的地方就是它的家,你遭受攻击它就还击。

合唱团更加上了几句话:"它是大众的前锋／它决定战场／根据我们的基本策略,而基本策略是出自／认清现实。"[20]

虽然斯诺本身并不具备这种观点,共产党领袖毛泽东却深得"认清现实"之髓,他能够掌握大权,就是因为能够不断随环境变化,调整自己的策略及意识形态。毛特别擅长吸收农民,以补充甚至取代都市中的工人,因为情势显示,未来几十年内,大城市很可能都无法成为共产党的据点。斯诺描述毛及其支持者的书《红星照耀中国》(Red Star Over China,又译《西行漫记》)于1937年出版,立刻就在英国及美国成为畅销书,销售量超过之前所有关于中国的非虚构图书,并以一票之差,未成为"当月书选俱乐部"(Book-of-the Month Club)的推荐书。[21]

赛珍珠的书,让当代美国读者认识了中国农民苦难的生活,斯诺的书,则让他们见到中国的激进主义。斯诺特别受中国革命的自发现象感动;他显然忘记了政党强制动员的可能性。他描述自己第一次和红军部队行军的情形:

> 虽然他们在生活中几乎都遭遇过不幸,也许是年纪还轻的

缘故，他们并没有因此而丧志。在我看来，他们都相当快乐，也许是我见过的中国无产阶级里最具有快乐意识的一群。在中国，淡泊自足是普遍现象，对于生活抱持积极态度，因而显露乐观情绪的人，自然少之又少。

他们整天在路上不停唱歌，歌曲来源似乎无穷无尽。他们不是在指挥下唱的歌，完全是自发性的，而且唱得很好。也许是灵感来了，也许是忽然想到一首歌，只要有一个人突然高声唱了起来，指挥官及其他人必会纷纷加入。他们晚上也唱，并向当地农民学习新曲调，农民也会拿出陕西弦琴伴奏。[22]

部队不仅高声欢唱，在斯诺眼里，他们还非常尊重他人财产，并且严格遵守纪律：

他们的纪律似乎完全是自发的。当我们经过山坡上的野杏林时，部队突然全部散开，直到每个人口袋都装满为止，而且总会有人带一大把水果给我。等我们离开时，树林就像给强风袭击过了一般。部队很快又会恢复秩序，并且加快脚步，以弥补损失的时间。但是，当我们穿过私人果园时，却没有人碰树上的果子，我们在村子里消耗的谷物、水果，也一向全额付清。[23]

斯诺的书成了世上第一份详细评估毛泽东的资料，而这项评估的本质，对于这位共产党领袖在西方的形象有着举足轻重的影响：

> 我抵达不久就见到了毛泽东。他长得骨瘦如柴，身形颇似林肯，个子较一般中国人高一点，有点佝偻，一头长发又浓又黑，两只大眼炯炯逼人，鼻子高挺，颧骨丰厚。我的瞬间印象是，那是一张敏锐的知识分子面孔，但是接下来几天，我都没有机会加以印证。第二次见到他，毛泽东没有戴帽子，正走在黄昏的街上，比手画脚地和两位年轻农民说着话。我当时正如街上其他人一般游走着，直到他指着我，才认出了他，而南京正悬赏二十五万美元要他的人头呢。[24]

尽管斯诺在用词上似乎尽量含蓄，整体而言，他的文章还是充满了溢美之词：

> 首先，不要以为毛泽东是中国的"救星"。那是胡扯。中国永远都不会有"救星"。但是你却无法不在他身上感受到一种宿命。那不是捉摸不定的气质，而是实在而稳定的活力。你会感觉到，当他纵谈数百万中国人民的迫切需要时，这个与众不同的人会生出一股超凡的气势，当他谈论农民时，这种现象又特别明显——那些贫困、挨饿、受剥削、不识字，但是慈悲、慷慨、如今反叛的人们，正是广大的中国人民。[25]

尽管毛泽东"生性机敏"，而且博学多闻，斯诺却善于将其描塑得讨人喜欢又单纯。毛住在一个有两个房间的简单黄土窑洞里，正如当地村民一般。很显然，他所有的财产就是两套棉质制服，一顶蚊帐，以及带有他名字的几本书。斯诺显然因此更加相信，毛泽东有着革命家的正直人格：

> 在我看来，毛泽东是个非常有趣、非常复杂的人。他有中国农民的单纯和自然，充满了幽默感，酷爱大笑。甚至在谈到他自己和苏联的缺点时，也可以哈哈大笑；那是一种顽童式的笑声，毫不动摇他内心深沉的使命感。他说话坦白，生活简单，有人可能会认为他太粗俗、太鄙下，其实他巧妙结合了天真、机智、世故。[26]

毛泽东曾接受斯诺一系列访谈，谈到他的成长、教育过程以及革命经验，至今那仍是所有学者及历史学家讨论毛泽东时最重要的资料来源，虽然其中明显有毛泽东斧凿过的痕迹。斯诺得出结论表示，红军根据地的经济结构，"必可让马克思认为，那是根据他的乡村平等主义理论所发展出最完美的模式"。这番话明显反映了共产党团结自由派的意愿，但是自由派若发现当时共产党一些较极端的手段，也许就会被拒之门外了。[27] 就像要将几世纪来中国给人的负面印象一笔抹杀般，斯诺报道说，在红区里乞丐完全绝迹了，缠足陋习完全废除了，再也没有人杀婴，一夫多妻也成了历史。[28]

在书中，斯诺与红军将领彭德怀有一段很长的对话，彭德怀特别强调共产党军队与国民党军队的差异。他指出，1928年，国民党在共产党活跃的乡村地区实行清野政策，摧毁农民的房舍、农作物，以逼使共产党无处藏身。彭表示，结果这个策略完全失败，因为农民早已将粮食掩埋起来，以逃避国民党的税收，他们还将马铃薯、野菜根拿出来与红军分享。[29]这种将国民党描绘为笨拙威权体制的手法，颇得当时外国观察家的认同，特别是那些去过重庆的观察家；当日本人于1937年夏天发动全面攻击，情况显示大战将在中国爆发后，蒋介石就把首都迁到了重庆。

在这些观察家中，美国作家格雷厄姆·派克（Graham Peck）算是描写技巧较高的一位。在1930年代一次较早期访问中国的行程中，派克写道，他"有时候怀疑，他看见的每一个人都在偷偷进行某项阴谋"。[30]如今到了1940年代早期，他有时间慢慢体验重庆的生活了，他更确信了自己的疑虑。不只是因为这个城市本身是个"挤在山崖上，半现代化、半毁弃的城市"，分明"就是恶作剧"[31]，更因为这个城市里的中国人，都在背着西方人进行一些阴谋。拿黄包车夫和乘客来说，当他们在城里蜿蜒的小路上前进时，就提供了一个最好的例证：

> 这些穿梭于羊肠小径间的黄包车，原本是为乡村平地设计的。由陡峭的山路往上行时，车夫们必须奋力向前弯身，以至于脸孔几乎贴上了路面。他们往上爬的速度，还比不上走路的步伐，但是他们的乘客，却宁可坐在车子里，优哉游哉地在脸上挂着那个笑容。下山时，车夫必须用力平衡住他们的车辕，将车子急剧地向后倾斜，坐在车上的人一不小心，就有可能头皮着地。接着车夫会以惊人的速度冲下斜坡，他们大步跨出的

双足只偶尔着地。他们面带微笑，乘客则尖声大叫。[32]

国民党部队也许不像斯诺所描写的部队那么会唱歌，他们也不像毛泽东那样会发出"顽童式"的笑声，但是在这个神秘世界里，他们也有一席之地：

> 过了一会儿，一列穿着灰棉制服、衣衫褴褛、脚着草鞋的军人，有气无力地上了山。他们表面上在行军，实际上步伐奇慢。他们一步一步往前走的速度，比身负重物的家庭主妇还要缓慢。如同中国各地的军人，他们口中念着数字以齐一步伐："一、二、三……（踏、踏、踏）……四！"当他们的军官吼着要他们快点时，他们全部愈念愈快，快到就要跟不上了，但是他们的双脚依旧像原先那样慢慢踱。他们全都挂着那个笑容。[33]

基于前述及其他的例子，派克对于中国的困境提出了个人看法："中国人知道，自己是无法控制之外力下的牺牲者，因此经常会叽叽咯咯地怪笑。"[34] 他以一个隐喻瓦解了蒋介石在西方的良好形象，也诋毁了他的道德运动的核心——"新生活运动"，以及蒋意欲取代共产主义的意识形态。在派克看来，新生活运动的目的，是要让中国人对蒋介石这位父亲型的统治者产生幼儿般的依赖感，更何况，蒋介石的富人支持者永远都是强力鼓吹恢复儒家价值观的一批人。"因此，在蒋介石的治下，人民永远都是小孩，永远都要接受家长训斥，不断改进自己的行为，以合乎道德合乎规范。而他自己陷溺其中的行为，不仅颇堪质疑，也许还涉及犯罪，但却是绝对的自我毁灭。中国人的行为，似乎透露了他们深知此点。他们脸上总是挂着神秘的微笑。"[35]

格雷厄姆·派克认为，在遭受了当代接连不断的折磨后，这种神秘微笑已经成了唯一的生命反应。无论是马尔罗笔下的革命英雄，布莱希特笔下的革命纪律，还是斯诺笔下的革命情操，一切都显得缥缈虚幻，唯一得以重新厘清一切的做法，似乎只有赖举世欢腾、笑看一切了。

注释

1. André Malraux 著,Robert Hollander 译,*The Temptation of the West* (Chicago, 1992),4—6 页。
2. 同上,101—104 页。
3. 同上,109—110 页。
4. 同上,112—113 页。
5. André Malraux 著,Haakon M. Chevalier 译的 *Man's Fate* (New York, 1990) 标题页。在 Claude Tannery 著,Teresa Lavender Fagan 译的 *Malraux, the Absolute Agnostic* (Chicago, 1991) 中,有针对此小说,特别是其中的角色 Kyo,强而有力的分析。有关 Malraux 的生平,见 Jean Lacouture 著,Alan Sheridan 译,*André Malraux* (New York, 1975)。
6. Malraux 著作 *Man's Fate*,58、243 页。
7. 同上,268、270 页。
8. 同上,18 页。
9. 同上,79—80 页。
10. 同上,325 页。
11. Bertolt Brecht 著,Car R. Mueller 译,*The Measures Taken*,见 *The Measures Taken and Other Lehrstucke* (London, 1977),12—13 页。
12. 同上,13 页。
13. 同上,13 页。
14. 同上,14、25 页。
15. 同上,26 页。
16. 同上,30 页。
17. 同上,34 页。
18. S. Bernard Thomas, *Season of High Adventure: Edgar Snow in China* (Berkley, 1996),33 页。
19. 同上,123—124 页。
20. Brecht, *Measures Taken*,28—29 页。
21. Thomas, *Snow*,168—170 页。
22. Edgar Snow, *Red Star Over China* (Yew York, 1994),66—67 页。
23. 同上,67 页。
24. 同上,70 页。
25. 同上,71 页。
26. 同上,74 页。
27. 同上,232 页。

28　同上，241页。
29　同上，304页。
30　Graham Peck, *Two Kinds of Time* (Boston, 1967)，85页。
31　同上，86页。
32　同上，87页。
33　同上，93页。
34　同上，98页。
35　同上，98—101页。

第十一章

神秘权力
Mystiques of Power

1930年12月13日，当《手段》在柏林爱乐厅首演时，魏复古（Karl Wittfogel）正坐在布莱希特身旁。八天之后，在当地一所学校的大厅里，曾就这出戏举行了一场公开讨论会，当时魏复古是主席，布莱希特是讲台上的一员。当天出席的人，自然都熟知马克思主义及当时的共产国际政策，讨论也非常尖锐。大部分争论的焦点在于，共产党是否处死过犯错的同志；他们这么做是否正确；除了死刑，是不是还有其他的选择。包括魏复古在内，当天部分出席的人坚称，对忠诚共产党员而言，比起开除党籍，死刑还是较轻的判决。然而大多数人却认为，处死犯错党员不应该是党的工作，布莱希特也因其处理年轻党员死亡的方式当场受到批评。

出席人员并重申了政党无所不在的概念；布莱希特在剧中曾表达了这个观念；亦即个人虽然拥有两只眼睛，党却有一千只眼睛。布莱希特向出席群众表示，他已经决定在剧中，让年轻同志在死前自问道，除了死亡，是不是还有其他抉择，而答案则是否定的。[1]经过修改后，最后一幕是这样的：

> 运动指导：……我们必须枪杀你，将你丢入石灰矿坑，让石灰毁去你的面目。但是我们必须先问你一句：你有其他更好的办法吗？
> 年轻同志：没有。
> 运动指导：我们问你：你同意我们的做法吗？
> 无言
> 年轻同志：是的。[2]

魏复古和布莱希特了解，这一个"无言"，代表了多少党的纪律及对共产国际的表态。他们深知，这个他们矢志加入的政治世界有其特定规范；虽然日后他们各自走上了完全不同的道路：战时在好莱坞经历了幻灭的布莱希特，回到共产党统治下的东德，指导杰出的"柏林剧团"（Berliner Ensemble）；而魏复古则在中国住了几年之后，变得极端反共，并在美国定居后，继续他未完成的重要理论书《东方专制主义》（Oriental Despotism）。但是多年来，他们一直保持联系，1943 年，当二人都在美国时，布莱希特还将新戏《四川好女人》（The Good Woman of Setzuan）的打字稿寄给了魏复古。但是这出戏谈论的却不是中国，它仅以中国作为背景，探讨的其实是人性的善与恶；他们之间的鸿沟因此更加扩大了。后来在纽约的一次争论中，魏复古指责布莱希特否认苏联为一剥削社会，两人的关系此时濒临决裂的边缘。布莱希特反驳说，工人最终会控制国家；当我们看到驴子被主人鞭打时，不要忘记了，鞭打只是假象，因为事实上，驴子在利用主人达到自己的目的。魏复古声明，斯大林在1931、1932年发表的正是这番论调，结果却帮希特勒掌控了大权。[3]

在许许多多尝试将中国放在一个巨大体系中心点的人之中，魏复古只是最近的一位；这个体系将说明世界各社会的形成与发展；而魏复古与布莱希特由友人变成陌路，也只是他在发展这个体系的漫长过程里所经历的两个阶段而已。魏复古生于1896年的德国，是他父亲第二次婚姻唯一的一个孩子。他父亲年纪极长，是福音路德教会的学校老师。巧的是，马尔罗也曾塑造一位年长的路德派学校老师，对从小就是孤儿的恐怖分子陈形成了重大影响。这位老师会"根据个人资质，给予孩童们无尽的爱或威吓"，结果造成陈自小"狂妄自大、沉默寡言"。[4] 但是担任记账员且热爱健行的父亲，却给了儿子魏复古一个理想的乡村生长环境，并训练他成为懂得选择、懂得发问的读书人。[5]

接下来几年，魏复古接受了极佳的教育。他迷上了尼采的思想，发现了马克思、佛教、马克斯·韦伯、形态心理学，对于中文研究的挑战和可能成果倾心不已，也跟着潮流参加过德国青年运动、工人教育组织，以及针对罗莎·卢森堡（Rosa Luxemburg）及卡尔·李卜克内西（Karl Liebknecht）的革命政党斯巴达克斯党所成立的社会主义研讨小组。当前述二人于1919年过世之后，他便加入了共产党。他一面在法兰克福大学研读欧洲经济史及中国历史和语言，一面担任过教师、剧作家和政党活动人，后来由于讨论早期中国经济制度的复杂学术资料,深深吸引了魏复古,他便将中国历史和语言的研究合而为一了。

他的第一本关于中国的书写于1925年,1926年出版,这是一本关乎政治、关乎时事的书,不涉历史事件。这本名为《觉醒中国》(Awakening China)的书,用马克思主义的观点分析一直到1925年联合阵线为止中国早期的革命。书的主要目的,是为列宁的先知灼见辩护,指出亚洲国家确实正自"历史的长眠"中醒来,而且注定要在这一波即将来临的举世革命浪潮中扮演重要角色。书中并大力赞扬共产国际的各个机构,为了中国"无条件地付出"。[6]《觉醒中国》受到许多共产国际党员的好评(并非所有党员都欣赏这本书,当时发生在斯大林和托洛茨基党人之间的论战,已使整个组织严重分裂),并于1927年秋天替魏复古自共产国际揽来一个任务,为苏联一份重要的孙逸仙演讲集写序言。在这篇内容详尽的长文里,魏复古根据文中发展出的理论结语道,尽管孙逸仙公开表示对马克思主义的兴趣,但他本身并非马克思主义者,充其量不过是"中产阶级革命家",主要贡献是在中国内部,发展出反帝国主义的力量。[7]

直到1928年,魏复古才有时间完成他讨论中国早期农业的博士论文。才拿到学位,他就启程前往苏联,开始向往已久的朝圣之旅。一到那里,他就和苏联学术界展开雄辩,讨论马克思所指"亚细亚生产模式"的真意,以及这些理论对当时中国革命的适用性。魏复古也就这些问题和鲍罗廷(Michael Borodin)展开过讨论;鲍罗廷是早期共产国际在中国最活跃的专员,他对中国革命分子所逐字复诵的斯大林指令,是1927年上海喋血事件重要的导火线,后来更被马尔罗收进了《人间命运》里。[8]

回到德国后，魏复古开始汇集整理多年研究心得，准备出一本名为《中国的经济与社会》(Economy and Society in China) 的书，解释中国的过去和现在。在书中，他主要认为，旧中国有太多根深蒂固的包袱，不容它做任何改变，如今这个旧中国就要被一扫而空。在一则生动的隐喻里，魏复古借用马戛尔尼的比喻，指中国为航行于狂风暴雨里触礁裂为碎片的老战舰："整个结构早已彻底烂透。旧'亚细亚'中国的残骸，就像被白蚁蛀透的小木屋，只要来一个稍大的暴风，就会完全被摧毁。"[9]

正如前文所言，意图将中国囊括进一个全球知识系统的努力，起源于十七世纪末的莱布尼茨，到了十八世纪中期，孟德斯鸠和伏尔泰更是做了进一步的尝试。然而在十九世纪末期，赫尔德却对系统式的中国研究提出严厉的批判。从这时候开始，好几位思想家也留意到了发生在中国的问题，并各自为发现的问题寻求解决之道。亚当·斯密（Adam Smith）尝试自政治与经济的角度，解释中国庞大人口和经济不振之间的关系。黑格尔则思考，在举世迈向自由的途中，中国的定位在哪里；在他看来，这是历史发展的关键所在。他认为，在人类文明发展史中，中国文化虽然发源甚早，但是却一直置身于文明进化的主干线之外，因此也就被排斥在真正的历史版图之外了。这一切现象皆源于皇帝的过分集权与官僚系统的过分奉承，他们合力创造了一个社会，其中"只有一个人自由"，其他人则被迫在专制的淫威下低头。只有在接受了来自西方的活力后，中国才有可能跃入当代，也才会成为世界历史的一部分。

马克思也呼应了黑格尔的看法，认为中国是静止的社会，"毫无活力"，对于所有的社会变迁，都有"排拒的本能"。马克思认为，经济社会的形成主要有四个阶段，每个阶段都跟对生产方式的控制有关：它们"依序渐次为"（必须按照先后次序）亚细亚、古代、封建及现代中产阶级社会。虽然最后三者彼此关联，亚细亚生产方式却独立存在，在发展过程中没有明确位置。"自上古时代开始"，马克思写道，类似于中国的亚细亚政府，都只有三种功能："内在掠夺"（国库）；"外在掠夺"（战争）；以及公共事务部分，亦即透过灌溉，控制水流的使用及分配。在西方，私人企业为了让水流的使用发挥最高效益，组成了"志愿团体"。但是在亚细亚社会里，由于国家控制严密，私人企业没有机会兴起，进而组织类似的团体；事实上，这些团体的地位已由孤立而分散的村庄取而代之了。马克思对太平天国运动也有深入研究，他认为，若论到对中国整体发展的影响，来自英国资本主义的影响，必然大于来自本国之内的叛乱，因为英国人会让当地农业发展和工业发展分开进行，进而促成新社会模式的诞生。[10]

在十九世纪末二十世纪初之际，马克斯·韦伯花了大量时间探讨中国，尝试解释，拥有广大资源的中国何以未能发展成为资本主义国家，此外，儒家思想、帝王制度、官僚体系，以及中国城市的本质，对于这种停滞现象造成了多少影响。在一次世界大战期间及结束后，斯宾格勒（Oswald Spengler）在《西方的没落》（*The Decline of the West*）中，借着对中国语言、政府、艺术、风景的探讨，阐释早期中国对世界历史的影响、中国衰落的原因，还有当此西方逐渐式微之际，中国如何透过"神秘的宇宙主义"重为世界注入活力，并重新恢复本身重要地位。[11]

由于遍读群书，魏复古自然熟知这些理论家的作品，也曾在自己的文章中加以讨论。他的野心之一，就是将马克思和韦伯针对中国发展出的理论加以综合，既有前者在经济上深邃的原创理论，也有后者对中国官僚体系的详细探讨。此外，魏复古也感觉到，在他大量阅读过中文资料并归纳出自己的理论后，他应该更进一步发展马克思的理论；毕竟这些理论与西欧社会息息相关。比如，他进一步质疑道，在人类历史中，无论是亚细亚时期或是古代时期，封建制度是否皆可证明为两者的过渡时期。[12]

在这许许多多尝试探讨体系的学者中，魏复古是仅有一位熟知中文并能阅读历史原文的人，因此他的观点颇受广大读者的敬重。但是到了1931年，他的理论就因太过独特而不为莫斯科接受了。魏复古讨论中国经济的长篇著作，被禁止翻译成俄文，魏复古本人也未受邀去参加一系列在苏联举行的讨论亚细亚生产模式的会议，而众所周知，他正是此议题的权威。依然忠于马克思教条的魏复古，此时对于斯大林的政策深感不耐，因为斯大林指示东德共产党，倾全力颠覆社会民主党，而非势力渐隆的纳粹政党。到了1933年，他撰文攻击希特勒的行为早已为纳粹熟知，待3月希特勒掌权之后，魏复古就遭到逮捕，直至当年年底都在德国恐怖的集中营里度过。后来在来自国内外学者的齐心施压下，他才获得释放。他随后到过英国，也到过美国，希望重新找到一块地方，继续他的学术研究。不过他还是决定去中国，并于1935年夏天到达当地。

他在当地早期有一位朋友，就是赛珍珠的前夫卜凯（John Lossing Buck），他将针对中国农村所做的大量田野调查结果，与魏复古分享。当年稍晚，魏复古曾与埃德加·斯诺展开详谈，但是他婉拒了提议，未随斯诺往访位于延安的中共根据地。[13] 魏复古在中国期间进行了许多研究计划，并尝试向忠诚的左派证明斯大林肃清异己的严重性及恐怖性。他于1937年7月离开中国，正是日本发动全面入侵之后不久，他回到了美国，从此就以当地为家。在得到消息指出，希特勒和斯大林已结为同盟后，他终于在1939年断绝了与共产党的关系。

因此，在众多尝试为中国建立体系的理论家中，魏复古不仅是唯一懂得中文的一位，更是唯一在这个国家内住过，并拥有第一手研究资料的人。结合了这么多重的经验，终于整理出的著作《东方专制主义》，总算在1957年出版了。魏复古给那本书下的副标题为"极权的比较研究"（The Comparative Study of Total Power），忠实反映出了在众多研究体系的大师级前辈中，当牵涉到中国时他认为最能与他思想相通的，既不是黑格尔，也不是马克思，而是孟德斯鸠。因为孟德斯鸠第一位指出，在一个只允许一个人有自由的世界里，中国皇帝就是那个唯一。孟德斯鸠指出的其他事项包括：体罚的滥用、私人财产皆为皇帝的家业、风俗、习惯、法律之间的混淆、缺乏独立的宗教及司法机构。此外，他认为，中国的专制不同于其他地方的君主制度，因为它是以恐惧而非荣誉作为领导理念。

虽然明显受到了孟德斯鸠的影响，塑造魏复古最终理论的，恐怕还是他自己在知识上及政治上的不凡经验了：1939年希特勒和斯大林的联盟,证实了他对两种制度向来抱持的疑惧,二次世界大战更丝毫没有改变他的看法。到了50年代初期"麦卡锡时期"(McCarthy period),魏复古变成了美国左派及自由派的强力批评者,并因此遭到许多学院派人士及昔日政治盟友唾弃。而此时,他长期以来研究的中国,已经和现代极权主义的作品——无论是有关斯大林还是纳粹——以及民主政治的不稳定性,共同在他心中融合为一了。在晚年一出有趣的戏剧独白中,魏复古曾提到,"托克维尔(Tocqueville)诡秘看待孟德斯鸠所持东方专制政治不变的概念"。[14] 这里提到的"诡秘",是很有趣的字眼,显示魏复古对许多中产阶级自由派批评家的轻视。魏复古解释说,托克维尔完全没有提到,孟德斯鸠以社会政治的精准角度说明了"绵延不断的东方专制制度"存在的理由。就是这种绵延不断性,才是极权政体真正可怕的地方,这也是专制政治与短期"暴政"最主要的相异处。[15]

在《东方专制主义》第一页,魏复古表示,孟德斯鸠最关切的,就是这种严苛政体"对个人的折磨"。接下来的许多思想家,也仔细研究了这类国家的管理能力,以及由庞大水利工程造成的复杂水力;这种水利工程旨在维持沟通管道畅通,以及维持灌溉系统。这种国家必会发展出庞大的官僚系统,以处理水力问题,同时也会是国土领域内最大的地主。在耗时三十年,研究过几千年来许多不同社会的类似现象后,魏复古写道,他发现这些是"完全权力"下的系统,或是他现在所改称的"水力"(hydraulic)社会,而非"东方"(oriental)社会。在这些社会中,一些社会的完全权力不仅没有消退,反而像"带着病毒的恶疾快速传播"。[16] 魏复古指出,这句话"强调人类行为，而非地理环境"，而且使得水力社会更容易和其他地区的封建社会及工业社会互相比较，对于水力社会中普遍存在的"官僚地主"，以及"官僚资本主义"，也能更轻易地加以解释。[17]

对魏复古来说，公元前221年的秦始皇，是形成水力社会的关键人物。在公元前三世纪，秦始皇将许多零星散落的城墙连接起来，"形成了人工建造、最长的防御设备。正是这个举动，以及接下来的重建工程，说明了日后无论是在水力经济上，或是其他由政府主导、需要大量人力完成的工程上，才能有极高的效率"。同时秦始皇也是主导完成其他庞大计划的人，像是阿房宫，像是地下陵寝，都动用了超过七十万的人力。[18]

魏复古的饱学，在《东方专制主义》中表露无遗。这本书同时也是比较性的研究，除了中国，还谈到了印加、玛雅、印度、巴比伦、拜占庭、埃及、俄国。但是在书中许多关键地方，特别是名为"完全恐怖——完全臣服——完全孤独"激情的第五章，魏复古由毕生研究及经验所得到的中国印象，似乎成了其中的主题。读者们随着魏复古在历史与现代的对比中来去，他谈到了斯大林与纳粹的滥权，更谈到了朝鲜战争后中国的"反右运动"以及方兴未艾的"大跃进"。对于水力专制，魏复古有着以下的评论：

> 控制权力的人就像老虎一样，必须有实际的利器，以摧毁受害对象。以农治国的暴君，的确拥有如此的工具。无论是军队、警察还是情治机构，都在他的全权控制之下，他并能随意指挥狱卒、行刑人、刽子手，更能使用所有器具，以逮捕、拘

禁并摧毁嫌犯。

此外,他还能利用人性心理弱点,运用这些工具。无论在哪里,拥有政府公权力或大量财势的人,都喜欢让自己的行为蒙上神秘色彩;更何况依其政权本质,专制政府行事本来就是令人费解的。由于整个组织只对自己负责,组织内部的人即使处理微不足道的小事,也要用偷偷摸摸的方式;当他们想要制造恐怖或是意外时,他们会将神秘提升为一种艺术。不可预测是绝对恐怖的必要武器。[19]

魏复古认为,中国人的"刑求"和"刑事威吓",是中国社会的独有现象,他并指出,即使孔夫子也相信"顺民才是良民",而且儒家教育"要求对父母及师长绝对服从,正好为服从君主奠定良好基础"。当一个人在权威面前匍匐在地时——比如叩头——正是此一信念的合理延伸。在一个受到"完全恐怖威胁"的社会里,人们会培养出一种智慧,亦即"若想生存,就不要冒犯控制不了的怪兽"。[20] 因此类似叩头的行为,正是在此社会生存的必要训练。

在这种情况下所产生的"完全孤寂",是由皇帝带头开始的。他先怀疑所有的人,影响所及,每一个人都会怀疑自己四周的人,甚至自己的家人与邻居。魏复古表示:

> 在古代希腊,许多自由人是寂寞的;即使在今日的民主社会,也有许多孤独的人。但是这些自由个体的寂寞:主要是源于自己受到了忽视,而不是因为有一个政权在威胁他们,随时

都可以将他们的人性尊严剥夺一空。一个受到忽视的人,仍然可以和少数亲戚、朋友,维持某种程度上的来往,也可以借着扩张社交圈,或是建立新的归属管道,克服自己的疏离感。

生活在绝对权力下的人就没有这么幸运了。由于对生活毫无反击能力,他只能够逃避,以自我保护。为了避免最坏状况,他一定要随时准备好面对一切。[21]

魏复古并以中国最伟大的历史学家司马迁作例子,说明"完全的孤寂"。司马迁因为替一位吃了败仗的将军辩护,触怒了汉武帝。由于没有一个朋友胆敢为他说话,他无法将惩处易科罚金,于是受了阉割之刑。套句魏复古冷冰冰的评语:"就像动物一样,给带进暗室里阉了。"魏复古接着生动地说道:"以一个开放社会的标准来说,这位中国历史学家忍受了严刑之苦。以他自己的世界来说,他不能说是不算幸运的。虽然遭受了极刑,他还是保住了性命,而且由于政治地位尽失,才能继续撰写他的历史。"魏复古认为,现代"完全管控的国家"又给这种"审判"加了点花边,亦即强迫公开认罪。在旧式的水力专制里,只要有意,他们可以让任何人屈打成招,承认罪状,但是他们"未见在民间社区里,让冲突公开化之理由"。他们不觉得有必要,"让已经疏离的极权政治下的'人民'法庭更进一步的孤立"。[22] 这种重大转变或许可以解释为:旧社会里的农业专制,虽有绝对的政治权力,对社会面与知识面的控制却非常有限。在工业专制政治里,"充分发展而且具有完全控制力的社会机制",不仅有完全的政治权力,"也完全控制了社会面及知识面"。[23]

在《东方专制主义》完结篇中，魏复古细腻地分析了中国共产社会，他向读者们表示，中国人自苏联学到了经验，绝不会以恢复传统的农业专制政治自满。毛泽东的退居乡村，绝对只是权宜之计；他心知肚明，由国家引导的快速工业化，才是迈向他心目中强大"完全管控的社会"的最佳途径：

> 这些观念与中共的长程目标息息相关。毛泽东若将窝居于乡间视为长久目标而非权宜之计，那绝不能仅仅以偏离正宗的共产党人看待他。他会像这样一个人：这个人因为自己过去在森林中只有一根棍棒作武器，就永远喜欢棍棒而不喜欢使用步枪。但是毛泽东不是这样的人。他和跟随者从未将自己定位为农民党的领导人；这种党虽然动机强烈，却会囿于农村利益，作为有限。当中共迫于内战形式，必须退避至乡间发展时，他们一直抱着希望，要重回城市。等他们终于占据城市了，他们的作为完全是十月革命之后布尔什维克党人的翻版。他们恢复所有的工业设备，并更进一步地强化发展，他们还迫不及待地控制现代工业以及机械化的信息系统。因此，他们对于重振亚洲传统的兴趣，就和苏联想要恢复官僚系统一样，是微乎其微的。[24]

在指称毛泽东"不是这样的人"的同时，魏复古已经在这种新的水力专制政治中，将毛泽东定位为绵延不绝潮流（绝非只是一成不变）中的最新例证。对美国权力核心来说，魏复古这种视中国领导人为富心机、穷心计的看法，一点也不显得唐突。对于此一情势最能了然于心的，当属1971年底1972年初的尼克松及其国家安全顾问基辛格了。当时他们正秘密计划访问中国，以结束双方二十年来几近完全隔离的状态；双方这种关系，已对经济及政治每一层面构成影响。

尼克松离国前，曾安排马尔罗到椭圆形办公室与他会面，并共进晚餐。他显然想借马尔罗过去在中国的经验为自己暖身，并以他充满玄机的谈话为未来的几日铺路。马尔罗在最近一次访问北京时，曾获准采访毛泽东，因此他对毛泽东仍有鲜活的印象。"你会跟一个巨人打交道"，马尔罗告诉尼克松，"但是个年迈的巨人"，而已深为后继无人苦恼。[25]马尔罗发现，"不能向毛泽东发问"，只能接受毛泽东的论调，无论内容多么独断。一会儿之后，马尔罗又提出了一些看法，让尼克松了解在毛泽东面前的感受：

"总统先生，你要见的这个人一生波澜壮阔，而且他相信，自己正在演出此生的最后一幕戏。你会以为他在跟你说话，事实上他在敬告死神……这一趟走得值得！"

我问他，毛泽东之后将如何？马尔罗答道，"正如毛泽东所说，他后继无人。他到底是什么意思呢？他是说，在他看来，诸如丘吉尔、甘地、戴高乐等伟大领袖，都是由时势造成的，而此时势却再也不会出现了。从这个观点来说，他自觉后继无人。有一次我问他，他是否自诩为自十六世纪以来，中国最后一批英明皇帝的继承人。毛泽东说道：'我当然是他们的继承人了。'总统先生,你以理性处事,毛却不然。他充满了幻想,层层为其束缚。"[26]

尼克松早已深深投入这趟意义不凡的行程,他和基辛格并为这次计划命名为"马可波罗二号"。他自马尔罗的恭维中,肯定了自己的重要性,他日后回忆道:"我们正要展开一趟哲学发现之旅,其不确定性,甚至危险性,都仿若早期的那趟地理发现之旅。"根据尼克松回忆录,毛泽东确如马尔罗所说,像个"巨人"。尼克松写道,在这次 1972 年 2 月的会面中,毛泽东不仅表现出了"独树一帜的自嘲",而且"心思快得像闪电",使得这位年迈的主席在机警的应答中,"分毫无差"。不只如此,毛泽东还"活力充沛,留意到了谈话中的每一个细节"。因此当尼克松引用了毛泽东著名的一句诗时,毛泽东立刻天外飞来一句,压住尼克松的话,他附道,"一般说来,大家比较喜欢我说一些放大炮的话……比如,像'全世界应该联合起来,打倒帝国主义,打倒修正主义,打倒反动主义,建立社会主义'。"[27]总统在结束第一次至毛泽东住处的访问前,为他自己和主人做了类比:

"主席先生,"我说,"我们都知道你的一生。你来自一个赤贫家庭,却登上了全世界人口最多、最伟大国家的顶端。"

"我的身世则较鲜为人知。我也来自一个赤贫家庭,也登上了一个伟大国家的顶端。历史促成了我们的会面。关键是,无论我们的思想差异多大,我们都脚踏实地,来自群众。我们有没有可能做出突破，在未来不止造福中国与美国，更造福整个世界。那正是我们在这里的缘故……"

毛泽东送我们到门口。他拖着足跟慢慢地走，并表示自己近来身体不适。

"但是你看起来气色很好。"我答道。

"外表是会骗人的。"他微微耸个肩说道。[28]

尽管基辛格一向意欲为自己塑造出冷静、务实政治家的形象，他对毛泽东的崇拜，相比尼克松只有过之而无不及。基辛格比喻这位中国领袖为"现代历史中的伟人之一"，他写道，"毛泽东的生活和他瞧不起的皇帝一样，既隐蔽又神秘。"[29]正如三十五年前在延安的埃德加·斯诺，基辛格深为他所见到毛泽东的简单生活震撼；虽然他深知毛泽东有广大资源，足供其奢华度日：

> 内部装潢和外部一样简单。毛泽东就站在那里，四周俱为书本，以中国人的标准来讲，算是高而魁梧的。他向访客摆出真诚中带点嘲讽的笑容，似乎在警告来者，别想欺骗眼前这位最善于识破人性伪善的专家。也许除了戴高乐之外，我还没有见过一个人，能够散发出这么原始、这么强烈的意志力。他整个人埋在椅子里，一名女服务员在旁边协助他坐稳（我上次来访时，则帮他坐起来）；他控制了整个房间——不像多数国家领袖，必须靠富丽堂皇的摆饰来壮大自己的声势，而是相当微妙，自然流露的一股震慑人的力量……

> 没有任何外物,能够堆砌出毛泽东所散发的权威感。我的孩子们谈到过流行歌手所散发出来的"震撼力",我必须承认,对此我一窍不通。但是毛泽东浑身却散发着由力量、权势、意志组合成的震撼力。[30]

无论是傍着康熙皇帝的约翰·贝尔,或是面对乾隆皇帝的马戛尔尼,都没有这么心悦诚服:虽然受到这些帝王的睿智及年纪冲击,他们还是相当自持,甚至表现出了一点幽默感。如果要做个较相近的比较,我们也许应该回到最开头,马可波罗及鲁思梯谦回想起第一次见到忽必烈汗——那位他所见过君主中最具帝王相的一位——所感受到的冲击了。

> 接着让我向你描述,那伟大的万王之王忽必烈汗的外表。他的身形良好,既不高也不矮,正好中等高度。他的四肢肌肉匀称,比例恰当。他的面色清澈红润,像一朵玫瑰花,眼睛黑而明丽,鼻型和位置都恰到好处……
>
> 我还该说些什么呢?当尼古拉先生、马费奥先生及马可抵达这个伟大城市时,他们到达了大殿,并见到可汗及许多的贵族。他们在他面前跪下,极度谦卑地表达了服从之意。可汗嘱咐他们起来,以礼待之,盛情款待他们。他详细询问了他们的状况及别后的种种,兄弟两人一再表示,只要见到可汗康健,他们也就一切安好。……可汗看到了马可,见他还只是个少年,因此询问此人是谁。"大人,"尼古拉先生说道,"他是我儿子,

您的家臣。""竭诚欢迎,"可汗说道。该怎么说才能把意思表达清楚呢?[31]

另外有些时候,基辛格的文字让我们想到,维克多·谢阁兰在《勒内·莱斯》中的叙述者,特别是当他在北京城中央勒住马匹的时候。基辛格是这么说的:

> ……我对毛泽东谈话中的多重含义愈是明白,愈觉得像面对着紫禁城中的宫殿:每一进都带出了更深的一层,层层之间,仅在比例大小上有些微差距,而且要到最后将总体做个回顾,才能完全掌握其意义。[32]

不过在谈到毛泽东的治理方式时,基辛格还是比较接近魏复古,而非波罗或谢阁兰。他表示,"当企图心远非一般人所能承载,它所带来的痛苦,是既深又广的。在一个社会里,如果强力压制骚动,本能反抗反而会更大,也会让这位雄心勃勃想要挑战诸神的巨人,产生更严重的痉挛"。[33] 基辛格甚至以一个比喻,异曲同工地道出了魏复古的心声。在 1976 年死前的几个月,毛泽东仍将最后残余精力,用来对付最强力的对手,基辛格因此写道,"这位伟大、具有魔力、先知先觉、令人折服的人物,终于像秦始皇一样消失了;他经常自比为这位伟大皇帝,却又唯恐自己早晚要为世人遗忘"。[34]

这位建立秦朝的皇帝,他的作为不仅震服了魏复古及基辛格,更在年轻法国学者兼小说家让·列维(Jean Lévi)笔下出现了新生命。

列维生于1948年,在1973年,也就是尼克松和基辛格访问中国之后一年,以学生身份到达中国,并在那里待了好几年。他深受"文化大革命"期间的生活经验影响,导致他决定以秦始皇的生活写一本小说,好重新捕捉中国人权力的本质。这本小说1985年在法国出版,名为《中国皇帝》(*The Chinese Emperor*)。列维在结尾处谈到秦始皇的思想,认为自己的生命不过是流光一逝,正好吻合了基辛格及尼克松对毛的描述:

> 混乱而恐怖的形象不断干扰着他,让他想起长久以来的疑惧——无论是季节的轮转、日夜的更替、人类的悲欢离合——即使是那些最穷最低层的人——在他走后,仍然会照常进行,就像他从来都不存在一样。即使地壳些微震动了,即使高山崩塌了,除了发生时的轻微骚动外,世界还是会继续,就像拉肥车洒了点粪便出来一样。
>
> 尝试形塑人民的人,最后仍会被宇宙的巨模吞噬掉。先是磨碎,然后揉捏起来,再一律公正、不分轩轾地,依照意愿决定成型。[35]

为了塑造这位中国历史上的干练暴君,列维在小说开头处,借着描述"秦政"的行政能力,铺陈出了当时仍为年轻储君的始皇帝。在叙述时,他也毫不客气,引用了中国风时期的叙述技巧。像在描述秦政面对异性时,即使有全国最美丽的女子当前,他也无动于衷:

他喜欢将军发出来的吼声,以及大刺刺的军令声,不喜欢舞伎们软绵绵的歌声和挑逗的笑声。他在学习法律和行政时,对哲人的文章产生了极大的兴趣。他渴望接掌大权,正悄悄地累积自己的实力。但是他们紧紧控制着他。他们当他是傻瓜,是一块画着君王脸的木头,是坟墓里的雕像……他喜欢狩猎,他可以自其中感觉到军队作战的昂奋。无论是优雅的马匹、战车、长幡和旗子在风中扑打出的声响、越过田野的追击,还是像雨点一般落在目标物上的弓箭、面对猛虎的威胁、血腥的气味,以及受伤野兽的咆哮,全都让他心荡神驰。其他的玩乐对他来说,都是乏味无趣的。[36]

等到年事渐长,在佞臣怂恿下,身为皇帝的嬴政开始纵情性事,而且愈来愈投入,愈来愈邪门,他希望能够借此主宰自己的身体及内在的力量。根据早年医书上的记载,他采用了一种方法,亦即在面临高潮时强自抑制精子射出,以吸收女方体内的精力,也避免耗损自己任何内力。另一种方法,则是利用断食以净身,同时将"伴侣置于八个不同的方位上"。不过尽管这位天子"根据星象及皇朝象征,按照周密格式绕着她们走","谨慎地踩着一定的步伐",同时"深深地呼吸,眼睛半阖,心神集中,舌头顶住上颚",得到的结果却只是呼吸短促,头晕目眩,欲望全失。[37]

列维根据大史家司马迁的记载,谈到秦始皇纵欲及追逐政治权力的情形,更谈到了他日益严苛的行为:集中管理读书人,焚书,动员全国百姓以修桥、筑墙、兴宫殿、盖坟墓。由于对血肉之躯的仆从感到厌倦,既嫌他们的行为无法预测,又嫌他们的节奏不够一致,始皇找来了最灵巧的艺匠,为他造出了一组组的玩偶。第一组就是一个乐队:

> 铜制玩偶机械地重复同样的动作,一成不变地演奏相同的乐音,深得始皇欢心。无论是肉身上不自主的颤动,还是由呼吸和循环系统所造成的气血不顺,都不再让他觉得厌烦……
>
> 不久,上过漆的木头仆人,开始为这位大帝上酒端菜。只消一举手,始皇就可以控制它们的行动。他可以调整它们的速度,让每个木偶按照他的指示做事。他像个小男孩般雀跃。他是创造者,它们服从他。它们没有欲望,没有思想,除了主人的吩咐,不会有其他的动作……
>
> 嫔妃有后宫里无所事事,歌女们声音变得喑哑,专门为皇帝耍杂技的演员,也变得痴肥了。有些舞伎假扮成木偶,学着它们一颠一颠的动作,在皇帝面前列队走过,希望赢回他的欢心。但是她们立刻就给扯下了面具,带出去杀了头。[38]

根据司马迁的记载,以及让·列维的复述,始皇死后,他过世的消息不止臣民,连皇太子都不知道。为了掩饰尸臭,更为了维持始皇肉身不坏的神话,家臣们均带着臭鱼,环绕着始皇的銮驾。[39]

借着史料,列维创出了深入而有凭有据的寓言,探讨中国人民的苦难,及统治者的滥权。正如其他尝试建立系统的前辈,也正如魏复古、列维将中国的帝权,抽丝剥茧,探到了最底部。但是在探索这股神秘权力时,他比前人更具技巧,他将触角深入权力本身,并显示,在试图实行绝对恐怖统治的同时,这位宇宙主宰,其实是不停发抖,浑身无力的。

注释

1. G. L. Ulmen, *The Science of Society: Toward an Understanding of the Life and Work of Karl August Wittfogel* (The Hague, 1978),123 页。在 Ulmen 编的 *Society and History: Essays in Honor of Karl August Wittfogel* (The Hague, 1978) 中,有几篇针对 Wittfogel 的分析文章。
2. Brecht, *Measures Taken*,33 页。
3. Ulmen, *Life of Wittfogel*,238—240 页。
4. Malraux, *Man's Fate*,62 页。
5. Ulmen, *Life of Wittfogel*,7—9 页。
6. 同上,59—60、84 页,参考书目,509—513 页。
7. 同上,84—86 页。
8. 同上,88 页,关于莫斯科访问,以及与 Borodin 的会谈。
9. 同上,111 页。
10. 关于 Marx 的部分,同上,44、66—68 页。
11. Osward Spengler, *The Decline of the West*,由 Charles Francis Atheinson 翻译,共二卷(London, 1932),卷二:373 页。
12. 关于 Weber 及 Marx,见 Ulmen, *Life of Wittfogel*,36—39 页,44—45 页。
13. 同上,关于 Buck,190 页,关于 Snow,202—205 页。关于 Wittfogel 对 Snow 的影响,未见 Thomas 所著 *Snow* 一书中。
14. Ulmen, *Life of Wittfogel*,504 页,1973 年 11 月 2 日演讲,变体是加上去的。
15. 同上,505 页,文中指出,Wittfogel 此处在附和亚里士多德。
16. Karl A.Wittfogel, *Oriental Despotism, A comparative Study of Total Power* (New Haven, 1963),2 页。
17. 同上,3—4 页。
18. 同上,37、40 页。
19. 同上,141 页。
20. 同上,144、149、151 页。
21. 同上,157 页。
22. 同上,159—160 页。
23. 同上,400 页。
24. 同上,442—443 页。
25. Richard Nixon, *RN, Memoirs* (New York, 1978),558 页。
26. 同上,558 页。
27. 同上,559—563 页。
28. 同上,564 页。

29　Henry Kinssinger, *White House Years* (Boston, 1979), 1057 页。
30　同上, 1058—1059 页。
31　Marco Polo, *Travels*, Latham 编, 40、121—122 页。
32　Kissinger, 1061 页。
33　同上, 1064 页。
34　同上, 1065—1066 页。
35　Jean Lévi 著, Barbrar Bray 译, *The Chinese Emperor* (New York, 1989), 243—244 页。
36　同上, 99—100 页。
37　同上, 286—287 页。
38　同上, 302—303 页。
39　同上, 324 页。

第十二章

大师戏笔
Genius at Play

在谈论中国的小说中，最具美学成就的三部，都完成于二十世纪，分别为卡夫卡的《中国长城》(The Great Wall of China)，博尔赫斯的《曲径分岔的花园》(The Garden of Forking Path)，和卡尔维诺的《看不见的城市》(Invisible Cities)。但是三本小说却完成于不同时段，彼此间隔了大约二十五年，一本在一战时期，一本在二战时期，一本在1970年代早期。无论成长过程或文学根底，三位作者都有着复杂的经历。生于1883年的弗兰茨·卡夫卡（Franz Kafka），来自一个捷克犹太家庭，以德文写作；博尔赫斯（Jorge Luis Borges）生于1899年，在阿根廷的英语环境中长大，并在瑞士研读法文和德文，最后再返回阿根廷，以西班牙文写作；伊塔洛·卡尔维诺（Italo Calvino）1923年生于古巴，后来迁到意大利，在都灵（Turin）得到文学学位。三个人都是多产、勤奋、极具天赋的作家，虽然对中国及其人民所知有限，却都曾短暂地以中国为写作题材。三个人选择的主题,在中国历史上都分别占有极重要地位;卡夫卡讨论权威问题,博尔赫斯讨论根源问题,卡尔维诺讨论受观察的观察者。三个人都不会以自命不凡的语调谈论中国,而其语言之精确与精练,绝不涉及煽情、爱欲的情节,却创造了纯属虚构却又几可乱真的作品,经得住一读再读。

卡夫卡在1917年春天完成了短篇小说《中国长城》(若更讲究字义,译自德文的小说标题应名为"中国长城之修筑"),当时他正在布拉格的"工人意外保险组织"上一天六小时的班。长城身为辉煌历史的象征,围绕着广大的幅员,并屹立了几世纪,堪称为中国最知名的建筑。卡夫卡也透过德文翻译家理查德·威廉(Richard Wilhelm)的译作,持续不停地阅读包括儒家和道家思想在内的中文作品;几乎在同一时期,魏复古也深受威廉作品影响。卡夫卡在办公室抽屉里存放了至少一本有关道家的译著,并在书页空白处对有兴趣的段落做批注。[1]

但是卡夫卡的长城,完全出于他个人的创造,甚至对其建筑的方法与存在的理由,他都有自己的一套说法。在卡夫卡看来,每段大约五百码,由一组约莫二十名工人兴建,各自盘踞一方不相连的长城,虽然零星,倒也从容。同样长度同时建造的各段长城最终都会互相接连起来,它们所能发展的极限也就到此为止。因为此时工人们又会被送到另一处,重新开始。卡夫卡以百分之百具有说服力的精确语言,让自己成为中国这段历史的叙述者。小说中,他回忆自己年少时,在"接近西藏高原边界处"如何被抚养,虽然距离长城南疆遥远,却被所听到的有关长城的故事给深深地吸引住。他年

轻时所受的教育,也为他日后成为筑墙工人作了准备:

> 我还记得很清楚,当我们小时候,站在老师的花园里,似乎连路都走不稳,却被命令用小石子盖起一堵像城墙的东西。接着老师会将长袍束到腰上,全力向城墙冲过去,石子堆自然应声而垮了。他会严厉斥责我们,说我们敷衍了事,我们便哭着去找各自的父母。虽然只是小事一件,对当时的心灵冲击却很大。[2]

借由同样精确的语言,叙述者指出了自己的好运。他表示,城墙开始修筑时,他刚好二十岁,因此他不用像那些较他年长的工人,虽然受了筑墙训练,却毫无用武之地。叙述者沉思道,这些人"脑中有完美的建筑蓝图,却无所事事,成千上万的人都过着这种没有指望的生活"。而他,除了亲身参与城墙修筑外,还可以做个历史见证人,成为城墙"忠诚的观察者";"我的探索是纯然历史的;雷云既已消逝,闪电的光亮自然不再可畏;因此除了当时广为人们接受的解释外,我还要尝试为这堵城墙的兴建过程,寻求一个答案。"[3]

然而,这种探索的范围却是"无限的"。虽然叙述者提出来的每个问题都可以得到答案,然而随着每个答案,立刻又出现了新的问题。有人也许会问,兴建城墙的目的为何?为了防御北方外族。但是为什么来自大南方的人,像叙述者及家人,要为这么遥远的事牺牲生命呢?因为上级命令这么做。但是上级从来都不会"将紧急征召来的人民聚集起来,讨论如何实现梦想,只会急着破坏一切"——这种现象"亘古以来就存在了,在决定修筑长城这事上,也不例外"。[4] 所以,如果修墙的想法一向存在,那么北方外族就不构成筑墙的动机了,因为早先根本就没有这些外族,也没有皇帝下过筑墙的命令。

为了增加探索的复杂性,一名学者提出了另一种理论。他指出,我们目前所知的城墙只是地基,目的在建造新的巴别塔(Tower of Babel)。"因此,先修墙,再盖塔。"但是怎么会这样呢?也许答案就在中国这个民族的心里。叙述者沉思道:

> 自开始修城墙起,直到今天,我日夜都在想着民族比较史;有些问题一定要借着这种方法,才能探得究竟。我发现,中国有些民俗团体及政治团体,有着独特的明确性,另外一些则有着独特的模糊性。我一直有个想法,想为这些现象寻个解释,特别是后者,一直撩动着我,直到现在也不例外。筑墙在本质上,就是和这些问题息息相关的。[5]

读者可以发现,借由这些精心建构的论点,卡夫卡正小心翼翼地寻求一种解释,以厘清这个国家及其上级命令的暧昧性。这篇小说原先的版本曾遭退稿,由幸存的片断文字可以看出,卡夫卡最开始其实是想用当时仍流行的充满异国风情的传统中国事物,作为写作素材。这份退稿有如下的片断:

> 筑墙的消息如今传遍各地——还是太晚了,距离初次宣布

已经过了三十年。那是个夏日夜晚，我，年仅十岁，在河岸上站在父亲身旁。为了纪念这个意义特别的重要时刻，我愿意把细节全部复述一遍。父亲一手牵着我——一件直到他晚年都喜欢这么做的事，另一只手则在又长又细的烟管上，来回搓摩着，好像那是一支笛一般。他稀落、硬挺的胡子凌空翘着，他一边抽着烟杆子，一边将目光横过河面，向上睇望着。结果，他那根深受孩子们崇拜的辫子就垂得更低了，在节日他才肯穿的长袍上，轻轻摩搓着金色的绣花丝线。[6]

烟管、绣花丝线、长辫子，这些早期中国风流行时的素材，后来都被艺术家卡夫卡摒除在外。事实上，他让这位以历史学家自居的叙述者，将探索的触角转移到社会的核心里去了。在一段精彩的文字里，卡夫卡以中国人民不知道皇帝存在的这个事实，表达他个人对皇帝的看法——虽然他又很有个性地表示自己不相信即将叙述的这个故事：

> 我们土地幅员之大，就连任何寓言都想象不出它的大。天空几乎盖不住它——北京只是其中一点，紫禁城连一点都不够格。因此，皇帝的权力遍及九重天：没错。但是……皇帝总让一帮既聪明又暧昧的贵族及弄臣环绕着，他们虽名为仆从、朋友，实际都各怀鬼胎。他们对皇权形成反制，而且不停地想尽办法要以阴谋将统治者弄下宝座。帝国虽永恒，皇帝却在王位上摇摇欲坠，甚至跌落，是的，整个王朝最终都要沉没，临终

前还会吐出最后的一口气。老百姓永远都不会知道这些挣扎和痛苦。他们就像姗姗来迟的人,又像城市里的陌生人,平静地在拥挤的街道尾端站着,用力咀嚼着自己带来的食物,而在大老远的前端,在城中心的市集里,他们的统治者正向断头台走去。[7]

卡夫卡在世时,《中国长城》并未发表。他1924年死于肺结核;从1917年秋天起,他即深受此疾困扰。但是他确曾取其中片段于1919年发表在布拉格的一家犹太周刊上。他为这篇文章下标题为《皇帝消息》。[8] 读者因此可以推测,他认为这段文字不仅足以自成文章,在完整的故事中,也可以形成一个段落,因此卡夫卡死后,它又刊出了一次。如果将这段文字放在《中国长城》里来读,它似乎只是卡夫卡思考中华帝国的意义、辽阔与不可捉摸时的一部分。单独来看,这段文字的含义则更明显,旨在颂赞"知"的无法掌握:

寓言故事是这么说的。皇帝捎了个口信给你:你这卑微的子民,这个在皇家盛阳下,蜷缩在遥远角落里,毫不起眼的影子。皇帝自临终时的卧榻,单独捎了个口信给你……

信差即刻启了程:那是个强壮、不知倦怠的人;他一会儿右手,一会儿左手,推挤着人群开出了一条路;凡遇阻挠,他便指向胸口,太阳的象征在那里熠熠发亮;这条路他走来比任何人都容易。但是人群重重叠叠,似乎永无尽头。他恨不得插上双翅,飞进开阔的田野,那么你很快就会听到他以拳头击门的佳音。但是他却无助地慢慢地耗损着力气；他仍只到了皇宫最里层的内室；他永远也到不了皇宫尽头；即使到达了也无济于事；他接着必须奋力走下台阶；即使下去了也无济于事；他还得穿过中庭；过了中庭接着还有一座宫殿；还有更多的台阶和中庭；还有另外一座宫殿；就这样可以耗掉他几千年；如果最后他终于冲出了最外层的大门——那永远也不会发生——皇城就会在他面前，那是世界的中心，拥挤得像要爆裂开了。即使带着来自死人的口信，也没有人能够渡过这重重关山。但是在夜幕低垂下，你倚着窗边坐下，是不是正如此做着梦呢？[9]

在《中国长城》里，卡夫卡所选择的叙述者（犹如他的许多小说和寓言）虽然什么都知道，却经常不能厘清事情真相。于是挣扎着要将他亲眼目睹一知半解的事情理出头绪，同时又坚信，只要下定决心，真相一定可以大白，或者最起码有朝一日可以如此。但是，在小说接近结尾处，却出现了一个唐突的批评，他指出，在他所描述过的中国筑墙工人里，普遍"有一种信心不足及想象力不够的现象"，使他们无法让帝国"突破北京的沉沉暮气，更上一层楼，并由自己掌握生活的现状"。但是，"这个弱点，"卡夫卡接着说道，"却是团结我们民族非常重要的力量；不错，如果我们有足够的勇气承认这点，我们就能够过着脚踏实地的生活了。"[10]

博尔赫斯的短篇故事《曲径分岔的花园》，看来像蓄意的挣扎，想要重新肯定卡夫卡的叙述者所称筑墙工人"信心不足、想象力不够"的现象。为了对应大学者崔本的迷宫和花园，博尔赫斯创造了一个隐喻,但他不像卡夫卡,无论文中叙述者和读者多亲密,永远都只闻其声,不知其名。相对地,类似于戈德史密斯和以往的一些作家,博尔赫斯为他的主角取了余尊这名字,还简述了他的生平。读者立刻发现,此人是余尊博士,"曾任青岛一所德国大学的英文教授"。熟悉中国历史的人都知道,在德国占领山东几十年间,青岛一直为其中心。因此一名中国教授,即使教的是英文,由于在当地德国学校教书的经验,通常都会被假设为对德国有相当的了解,甚至可能有亲德倾向。读了小说头几行之后,我们发现情况确是如此。在1916年一次大战战况最激烈的索姆河战役中,余尊确实在小说一景中担任"德国政府特派员"。不过也许余尊是出于无奈才成为间谍的,因为他告诉我们,"对于一个逼使我成为间谍的野蛮国家,我是不会关心的"。[11]

余尊似乎有过快乐的日子——至少"幼时他曾住过海丰一个有着对称设计的花园"——也许那正足以解释他的举止总是带着一份自负的原因。"我这么做是因为我知道,长官怕的就是我们这种民族的人——我流着多少列祖列宗的血液呀。我要向他证明,黄种人也可以拯救他的军队。"[12] 但是他如果是在暗示了秩序与平静的对称花园里长大,余尊知道,一定还存在有另外一种花园,一种迷宫般的花园,又叫"曲径分岔的花园",并且曾在他的家庭里造成骚动。

"我对迷宫略有所知,"余尊向读者表示:

……我身为崔本的曾孙,不是没有道理的。想当年,崔本贵为云南总督,却抛弃了世俗权力,想要写一本比《红楼梦》还要受欢迎的小说,还想盖一座任何人都走不出来的迷宫。十三年来,他全心投入这两件本质上相异的事情,但是最终却遭到陌生人杀害,于是他的小说不再能够完整面世,迷宫也不知去向。在英国树下,我想象着这个失落的迷宫:我想象它完美无缺站在某个神秘山顶上;我想象它湮没在稻田里、水面下:我想象它辽阔无边,不再只是由一些八角凉亭、通衢小道所组成,而是充满了河流、省份、王国……

我想到了由迷宫组成的迷宫,其中迂回缭绕的迷径,拥抱了过去,拥抱了未来,在某种意义上甚至牵涉到别的星球。[13]

博尔赫斯的叙述者所指的《红楼梦》,是中国最著名的小说,写于十八世纪,其中谈到了真与假、现实与虚幻,整个故事均发生在一所封闭的花园里。因此余尊提到这本小说时,不只为他祖上的花园多添了一些想象空间,更暗示了在博尔赫斯小说中余尊一度造访的英国学者斯蒂芬·亚伯的花园。这个花园里有着迷宫般的设计,像是分岔的小径、小树林、亭台楼阁、生锈的铁门,而且在遥远的摇曳灯笼光线下,以及"高亢、近乎单调"的中国音乐中,"随着风声的忽远忽近,因为树叶和距离而显得迷蒙",整个花园活了起来。[14]同时,他们让读者回想起——针对那些对中国历史有兴趣的人——1750年代末期,戈德史密斯见过的花园;戈氏曾于《世界公民》第三十三章呈现此花园,他用的是相当特别的双标题,"中国的完美园艺。中国花园概况。"在这章里,李安济写信给北京的朋友冯宏表示,英国人开始学中国人整理花园的方法了,也不断地有进步,

但是在许多精妙之处,仍然差得很远:

> ……他们的设计师还没有办法,将哲理与美学融合一处。有些事情欧洲人很难理解,好比当我说,中国花园都蕴藏着寓意,在一般性的设计,像是树丛、小溪、岩洞之外,漫步其中的人应该学习得到其中的智慧,感觉到真理散发出的震慑力,或是微妙的训诫。容我举我自己位于广西的花园为例,说明我的意思。[15]

根据李安济的描述,他位于广西的花园由两个独立的单元组成。其中一个有着恐怖入口,但是在经历过开头的惊骇后,立刻可以体会其美丽、祥和,另一个则有着迷人入口,但是参观者在深入迂回小径后,却会对其失去兴趣。李安济表示,一旦进入这第二个花园,参观的人会发现:

> ……花草树木安置的方式,明显都想讨人喜欢。但是,慢慢走下去后,他会不知不觉发现,整个花园似乎带着荒野的气氛。景物开始变黑,小径开始变曲折,他好像在走下坡,怪异的石头就悬在他头上。原先迷人的景物,如今成了幽深的洞穴、突然出现的绝壁、阴森的残垣、成堆暴露的白骨,以及由隐藏的水流所发出的可怕声音。若想就此折回,那根本是徒劳无功;迷宫太过复杂,除了我,没有人找得到出路。总之,在他充分经历了其中的恐怖,并了解自己不智的选择后,我会从隐藏的

门内现身,抄捷径带他出来,回到出发前的原点。[16]

李安济解释说,这种迷宫里的一切,只消一个小空间就可以全部展示出来,只需英国人盖出类似迷宫的十分之一面积,即可将其尽收其中。

在博尔赫斯刻意压缩而却显得复杂的情节里,有关中国的部分,颇有早期中国风流行时的意味,但是其中另外两个主题,一为传教士斯蒂芬·亚伯与故事的关联,一为一次大战的过程,却以充满想象力的方式,引用了相当不同的历史资料。博学的英国传教士斯蒂芬·亚伯,有着高高的个子、分明的五官、灰眼睛、灰胡子。由于领悟到了迷宫和小说只不过是一体的两面,他顺利解决了崔本的迷宫之谜。在十九世纪晚期的背景下,他的经历变得相当可信:在他为汉学而放弃终生献身的神学之前,他在天津工作,后来他开始收集中国艺术品,收藏了一屋子好书,并在英国中部斯塔福郡的乡村住宅中退休,还从牛津大学的资源中寻求资料,翻译珍本中文书;在英国和美国,有许多类似斯蒂芬·亚伯这种退休的人。

余尊将亚伯比喻为歌德,也只有像亚伯这种绝顶聪明的人,才会屹立于当代传教士之上。犹如亚伯向余尊解释的,他最大的成就在于,发现"曲径分岔的花园"原来是"一个大谜题,是个寓言,而其主题就是时间"。但是正由于中心主题是时间,崔本决定绝口不提这答案。在此,博尔赫斯微妙地提到了早期好几代西方学者及传教士深感兴趣的一个主题,亦即中国年代纪与西方年代纪的相对性问题。斯蒂芬·亚伯继续说道:

我修正了因为誊写员的疏忽所犯的错误,我事先就猜到了这团混沌的计谋,我重建了——我相信我重建了——原始组织,我翻译了全部内容:很显然,他一次也没有用到"时间"这种字眼。答案很简单:在崔本眼中,"曲径分岔的花园"代表的正是这个宇宙,虽不完整,却正确无误。相对于牛顿与叔本华的论点,你的先祖并不相信一个完整、绝对的时间。他相信无限时间列,在一张无限扩张,令人头昏眼花的网路上,分分合合,平行共进。这张时间网路互相接近、交会、分离,否则就是几世纪来不晓得彼此的存在,拥抱"所有"时间的可能性。我们并不存在于这绝大部分的时间里;其中一些有你没有我;另外一些有我没有你;还有一些我们二者都存在。在目前的这个里,由于命运眷顾,你进了我家门;在另一个里,正在逛花园的你,发现了已死的我;而在又一个里,我说着和前述相同的话,但是我只是个假象,是个鬼魂。[17]

由博尔赫斯的小说中不难看出,他会选择一次大战作为故事中的第三个主题,完全是掠过心头的一个偶然:那是他早期读过利得耳·哈特(B. H. Liddell Hart)有关这次大战的资料后残存印象的记录。读者们可以发现,利得耳·哈特提供的资料显示,在1916年夏天"索姆河战线"发生激烈的战事并造成英军在整次大战中伤亡最惨重的事件前,英军总部及补给仓库都位于一个叫亚伯的小镇上。有了这么诗意的名字,再加上关键的地位,博尔赫斯于是构思出情节,让德国人得知,亚伯必须优先炸毁。[18]余尊于是杀了亚伯,他心里明白,这么惊人的消息一定会上英国报纸，同时也会传到他位于德国的上级耳朵里。这种情节看来荒诞，但是到了博尔赫斯手里，却显得自然不造作。于是斯蒂芬·亚伯无意之间，见证了中国人既背信忘义又冷酷无情的两种微妙情绪。"在我看来，早就有人向野蛮的英国人，"他向余尊吼道，"泄漏这个公开的秘密了。"然而由于历史学上的素养，亚伯稍后提醒余尊说，"时间可以造成各种可能的未来，在其中一个可能里，我会成为你的敌人"。[19]

斯蒂芬·亚伯也向余尊表示，"在所有虚构故事中，当一个人面临不同抉择时，他会中意其中之一，排除其他选择；在崔本的故事里，他却同时中意所有选择。他以自己的方式，'创造'了不同未来及不同时间，而且这些未来和时间还会繁衍，还会分叉"。[20] 这种让故事情节无限交叉的概念，也深深吸引了卡尔维诺，并以1979年的《如果在冬夜，一个旅人》（*If on a Winter's Night a Traveller*）正式加以实验。其实早在1972年的《看不见的城市》里，卡尔维诺就开始尝试，让说故事的艺术出现无限多的变化，并以马可波罗和忽必烈汗的关系作为尝试的主题。在马可波罗的《游记》里，阐述这重关系的文字仅有短短几行，虽然短得令人着急，却充满了各种可能性：

因此，当可汗发现马可概念清晰、行为又十分得宜时，他便派马可到一个须费时六个月才能到达的国家担任特使。这位年轻勇士圆满完成了任务。但是他几次注意到，其他特使回国后，唯一能向皇上报告的只有公事，而皇上往往只是听听，根本不当一回事，他会说："我宁可你们多谈谈不同国家的民情风俗,不要老是说这些事。"显然他对外国的见闻兴趣极高。因此当马可出国的时候,便会花下大量时间了解当地文化,也好回国时取悦可汗。[21]

卡尔维诺在小说中,将这位威尼斯旅行家及其临时主子之间的对话,重新细腻地表现出来,他是这么呈现二人首次谈话过程的:一开始,波罗先做出不同"姿势,各种跳跃,以及惊叹与恐怖的叫声",再表演简单哑剧,"一只鱼自水老鸦嘴里逃生","一个赤身露体的人从火上奔过",接着再利用手势,加强说话的语气。"可汗戴满戒指白皙的手,威严地回应着商人强健而灵活的手。"[22]

正当双方沟通顺利进行时,可汗对波罗不停重复的谈话内容感到厌烦了,他开始建构自己的城市,并询问波罗见到的城市是否正是如此形貌。最后他命令波罗,必须找到在他睡梦中出现的城市。心情不好的时候,可汗肯定波罗的城市根本不存在;它们不过是帝国"用以安慰人的神话",正在"沼泽里,像尸体般腐烂"。而在其他时间,心情好的时候,可汗认为他的帝国就像"水晶一样,其中的分子结晶完美地排列着"。[23]

在不断深入探索自己的心灵之后,忽必烈开始建构一种城市,"所有城市都可以自从中演绎出来",因为所有城市"都有着相同的规范"。马可则提出了自己理想的城市,"造型唯一、独特、不协调、互相冲突"。[24] 故事不断发展下去,可汗的想象力也不停延伸,他想象中的帝国日益富饶,压力也因此日益沉重,"过度膨胀、紧紧绷住、重得喘不过气"。为了减轻负担,可汗在梦里营造起"轻得像风筝的城市……蕾丝般有许多眼洞的城市，蚊帐般透明的城市，叶脉般的城市"。[25]

当所有人均已肠枯思竭，再也提不出任何问题时，当可汗的梦里再也无法出现新的影像时，波罗宣称，他已介绍完他造访过的所有城市。可汗向他的外籍访客挑战道：

"还有一个你从未提起。"

马可波罗低下了头。

"威尼斯，"可汗说道。

马可微微一笑。"在我谈过的事情里，你还相信些什么？"

皇帝丝毫不为所动。"但是我从没听你提起那个名字。"

波罗说："每次谈论城市时，其中都有威尼斯的影子……"

湖面上平静无波，宋朝古老宫殿上的黄铜反射，像浮在水面上的叶子，碎成片片，闪闪发光。

"记忆中的影像，一旦以具体的文字表达，就不复存在了，"波罗说，"也许我心中害怕一旦说出来，威尼斯就会永远消失。也或许，当我在谈论其他城市的时候，威尼斯正一点一滴地在消逝呢。"[26]

他的主宰可汗指责他进行的仅仅是"记忆之旅"。

马可想到了遮蔽无垠海洋及绵延山峦的薄雾，一旦散去，留下的只是干燥、透明的空气，还会露出远方的城市。他远眺的目光,正希望穿过这层善变的雾气:事物的形貌在距离之外,反而更易分辨。[27]

最后二人终于开始质疑,他们的谈话究竟发生了没有:他们真的坐在这个特定花园里,在这特定时间互相交谈着吗?或是忽必烈正在远方作战,而马可则在"遥远的市集里,为那一袋袋的辣椒在讨价还价呢?"[28]

说不定,(忽必烈表示)我们这段谈话发生在小名忽必烈汗和马可波罗的乞丐之间;当他们在垃圾堆间翻翻拣拣,堆积起一摊又一摊的锈铁、破布、废纸时,才偷空啜了两口劣酒,就看到所有东方财宝围绕着他们闪闪发亮了。[29]

波罗于是答道:

也许世界上只剩下一片盖满垃圾的荒野,和伟大可汗宫殿里的花园。我们的眼皮区隔了它们,但是我们无法分辨,何者在内,何者在外。

为了厘清一切,忽必烈在皇宫阶梯下摆出巨大棋盘,好让马可波罗只能以无声的移动进行他的描述,可汗想从"无穷尽的陋败与混乱中,找出合理又协调的系统",他并一直将马可留在身边,希望借由充满规则的棋赛,增加对自己帝国的认识。马可则传授可汗,如何从棋盘上的木头纹理解读自然界过去的奥秘,好比从干旱环境里长成的树干年轮,"几乎未成形的枝丫","还未到早春,就想冒出头的"小花苞。[30]

最后,统治者和旅行家两个人挤在一起,看着可汗发现的地图集。他们看到了类似汗八里的城市,可汗曾在此住过;他们看到了耶路撒冷、撒马尔罕,一些波罗记得的城市;他们看到了那些明知其位置却不能前往的城市,像格拉纳达、巴黎、廷巴克图;他们的头几乎要贴到地图上了,二人想象着西方人从未发现的城市,像库斯科、诺夫哥罗德;他们看到了早已消失在地平线下的城市,像特洛伊、乌耳、迦太基。尚未诞生的新城市,像洛杉矶、大阪,则现出了模糊的雏形。[31]他们也浏览了尚未标示的梦中城市,像是乌托邦、新拉纳克、太阳城。[32]他们更看到了在噩梦中纠缠他们的城市,像以诺、雅虎地、美丽新世界。

"没有用的,"可汗说道,"最后一站只能是地狱城,而且就在那儿愈缩愈小的漩涡里,我们会活活地被水流拖进去。"

波罗于是说道:"炼狱不应该是终极目的地;即使真有炼狱,也早已存在,早已因我们的结伙,而存在于我们之间。"[33]

接着二人同归现实。在一阵心意相通的静默中,卡尔维诺安排可汗热情地转向马可波罗:

"回到西方后,"忽必烈询问这位威尼斯商人道,"你愿意将刚才说过的故事,向你的同胞复述一次吗?"

马可波罗不愿正面回复:"我说了又说,"他向可汗表示,

> ……但是听的人只听到了自己想听的话。您会充满兴趣聆听世界之描绘是一回事;等我回去那天,这些描绘如何在我家门外的码头工人、船夫之间流传,则是另一回事;而待日后,我若遭热那亚海盗俘虏,并与一位游记作家戴着脚镣手铐同关一室,向他口述故事,那就又是一回事了。决定故事的不是说故事的声音,是听故事的耳朵。[34]

波罗的答案绕了一个大圈子,但是这答案的前提却很荒谬:即使舍得放弃眼前的金银珠宝,波罗也没有理由流落到热那亚,和一位作家同囚一室。即使这么不可能的事情终究还是发生了,后人为什么要对他的谈话感兴趣呢?

卡尔维诺给了我们最好的答案,而且适用于所有的故事。关键在于耳朵,只听想听内容的耳朵。以几世纪来的中国为例,听众总是按捺不住,老想着"穿过薄雾",进入"干燥、透明"的空气里。从一开始,西方人对中国就充满了兴趣,几世纪来,新的资料不断,热诚更从未稍减。至今我无法对此现象提出解释。但是本书中的故事似乎证明,中国完全无须改变自己以迎合西方。

注释

1. Gustav Janouch, *Conversations with Kafka* (New York, 1985), 关于 Wittfogel 及 Richard Wihelm, 见 Ulmen, *Life of Wittfogel*, 16 页。
2. Franz Kafka 著, Nahum N.Clatzer 编, *The Complete Stories* (New York, 1983), 236 页。
3. 同上, 236—237、240—241 页。
4. 同上, 241 页。
5. 同上, 242 页。
6. 同上, 248 页。
7. 同上, 243 页。
8. 关于这些版本, 见同上的参考书目, 467、471 页。
9. 同上, 4—5、244 页。
10. 同上, 247 页。
11. Jorge Luis Borges, "The Garden of Forking Paths", 收入 *Labyrinths: Selected Stories and Other Writings* (NewYork, 1964), 21 页。
12. 同上, 20—21 页。
13. 同上, 22—23 页。
14. 同上, 23 页。
15. Goldsmith, *Citizen of the World*, 卷一: 123 页, 第 31 封信。完整书名如此由 Goldsmith 置于目录中, 在小说中, 书名仅为"来自同样的人", 以符合小说书信体的格式。
16. 同上, 卷一: 125 页。
17. Borges, "Garden", 27—28 页。
18. 相关段落可见 Liddell Hart 所著 *A History of the World War, 1914-1918* (London, 1934), 306—318 页, 而非 Borges 所言位于 22 页, 他同时弄错了日期, 应该是 1961 年 7 月, 而非 6 月。但是其他部分却非常的正确。
19. Borges, "Garden", 25、28 页。
20. 同上, 26 页, 原文中有斜体字。
21. Marco Polo 著, Yule 及 Cordier 编, 27—30 页。
22. Italo Calvino 著, William Weaver 译, *Invisible Cities* (New York, 1972), 21、30 页。
23. 同上, 59、60 页。
24. 同上, 69、73 页。
25. 同上, 73 页, 将 laces 改为 lace。
26. 同上, 86—87 页。
27. 同上, 98 页。
28. 同上, 103 页。

29 同上，104 页。
30 同上，122、131 页。
31 同上，135、136、228、139 页。
32 同上，164 页。
33 同上，165 页。
34 同上，135 页。